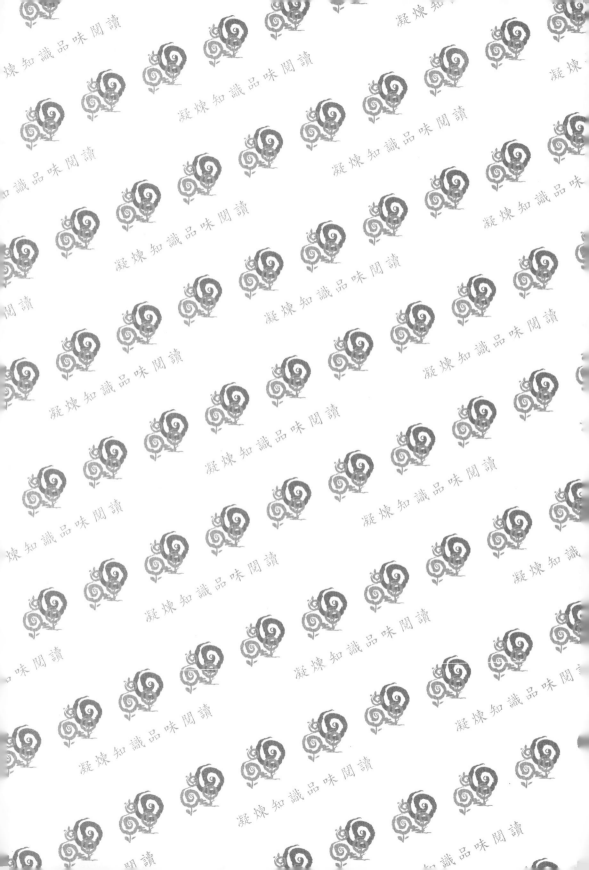

兒童發展與輔導

陳幗眉、洪福財　著

五南圖書出版公司 印行

再版序

　　歷經發行後二十多個年頭，本書長年以來獲得眾多讀者青睞與迴響，今因應各方指教與社會變遷後修訂內容改版，期能豐富兒童發展領域專業用書，盼得同好共同鑽研兒童發展與輔導相關議題。

　　本書架構與部分初稿由中國北京師範大學教育學系陳幗眉教授，源於兩岸學術研究與用語等可能形成的閱讀隔閡，在五南圖書出版公司的邀約下，由本人對陳教授初稿內容進行校閱並再行撰寫部分章節，期能完整全書的架構與內容，更友善於讀者閱讀，並期能提供教育、心理、教保、社會或兒童福利等相關科系同好之參。

　　兒童發展是關注兒童身心成長、教保服務、教育支持、福利保障，以及醫護保健等相關領域所共同關注的學門學科，坊間也有諸多同類書籍，但內容多援引西洋研究成果；本書除引介西洋的重要研究成果外，也儘量引佐華人學界的研究成果，可視為重要特色之一。全書共計十四章，探討議題涵蓋有四：首先，探討身體、動作、語言、智力、情緒、社會行為，以及人格等兒童發展領域的學理領域內容，理解相關領域發展的新知與內涵；其次，介紹常見的兒童不良適應行為及其類型，以及兒童生活習慣與保健的原則及輔導方法；再次，以兒童生活遊戲、玩具與讀物等為題，分析前述對於兒童發展的價值與應用；最後，分析我國兒童福利服務的發展及其內涵，探討從兒少照顧到兒少權益保障的修法脈絡，並就兒少福利的經費與相關機構的發展情形加以介紹。

　　特別感謝五南圖書出版公司黃副總編輯文瓊安排出版事宜，李敏華小姐細心編輯與專業編排讓全書更添可讀性，為順利發行的幕後功臣。本人在校閱與撰寫本書的過程中學習良多，如有疏漏或缺失之處，尚祈方家不吝指正。

國立臺北教育大學教授

洪　福　財 謹誌

2024 年 2 月

目 錄

第

一
章

緒　論

衡諸古今思想家之探究人生，莫不有自表象鑽研本質的趨向，是以中國史
上著名哲人雖於家國大事和社會義理著墨甚深，終難免推而求之人生哲
學、個人倫常；以近求遠，由實務繫抽象，從個人的起端探究全程。是
故，嘗試由幼兒推斷人生全程的努力，在中國哲學史上亦多有發現，則論
人生者少不得兼及人性，論人性者不得不始於童心。

——引自熊秉眞（1998）

　　兒童時期爲人類發展的起始。爲探詢個體發展之謎，藉由哲學家的思
辯與科學家的知識經驗累積，亟欲著眼兒童發展，爲個體發展提出令人滿
意的解答。何以出身同種的兒童，其發展結果各不相同？何以身處不同文
化環境的兒童，身心發展存在差異？何以親如同卵雙胞胎者，在智力、情
緒以及人格等層面的發展仍舊有異？諸如前述，差異是如何形成？倘使了

解影響兒童發展的各項因素，能否提供兒童發展更好的支持與服務？

兒童發展的研究即可協助吾等回答前述問題。

一、兒童成為受關注的主體

從歷史發展的觀點，兒童在史上受到重視的時間相當晚。衡諸西方兒童史的研究，1960 年法國學者亞希埃（P. Ariès）的《古代的兒童與家庭生活》（*L'enfant et la vie familiale sous l'Ancien Régime*）曾經提到，十二世紀以前西方的中世紀藝術並不知道有兒童期或想要畫兒童，可能的解釋是在中世紀未留餘地給兒童；十三世紀才開始發現到兒童期，之後歷經十五、六世紀，直到十六世紀末及整個十七世紀，發展的證據才變得豐富而重要。換言之，兒童期的觀念並不存於中世紀的社會，但這不意味兒童被忽略、遺棄或輕視，只是說他們並未察覺到兒童期的特質，該種特質使兒童與成人，甚至青年人有別 ①（周愚文，1998）。

亞希埃所稱西方「兒童期的發現」（discovery of childhood），事實上與當時普遍關切社會中最無權力及最需依賴的族群有關。當時社會的改革者關心奴隸、心理病患、囚犯等，兒童也成為該情境下受關切者，作家、藝術家紛紛關切這年幼的一群，不僅表示這個階段是值得描述的，相較於成人，該階段更是獨特的（Strickland, 1992）。

衡諸西方歷史中的兒童，有視兒童為發展未臻成熟的「小一號成年人」；有帶著宗教信仰地視兒童為「原罪者」；又有隨著兒童上學比率漸增，將兒童視為與成人工作生活分離的「上學小孩」。如此視兒童為「小大人」或社會「邊陲族群」的觀點由來已久，遲至近幾世紀方見兒童主體

---

① 對於兒童期的發現是否始於近代，學者亦提出與 Ariès 不同的看法。原因是 Ariès 從分析與詮釋西洋繪畫提出的觀點，激盪社會與文化學者認真地對西洋史不同階段做更嚴密的兒童史或童年史考究，而相關研究成果批判以往西方人並非對兒童沒有概念，而是 Ariès 對西方藝術史素材的詮釋以及其他很多的陳述多半只是一些大膽的假設；雖然如此，學者對於 Ariès 提出「假設」的努力並激發對兒童史關注與研究的成就仍表示肯定（參見熊秉真，1998）。

性的彰顯。

隨著主體性的確立，更多的焦點置於釐清兒童的特質，並思考如何提供具獨特特質的兒童必要協助，誠為兒童發展的主要研究旨趣。

二、發展的意義

張春興、林清山（1990：36）認為：發展（development）一詞係指個體在生存期間，因年齡與經驗的增加產生身心變化的歷程。

賈馥茗（1992：1）認為：發展係指未成熟的有機體由適當環境力量的作用而趨向成熟的歷程。

格萊特曼（H. Gleitman）提出發展有三種意涵：發展就是分化；發展就是成長；發展就是依序的進步（洪蘭譯，1995：470-474）。

周宗奎（2000：1-2）認為：發展是指個人從誕生到成年直至衰亡的身心變化過程。前述所謂的發展，除了「量」的變化外，更重要的是「質」的變化。

從前述學者的界定可知，發展的概念意涵主要有三：

1. 發展的期間涵蓋個人從出生到死亡等一連串生存歷程。
2. 發展的原因有年齡與經驗等因素，即自然的成熟以及個體與環境互動經驗的累積。
3. 發展的結果呈現於身心變化，是有機體趨向於成熟且依序進步的歷程，其中兼含質、量的改變。

歸結前述，發展應是有機體於生存期間，藉由生理成熟及其與環境互動經驗的累積，使個體身心產生質、量變化的一連串歷程。兒童發展探討的議題，可從生理、心理、社會等層面加以分析；多數兒童發展的研究，偏重於生理的發展，由於生理發展與變化顯而易見，較易且有必要建立實證研究的資料。然而，心理層面的研究亦不容偏廢，尤其兒童自我概念的形成及其與社會環境的互動生存等，更是兒童發展應予關切的議題。

三、影響發展的因素

回顧兒童發展的理論演進，關於影響發展的因素主要觀點有三，茲分述如後：

(一) 遺傳決定論

此論點認為兒童發展源於先天的遺傳因素，兒童發展即為遺傳因素表露的一連串歷程，主要代表人物如達爾文（C. Darwin）及葛爾屯（F. Galton）。達爾文著有《物種原始》（*The Origin of Species*）、《人與動物的情緒表達》（*Expression of the Emotions in Man and Animals*），從生物進化論的觀點提出進化及遺傳等因素影響人類發展的證據。葛爾屯則著有《遺傳的天才》（*Hereditary Genius*）、《天生的遺傳》（*Natural Inheritance*）等書，葛氏著手心理遺傳及優生學的研究，並對家族式的天才遺傳提出證據（賈馥茗主編，1999：217）。從遺傳及演化的觀點，發展是前代特質的複製與再現，是各項遺傳特質逐漸成熟的過程。

(二) 環境決定論

此論點主張發展由後天環境或教育的作用決定，主要代表人物如行為學派的華生（J. B. Watson）及史金納（B. F. Skinner）。行為學派創始人華生在其著作《行為主義》（*Behaviorist*）中的名言：「給我一打健全的兒童，我可以用特殊的方法任意地加以改變，或使他們成為醫生、律師、藝術家、富商，或使他們成為乞丐或盜賊。」（周宗奎，2000：18），其強調後天環境的絕對影響不言可喻。史金納則致力發展「刺激—反應心理學」（stimulus-response psychology），去除個體內在過程的影響，重視刺激、反應關係之分析，認為行為的改變悉為刺激所引發。從環境決定論的觀點，發展是外在環境塑造的結果，並非為個體生理特質與遺傳等因素所影響。

(三) 交互作用論

此論點主張發展係由於遺傳與環境兩大因素交互作用而成，主要代表人物有建構學派的皮亞傑（J. Piaget）及維高斯基（L. Vygotsky）。皮亞傑提出「發生認識論」（genetic epistemology），據以解釋兒童的認知何以發生；部分受其生理學背景的影響下，皮亞傑認為：認知係由於個人及其與環境的互動而逐漸開展，藉由同化、調適等機制擴展個體的認知經驗。維高斯基對於兒童認知發展的觀點則著重社會互動與文化因素，認為認知發展藉由建構、內化以及再建構等歷程，鷹架兒童的能力。綜合前述，除遺傳因素決定發展的結果外，環境與社會互動等作用對於發展的影響也不容忽視。

歸結前述影響發展的因素可知：遺傳決定論與環境決定論各有所偏，僅能解釋兒童發展的部分現象，交互作用論兼重遺傳與環境因素對發展影響的看法，是較獲接受的觀點。因此，家長及教育工作者應重視遺傳與環境等因素對兒童發展的可能影響，細探前述因素影響兒童發展的情形，以了解兒童發展的真實面貌。

四、發展的通則

在兒童發展的過程中，受到遺傳因素左右，或由於環境因素的影響，致使兒童的發展情形呈現差異。然而，「究竟發展是呈連續性或階段性進行？」、「發展是否遵循一定順序？」、「發展的速率是否為定速？」等議題，實為關心兒童發展者共同關切的議題。張春興、林清山（1990：36-40）曾將發展歸結出七項通則說明如後：

1. 發展是身心兩方面繼續改變的歷程

發展是指身心兩方面，且相互影響。身體方面包含身高、體重、容貌等；心理方面則包含智力、情緒、人格等。

2. 發展狀況乃遺傳與環境交互作用的結果

個體身心的發展受到遺傳與環境因素交互影響。例如：兒童的認知發

展，倘使兒童未能主動地參與環境，「調適」（accommodation）勢不可能。

3. 早期發展是後期發展的基礎

個體的發展呈現某種順序，前後程序連貫，且早期發展成為後來發展的基礎，例如：胚胎應先經原始細胞層才會發展成為器官。

4. 發展過程具有共同模式

個體的發展呈現共同模式，成為可預測及解釋個體發展的依據，如胎兒到嬰兒時期的身體發展模式呈現由頭而尾、由軀幹而四肢、由整體而特殊等規律。

5. 共同模式下仍有個別差異

即便個體發展呈現共同模式，但個體間仍呈現差異，如嬰兒走路行為的發展雖呈現一定模式，但嬰兒實際習得走路行為的時間各不相同。

6. 發展的連續歷程中呈現階段現象

發展係一連續歷程，而在前述歷程中可見許多階段現象，如身高的發展實為連續歷程，但嬰兒時期、青春期呈現快速成長的階段現象。

7. 身心需求的滿足是行為發展的動力

追尋身心需求的滿足是個體生存的基本動力，同時影響個體的行為發展，如食物、營養等需求的滿足，影響個體能否健全成長，間接也影響個體學習各項行為的基本能力。

五、科學取向的學科發展

兒童發展實為心理學的一支。十九世紀後半期之前，心理學仍屬哲學領域，正如心理學的希臘文源流字根「psyche」和「logos」所指，前者為「呼吸、氣息」，後引申為「靈魂」之意；後者則指講道、論述，後引申為「學科」。因此心理學在很長一段時間裡，正如其所述是一門「靈魂之學」，如自希臘三哲起，討論人類本質、意識、感覺、身體、靈魂等論述即不斷出現。

中世紀以後，心理學仍不脫其哲學立場，著名學者如笛卡兒（R. Descartes）提出「心身二元論」，認為腦與靈魂本為二分，但交會於腦內

松果腺（pineal gland），腦受到靈魂的觸動主宰身心，於是腦為身心主宰的觀點普遍得到認同，更引發一連串生理學的研究在找尋腦為身心主宰的證據，甚至有「顱相學」（phrenology）的一度風行（Boring, 1950: 51-58）。

笛卡兒之後的心理學「科學化」，主要基於生理學與醫學等學科旨趣，例如：藉人差方程式（personal equation）、感覺的生理試驗等方法，尋求生理現象的解釋；同時間，從哲學立場解釋心理現象的努力也不曾稍歇，如經驗主義、聯結論（associationism）的發展，也致力於對心理現象的解釋。此等「互走極端」的現象，在 1879 年馮德（W. Wundt）於德國萊比錫實驗室成立世界第一座正式心理實驗室後，終使心理學的發展走向另一新境。

馮德認為心理學的是一門「經驗科學」（Enfahrungswisswnschaft），其研究應兼重內外經驗不有所偏，提出「內省」（selbstbeobachtung/introspection）作為心理學的研究方法。馮德認為：「意識」是心理學重要研究對象，而將意識歷程分析成元素，並決定前述元素的複合形式（連結法則）則為心理學的旨趣。雖然意識歷程分析成元素的假定使得心理學發展走向原子論，但也刺激心理學的實證化發展（洪福財，2000：136-141）。因此，後人以馮德在1879年成立心理學實驗室為界，視心理學正式由哲學走向科學的標界。

由於心理學的範圍極為廣泛、複雜，其研究也日趨專業化，兒童發展則為心理學分化的一個研究領域。身為心理學研究的一支，兒童發展的研究自然受到心理學研究典範（paradigm）所規範；而科學取向的研究，自為兒童發展此一學科的重要發展取向。

六、兒童發展的研究類型

關於兒童發展常用的研究方法，茲依研究資料的蒐集、研究的功能或目的、研究資料的分析、研究的場所、研究對象的多寡、研究開展的期間以及研究的主題劃分，分就各項常見的研究類型表述如後（見表 1-1）。

表 1-1

兒童發展的研究類型

分類依據	研究類型	概要說明
依研究資料的蒐集劃分	觀察研究	藉由觀察並記錄受試者的行為表現，可於自然情境或實驗室進行
	調查研究	藉由問卷、晤談、自我報告等方法，蒐集分析問題的資料
	實驗研究	依據嚴密控制的程序操弄各變項，旨在確認變項間的因果關聯
	文件分析	從與兒童學習與生活經驗有關的文件，分析各類問題形成與存在的原因
	測驗研究	藉既有或發展出的測驗，蒐集並分析兒童在測驗上的表現資訊
依研究功能或目的劃分	基礎研究	旨在建立或健全學科知識的理論體系
	應用研究	旨在藉由已有的知識經驗解決實際問題
	評鑑研究	旨在評鑑各項發展方案的實施情形並判斷其良莠
	行動研究	旨在診斷或解決行動現場的實際問題，如教師為解決教學問題所進行教學現場的研究
依研究資料的分析劃分	敘述研究	旨在描述或總結自然事件的表現
	相關研究	旨在了解不同變項間是否存在關聯及其關聯方向與大小
	因果研究	旨在尋求或確認變項之間的因果關聯
	比較研究	旨在對照某特定受試者在不同時間的表現情形，或同一時間不同受試者的表現情形
依研究進行的場所劃分	實驗室研究	受試者被帶至特定實驗場所，歷經研究者控制與操弄變項等歷程
	實地實驗研究	受試者仍在其熟悉的生活場所，歷經研究者進行一些實驗改變的歷程
	自然實驗研究	在自然情境下，依據受試者的共同生活遭遇而劃分組別，並與無共同遭遇者的表現相互對照

分類依據	研究類型	概要說明
依研究對象的多寡劃分	群組研究	針對一組或多組受試者進行研究
	個案研究	針對個人或個別單位受試者進行研究
依研究開展的期間劃分	橫斷研究	同時對不同年齡層的受試者進行研究，可同時間得到各年齡層的發展訊息
	縱貫研究	對同一受試者作多年、持續性研究，以得到受試者因年齡增長的發展改變
	連續研究	結合橫斷與縱貫研究，如採橫斷研究了解不同年齡層的兒童發展表現，再採縱貫法就各年齡組兒童進行追蹤研究
依研究的主題劃分	生理研究	針對兒童生理發展所做的研究，如動作發展的研究
	心理研究	針對兒童心理發展所做的研究，如情緒發展的研究
	社會發展研究	針對兒童社會發展能力所做的研究，如社會行為、社會適應等研究
	人格研究	針對兒童人格發展所做的研究

七、本書架構

本書以《兒童發展與輔導》為題，行文兼重各種兒童發展主題的介紹及其輔導方法，求利於實踐為原則。全書共十四章，第一章為緒論，第二章至第八章為重要兒童發展議題的內容與輔導，第九章至第十三章擇取兒童發展的重要議題的發展及輔導情形進行論述；再者，緣於兒童福利服務為保育及維護兒童發展的重要體系，故最後一章介紹我國的兒童福利服務現況。茲分就各章概要內容說明如後：

第一章緒論，旨在界定兒童發展的意義、通則、學科取向及研究類型等。

第二章及第三章，分以身體與動作發展為題，介紹兒童發展的規

律、影響因素及輔導方法。

　　第四章至第六章，分以語言、智力及情緒為題，界定各項議題的意義與發展階段，並就影響因素及輔導方式加以分析。

　　第七章以社會行為為討論議題，分析兒童社會行為的發展與特徵、影響因素及其輔導方法等。

　　第八章以人格發展為討論議題，分析人格的意義與特徵，並介紹重要代表人物佛洛依德、埃里克森的人格發展理論，最後就人格發展的影響因素與輔導方法加以介紹。

　　第九章以常見的不良適應行為為討論議題，介紹常見的兒童不良適應行為及其類型，並就各項不良行為的表現成因與輔導方法加以介紹。

　　第十章以遊戲為討論議題，分析兒童遊戲的意義與類別，其次分析兒童遊戲行為發展的階段，最後就兒童遊戲行為發展的影響因素與輔導方法加以介紹。

　　第十一章以玩具與讀物為討論議題，分析兒童玩具與讀物的價值，並就其選擇方法加以介紹。

　　第十二章、十三章分以生活習慣與保健為討論議題，介紹兒童生活習慣的養成及其輔導方法，再就兒童保健原則及常見的疾病與護理方法加以說明。

　　第十四章以我國兒童福利服務為討論議題，首先分析兒童福利的發展成因，其次分析近年我國兒童福利服務的經費情形，最後則就我國的兒童福利機構加以介紹。

第二章

兒童身體的發展與輔導

一、對兒童身體發展的理解

兒童身體發展，包含「生長」和「發育」兩個方面。「生長」是指身體組織和器官在形態方面的變化過程，多指「量」的變化，如身體由小到大、由輕到重、由矮到高等；主要由於人體細胞不斷繁殖和細胞間品質不斷增加的過程。

「發育」是指身體組織和器官在機能方面的變化過程，從未成熟狀態向成熟狀態逐漸完善的過程，多指「質」的變化。

兒童的生長和發育是依存並行的，兩者相互促進，就如身高和體重的生長正常，同時反映生理機能的發育正常。

二、兒童身體發展的規律

兒童身體發展呈動態變化，其質量發展有其自身的規律。掌握這種規律，有利於積極促進兒童身體的健康發展。

(一) 發展的順序性和階段性

兒童發展的順序是從頭到腳，從中軸到邊緣。頭部的結構和機能發展最早，下肢的發展則在最後。

人的發展是一個長期的過程，這個過程是連續且具階段性，每個階段各有特點，階段之間互相關聯，如果前一階段出現障礙，將影響後一階段的發展。如初生嬰兒常有無意識的活動，最初手不會拿東西，後來學會大把抓，最後學會用拇指和食指拿小東西。又如：嬰兒學走步之前，先學會站立；學坐在學站之前，而學坐又在學會抬頭之後；這顯示生長發育具有一定的順序和階段性。因此，嬰兒學會爬行，可為之後的站立、行走打好基礎。

(二) 發展的速度

兒童的發展時快時慢，呈波浪式前進。出生後第一年內，生長非常迅速，身長增加 20～25 公分，約達出生時身長（50 公分左右）的一半，體重增加 6～7 公斤，約達出生時（3 公斤左右）的兩倍。這一年，身長體重均是人生增長最快的一年，出生後第二年開始，生長速度逐漸降低，第二年內，身長增加 10 公分，體重增加 2.5～3.5 公斤，兩歲以後，增長速度更慢，身長每年平均增長 4～5 公分，體重每年增加 1.5～2 公斤，直到青春期再出現快速突增。根據兒童生長發育速度不均衡的規律，在年齡階段的劃分中，每個階段的時間長短不同，如新生兒期只有一個月，嬰兒期為二至三年。在描述兒童生長發育時，則因各時期發展進度各異而採用不同的時間單位，如：新生兒以「天」為計算單位，一個月大以後用「週」計算，一歲以後則用「每半年」或「年」計算。

(三) 身體各部位、系統發展的不均衡

身體各部位發展的速度和比例不同。例如：嬰兒初生時，頭顱占身長的四分之一，軀幹較長，雙腿短小；成人時，頭顱占身長的八分之一，軀幹較短，雙腿較長。從出生至成人，頭只增大一倍，而軀幹增兩倍，上肢增三倍，下肢增四倍（見圖 2-1 頭身比例圖）。

圖 2-1
頭身比例圖

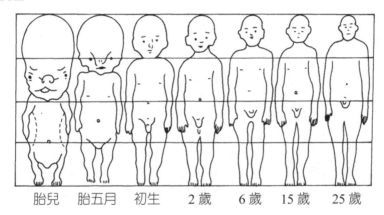

| 胎兒 | 胎五月 | 初生 | 2 歲 | 6 歲 | 15 歲 | 25 歲 |

在身體系統的發育部分，包括外形和內臟各系統，其發育早晚也不同，各個年齡段的發育也呈波浪形，並有突增階段（見圖 2-2 斯卡曼曲線圖）。茲就各系統發展情形簡述如後：

1. 神經系統

神經系統（特別是大腦）在胎兒出生後，發育速度一直居為領先地位。

從腦的容量看，出生時的腦容量約為 350 公克，約為成人腦容量的四分之一；三歲左右，腦容量增至約相當於成人的三分之二；六歲時，已達到成人的十分之九；七歲時腦容量基本上已接近成人，達 1,280 公克左右。從腦電圖（腦波圖）頻率看，從出生到二十歲，兒童腦電波平均頻率（週／秒）隨年齡增加而不斷提高（見表 2-1）。

表 2-1

不同年齡組腦電圖平均頻率分布表

年　　齡	○～一歲	一～二歲	二～三歲	三～七歲	七～十二歲	十二～二十歲
平均頻率 （週／秒）	2	4	6.4	8.5	9.5	10.4

圖 2-2

斯卡曼曲線圖

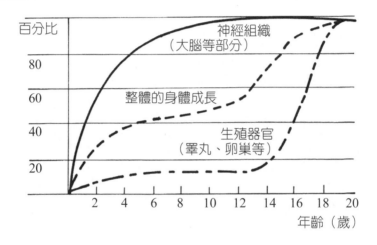

在大腦皮質的發展方面，各區域發展的成熟也有早晚之別，其順序是：枕葉→顳葉→頂葉→額葉。

有關兒童神經系統功能，在感覺器官功能的發展表現更為明顯。兒童出生後，即具有感覺功能，包括視覺、聽覺、觸覺、溫度覺等；初生時雙眼動作還不協調，幾週後即能把視線集中在物體上，三個月大的嬰兒已能區別顏色。初生到六個月，是視覺發展的敏感期，這時期如果出現視覺發展異常，會導致以後視力喪失。新生兒聽覺已經發生，半個月左右的新生兒能把頭轉向聲源，顯示聽覺和視覺開始協調活動，而視覺、聽覺和觸覺等感官發展都成為兒童早期認識世界的主要工具。

2. 一般系統

所謂一般系統包括骨骼肌肉、內臟系統等。

骨骼系統是形態發展的基礎。嬰幼兒的骨骼發展還不成熟，含鈣量少，軟骨成分多，之後，逐漸出現骨化現象，即軟骨部分出現鈣的沉著、硬化。在這個過程中，構成上下肢的長骨，向長軸方向生長。

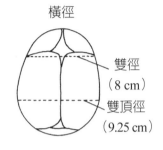

圖 2-3
凶門

橫徑

雙徑
（8 cm）

雙頂徑
（9.25 cm）

凶門的閉合表現顱骨的成熟過程。構成顱骨的扁平骨，骨化過程較長，顱骨上有前凶門和後凶門（見圖 2-3）。後凶門位於顱骨後部，頂骨與枕骨之間，出生時或出生後不久即閉合，最晚於出生後二至四個月時閉合。前凶門位於顱頂前部，額骨與頂骨之間，生後仍有相當寬的菱形空隙，而且繼續增大，直到生後九個月才逐漸縮小，十二至十八個月左右閉合。凶門閉合過早或過晚均不正常，若是閉合過早常見於頭小畸形，過晚常見於佝僂病、克汀症（Cretinism）等。

牙齒的生長是嬰幼兒骨骼發展的明顯表徵。牙的生長從形成牙胚到完成鈣化，需要很長的時間，其生長狀況通常以牙齒長出的年／月齡來評價。嬰幼兒的牙齒分爲乳牙和恆牙，乳牙從出生後六至七個月開始長出，三歲前共長出二十顆牙；恆牙則近六歲時才長第一顆，稱爲「六歲磨牙」。牙齒生長的時間有個別差異，牙齒的生長與消化功能的發育及語言的發展都有一定關係。

圖 2-4
脊柱彎曲的形成

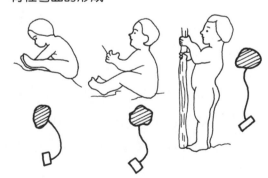

脊柱彎曲的形成是兒童正常生長發育的另一表徵。孩子出生時，脊柱幾乎是直的，最早出現的是頸彎曲，頸椎向前

凸起支持頭的活動。六至七個月時出現胸椎向後凸起，支持坐的動作，一歲左右腰部向前方面的彎曲才逐漸形成，和直立行走有關（見圖 2-4）。

3. 淋巴系統

淋巴系統的發育在出生後尤其迅速。胸腺、淋巴結、內臟淋巴塊等在孩子出生後增長很快，然後速度下降。兒童時期對疾病的免疫力弱，需要淋巴系統充當衛士。而十歲之後，由於其他各系統趨於成熟，抗病力增強，淋巴系統的作用也逐漸讓步。

4. 生殖系統

生殖系統在童年期發展很慢，青春期則發展很快，並呈正加速曲線。

前述各系統的發育雖不均衡，但人的機體作為統一的整體，各系統的發育又都是互相聯繫、互相影響且互相制約。例如：體育鍛鍊既能促進肌肉、骨骼的發育，又能促進神經系統的發育；而神經系統的發育，又可以更好地協調運動系統的活動。

(四) 發展的個體差異

每個兒童發展的情況皆不相同。在教保工作中，特別是在評價發展狀況時，必須了解兒童過去和現在的狀況，並且加以比較，觀察其發育動態，以其個體發展為評價依據，這樣才有實際意義，切不可忽視兒童發展的個體性。

三、兒童身體發展的評價

評價兒童生長發育的指標，可分為形態指標和生理功能指標。

(一) 形態指標

指身體及其各部分可以測出的度量，如長、寬、圍度、重量等，最常用的是身高和體重兩項指標。此外，長度指標有坐高、手長、足長、上肢長、下肢長；代表橫徑的有肩寬、骨盆寬、胸廓橫徑、胸廓前後徑；代表圍度的有頭圍、胸圍、上臂圍、大腿圍、小腿圍；代表營養狀況的皮褶厚

度等。常用的形態指標如下：

1. 身高

可以正確評估身體發育特徵和生長速度。

2. 體重

在一定程度上，可代表兒童的肌肉、骨骼、皮下脂肪、內臟重量及增長的綜合情況。新生兒出生時的體重，是判斷胎兒生長發育程度和狀態的重要指標。例如：出生時體重 2,500 公克以下為低體重兒，低體重兒往往生長發育不良，容易生病，且出生後第一年的死亡率是正常體重兒的四倍。在發展過程中，從體重、身高大致可判斷兒童的營養狀況是否正常。

3. 頭圍

代表顱和腦的大小及發展狀況，是六歲前兒童生長發育的重要指標。

4. 胸圍

代表胸廓的容積及胸部骨骼、胸肌、背肌和脂肪層的發育情況，且在一定程度上表明身體形態及呼吸器官的發育狀況。剛出生的新生兒，頭圍大於胸圍；一歲左右，胸圍的發育趕上頭圍。若一歲半時，胸圍仍比頭圍小，表示兒童發展不良。

(二) 生理功能指標

即身體各系統、器官在生理功能方面能夠測出具發展代表性的量度。例如：握力和背肌力是骨骼肌肉系統的基本指標，肺活量是呼吸系統的指標，脈搏和血壓是心血管系統的基本指標等。

茲介紹一些簡易的評估方法如後：

1. 計算身高

估算兒童身高的三種方法：

(1) 按增長倍數計算。假定出生身高為 50 公分，周歲時身高為出生身高的 1.5 倍，即 75 公分；四歲時身高為出生身高的 2 倍即身高 1 公尺。

(2) 按增長速度計算。一至六月大的嬰兒，平均每月增高 2.5 公分；七至十二月大的幼兒，平均每月增高 1.5 公分；周歲時達到 75 公分，兩歲

時達 85 公分。

(3)按公式推算。兒童二至七歲，平均每年身高增長 5 公分。二至七歲的身高＝ 5（公分）× 年齡＋ 75 公分。

2. 計算體重

估算兒童體重有三種方法：

(1)按增長倍數計算。如已知出生時嬰兒的體重，則六個月時的體重為出生體重之兩倍左右；周歲時約為三倍；兩歲時約為四倍；三歲時約為 4.6 倍。

(2)按增長速度計算。出生三個月之內的嬰兒，每週增加體重 180 ～ 200 公克；三至六個月內，每週增 150 ～ 180 公克；六至九個月內，每週增長 90 ～ 120 公克；九至十二個月內，每週增重 60 ～ 90 公克。

(3)按公式計算。出生時體重假定為 3,000 公克，則六個月時體重 ＝出生體重 ＋ 600（公克）× 月齡；七至十二個月體重＝出生體重 ＋ 500（公克）月齡；二至七歲體重 ＝ 2（公斤）× 年齡＋ 8 公斤。

3. 計算頭圍

嬰兒出生時平均頭圍約 34 公分，周歲時約達到 45 公分；兩歲時約為 47 公分，三至四歲時兩年增長約 1.5 公分，其後增長得更少。

4. 計算胸圍

出生頭一年增長最快，約增加 12 公分，第二年增加約 3 公分，以後每年約增加 1 公分。

·········· 第二節　兒童身體發展的影響因素 ··········

兒童身體發展受個體先天遺傳和後天環境等因素的影響，具體影響情形分述如後：

一、遺傳因素

　　父母的遺傳基因對子女的身體發展有決定性影響，如性別差異即是由遺傳基因決定，且遺傳基因亦可以解釋個體差異的形成。譬如：父母高，子女也高；父母矮，子女也矮；從父母的身高可以大致預測子女的身高，簡易的公式如下：

　　兒子成人時身高（公分）＝（父身高＋母身高）/2×1.08
　　女兒成人時身高（公分）＝（父身高×0.923＋母身高）/2

　　兒童身體其他方面的形態特徵，如身體的構造、神經系統的結構和機能特徵等，也都受遺傳的影響。遺傳基因的作用最明顯表現在兄弟姊妹之間的相似性，其中以同卵雙胞胎最為相似。由表 2-2 雙胞胎身長的相關係數，可知遺傳基因確實對兒童身高產生影響。

表 2-2
雙胞胎身長的相關係數表

年（月齡）	同卵雙胞胎	異卵雙胞胎
出生時	0.8	0.82
三個月	0.75	0.72
六個月	0.78	0.65
一歲	0.85	0.69
兩歲	0.89	0.58
三歲	0.92	0.55
四歲	0.94	0.60

　　由於遺傳的作用，兒童身體發展也受種族和家族的影響。例如：漢族人群中只有 1% 在血紅素中不含 RH 因數，而苗族則多達 12.3%。受精前

因素對兒童身體發展有直接影響，如近親結婚容易使孩子帶有遺傳病，因為父母雙方帶有相同的隱性致病基因的可能性較大。此外，早婚也是對孩子的發育極為不利的因素，如未滿二十歲的母親容易生低體重兒，子女由於染色體異常造成的天生畸形也較多；再者，如果兩胎間隔不滿兩年，兒童死亡的危險性增加一半；另外酒後受精容易引起染色體畸變，導致孩子出現各種畸形，如小眼睛、兔唇、短腿、先天性心臟病或智力發育不良。

二、環境的影響

雖然遺傳對身體發展具有重大的影響，但是兒童身體的生長發育，仍有很大程度受環境左右；而兒童身體發展的影響環境可分為先天環境和後天環境，茲分就其影響情形說明如後：

(一)先天環境

兒童出生前的生活環境可稱為「先天環境」，這也就是在胎內生活的環境。胎內環境對胎兒的生長發育有重要影響。母親妊娠期受病毒感染，服用致畸性藥物或接觸過大劑量放射線和化學毒劑、噪音汙染，以及吸菸、酗酒等等，都會影響胎兒發育；其次，孕婦的營養亦是影響胎兒生長發育的重要因素；此外，孕婦適當增加睡眠、休息、避免疲勞過度、注意適當的活動、良好的生活起居和衛生習慣，以及保持平靜良好的情緒狀態等，都是胎兒發育所需要的有利環境。

(二)後天環境

即兒童出生後的生活環境。影響兒童發展的後天環境因素多且複雜，茲分項說明如後：

1. 自然環境

氣候、空氣等屬於兒童生活的自然環境。低溫或高溫，潮溼或乾燥，高山和平原，河流和陸地等自然環境條件對兒童的生長發育都有不同的影響。隨著科技文明的變遷，環境汙染如噪音、輻射、大氣及水源汙染

等，都逐漸成爲兒童發展的公害。

2. 社經環境

兒童生活的社經環境的條件，也影響著兒童發展的營養、衛生、運動、疾病及其治療等情形；貧困地區兒童缺乏營養，居住擁擠，保健設施差，少醫缺藥，疾病流行，嚴重阻礙其生長發育。有關人體發展加速現象的資料，有力地說明社經條件對兒童身體發展的影響；如西方先進國家過去一百多年來，平均每十年同齡兒童身高即增長 1 公分左右。又據日本 1950 年的統計，戰爭時兒童的身高呈下降的趨勢，而戰後三十年男童平均增長 7 公分。

3. 家庭環境

在相同或相似的自然和社會環境下，另有家庭條件爲影響兒童發展的直接因素。一般說來，家庭人口多，家長經濟負擔重，不能確保良好的基本生活條件，兒童的發展普遍較差。其次，家長的育兒觀念是否正確、育兒知識水準高低及對兒童生長發育的關心程度等，也都會影響兒童發展狀況。

4. 營養條件

營養條件對兒童發展影響極大。如出生後四至六個月的嬰兒，從母乳中可以獲得「免疫物質」，有助於保護嬰兒避免腹瀉、咳嗽、感冒以及其他一些常見疾病，而牛奶、嬰兒配方食品或其他嬰兒食品則沒有這種保護作用；即使添加副食品後，母乳仍然是能量、蛋白質和其他營養素（如維生素 A）的重要來源；另外母乳也有助於一至二歲兒童抵禦多種疾病。

營養條件對兒童的生長發育也有重大意義。幼兒期是繼嬰兒期之後的發育旺盛時期，需要更多的營養。如因家庭貧困而使兒童營養不良，易導致其體重減輕、生長發育遲滯。但是，近年來在先進地區和富裕家庭，也出現新的營養問題，其中較令人關心的是小兒肥胖症。根據兒童發展的規律，皮下脂肪增加有兩個高峰年齡，即〇至二歲和六至十二歲。二至六歲幼兒應爲皮下脂肪減少期，不應出現肥胖現象；然而，有些幼兒由於進食量過多、營養過剩，加上運動量小，導致過於肥胖，稱爲「單純性

肥胖」。事實證明，確保兒童發展的營養條件，不僅是提供兒童營養物質的問題，還有實際攝取量的問題，以及是否符合兒童在不同時期需要的問題。

5. 活動和鍛鍊

適當的活動和鍛鍊，對兒童身體的發展有良好的促進作用。例如：早產兒由於提前出生，比正常出生嬰兒較早接觸豐富的胎外環境，在和環境的相互作用中，其大腦皮質發育也較早。一名早產六週的嬰兒，在生後第四週時已經出現聽覺條件反射的徵象，第五週時，這種反射已經穩定而顯著；又如對六週嬰兒進行被動按摩活動兩個月，包括按摩手部和被動的屈伸手指，受訓手的對側大腦半球相應區域出現了高品質的節律，表示手的活動促進了大腦的成熟。

近年來，已有許多研究顯示，運用嬰幼兒體操和運動鍛鍊，對促進其身體發展有明顯的作用。

6. 睡眠

睡眠是兒童的基本生理需要。兒童的新陳代謝機能比成人旺盛，且兒童非常好動；成人在不睡覺時，也能使身體處於休息狀態，兒童則不然，年齡越小，越是如此。因此，睡眠對於兒童消除疲勞，積聚能量，有特別重要的意義。兒童的生長發育受腦下垂體分泌的生長激素影響，促進骨骼肌肉組織和內臟的生長發育。研究指出：生長激素在人入睡後才產生，深睡一小時以後逐漸進入高峰，一般在晚上十時至凌晨一時為分泌高峰期，其分泌量約占 20 ～ 40%。所以，兒童睡眠不足，或夜間入睡時間過晚，都不利生長；生長激素過少，身高增長會受影響。

近年來兒童的睡眠時間有縮短的趨勢，其原因可能是由於睡眠條件改善，使睡眠效率有所提高；也有可能由於營養條件改善，感染和其他侵害減少，使疲勞有所減少。

不同兒童所需要的睡眠時間，也存在個別差異。進食量小而安靜的兒童，大都睡眠時間長，而這種類型的兒童藉由增加睡眠時間來適應營養攝取量之不足；活躍、精力旺盛的兒童食慾旺盛而睡眠時間短，睡眠、進

食、運動和生長發育之間，存在著動態的密切聯繫。在正常情況下，睡眠是以自然的方式進行，睡眠與活動以一晝夜為單位，週期性地交替進行。

7. 疾病

疾病直接影響兒童發展，干擾正常的能量代謝。如體溫過高時，酶系統正常功能受到影響，代謝率升高，增加營養物質的消耗；有些疾病嚴重影響器官和系統的正常功能，如急性胃腸道疾病，對消化吸收能力有明顯干擾。有些傳染病，如流行性腦脊髓膜炎、脊髓灰質炎等，可以奪去兒童生命，或留下嚴重的後遺症。嚴重的慢性疾病，如鉤蟲病、結核病等，也會影響生長發育。其他如慢性扁桃腺炎、慢性氣管炎等，雖不致命，但會影響兒童的活動能力，也會影響其生長發育。總之，疾病影響兒童發展的程度，其中又取決於病變涉及的部位、疾病的嚴重程度以及病期的長短等。

部分影響兒童身體發展的因素並非單獨地發生作用的，如遺傳因素能否起作用，還有賴於兒童發展的後天環境。例如：半乳醣血症是一種常見的染色體隱性遺傳病，會導致嬰兒的代謝性障礙，使嬰兒發生智力缺陷和其他疾病，但這種遺傳性疾病是可以由後天條件控制的。由於這種疾病的直接發病機制是缺乏半乳醣轉化酶，如果在餵養中不提供嬰兒含乳的飲食成分即可避免發病；反之，如果飲食中含有乳製品，隱性的遺傳因素就會顯現出來。換句話說，避免暴露於誘發因素，一些隱性遺傳疾病便不會外現。

第三節　兒童身體發展的輔導

根據兒童身體發展的規律和各種兒童身體發展影響因素的作用，實施兒童身體發展的輔導時，應考慮以下幾點：

一、普及優生知識

由於遺傳和先天胎內環境對兒童後來身體的發展具有重要的奠基作用，為使兒童身體得到良好的發展，必須做好優生的宣傳教育工作。普及優生知識，是保證兒童身體良好發展的重要一環。

首先，要使未來的父母具有婚配擇偶的基本知識，例如：避免近親結婚，婚前要做檢查，了解不宜結婚和應暫緩結婚的疾病患者等。重度遺傳性智力低下者，其疾病在下一代的發病機會為 57.8 ～ 68.1%，實應慎重考量生育問題。再者，雙方家族中患有相同遺傳性疾病者不宜結婚；慢性病的活動期及心、肝、腎、肺、腦等重要臟器代謝功能不全時，亦應暫緩生育。有關婚配的知識，不但要使婚姻雙方了解，且應普及至雙方長輩，以免長輩強迫嫁娶；另也應在社會造成正確的輿論，例如避免推崇「親上加親」等陳腐觀念。

其次，要使未來的父母了解受孕及孕期生活的基本知識，譬如：了解最佳受孕期，了解孕期夫婦（不僅是孕婦）均應戒菸酒，孕婦應得到充足的營養和休息，保持良好情緒，防止病毒感染等等。

改善生活環境是全社會的事，保護人類的生存環境是文明社會越來越迫切的課題。為保護下一代，應加強環境保護意識，對於汙染環境措施應嚴予避免，孕婦以及兒童應儘量避免或減少與不良環境的接觸，社會應共同致力改進生活環境的衛生條件。

二、兒童身體檢查

為促進兒童身體的發展，首先應了解其發展狀況，像是發育是否正常，身體發展各部位和各方面有無遲滯現象，有無疾病和身體缺陷等。嬰幼兒時期是身體和心理發展的重要時期，同時又是最容易出現發展障礙的時期。正是因為這種原因，必須藉由身體健康狀況的檢查，及早發現，及早診斷，及早治療，或採取因應措施再對症下藥。

身體檢查可分為不定期體檢與定期體檢兩種。

不定期體檢的目的在於了解兒童發展的健康狀況，例如：為判定幼兒是否宜於參加團體生活，入園前宜進行體檢。入園前體檢項目可包含：健康狀況；有無傳染病及慢性病史；預防接種狀況；近期有無傳染病接觸史；測量身高、體重等。

定期體檢是為全面了解孩子生長發育狀態，以便發現缺點並及時矯治。通常是周歲以內兒童，每三個月體檢一次，滿周歲時作一次健康評估；一至三歲，每半年體檢一次，三歲時作一次健康評估；三至七歲，每年體檢一次，滿七歲時作一次健康評估。我國衛生福利部國民健康署編印有《兒童健康手冊》，除提供保健知識外，也登載兒童接受預防接種及健康檢查之相關紀錄，提供家長育兒之重要參照。

有關不同年齡兒童的體檢重點專案分述如後：

(一) 滿月至周歲

詢問家長的重點有四方面：

1. 餵食母乳還是餵食配方奶粉，抑或混合餵養；添加副食品的月齡及食物種類；斷奶時間。
2. 精神發育情況。
3. 有無佝僂病的早期症狀，是否添加維生素 D 及其使用劑量。
4. 有無傳染病史，預防接種完成情況。

體檢重點有下列幾項：

1. 營養、精神狀況，對周圍的反應，身高、體重、頭圍、胸圍。
2. 有無方顱、枕禿，了解囟門閉合情況。
3. 乳牙數及其牙釉質發育狀況。
4. 外耳道有無分泌物。
5. 有無雞胸、串珠肋，心、肺有無異常。
6. 觸診肝、脾狀況。
7. 檢查外生殖器，注意男孩有無隱睪。
8. 脊柱有無異常彎曲，下肢有無彎曲畸形。

(二) 一至三歲

詢問和體檢的重點包括以下幾個方面：

1. 精神發育是否正常。
2. 有無營養缺乏症狀。
3. 有無傳染病接觸史。
4. 測量身高、體重、頭圍、胸圍。
5. 囟門閉合狀況。
6. 乳牙數目，有無齲齒。
7. 有無貧血。
8. 其餘同乳兒期檢測項目。

(三) 三至七歲

詢問和體檢的重點項目有八：

1. 精神發育是否正常。
2. 有無慢性扁桃腺炎、慢性氣管炎。
3. 有無齲齒。
4. 檢查視力。
5. 測量身高、體重、頭圍、胸圍。
6. 聽診心、肺。
7. 觸診肝、脾。
8. 脊柱有無異常彎曲。

三、良好的養育行為

兒童處於未成熟時期，其身體的發展依賴成人的照料。父母或其他照料者需要較好地掌握兒童身體發育的規律，採取有規律的健康養育行為，以促進兒童身體的健康發展。前面談過營養、運動、睡眠等因素，都影響兒童的發展，成人在照料兒童生活的過程中，對各方面都應做妥善安排。

　　現代社會的飛速發展，為兒童成長帶來良好的優越物質條件，但也容易使兒童遇到不利於發展的因素。因此，要求父母自覺地學習育兒知識，促進兒童良好的生長發育。在這個過程中，端正育兒觀念，對於正確的、科學的育兒，更有關鍵意義。例如：現代父母對子女的期望過於殷切，對子女的教育過於熱心，於是負擔過重的填鴨式「早期教育」，或揠苗助長式的要求，給孩子造成極大的精神壓力，經常處於緊張狀態，甚至引起小兒頭痛、腹痛、胃潰瘍等病症。父母的心情憂鬱或不愉快，也會感染嬰幼兒，使他們食慾異常、夜間哭泣，嚴重者會出現大便異常等症狀。

　　在兒童進食方面，有些母親忽視母乳餵養而完全依賴配方奶粉餵養；有些父母給孩子吃的是經過精細加工的食品，喝的是各種人工添加物飲料，完全沒有攝取天然的食物和白水。這些都使兒童得不到正常的營養，或使咀嚼機能不發達，齲齒增多。

　　在穿著方面，有的父母追求款式時尚，孩子穿著的衣服甚至妨礙活動和發展。整天讓兒童處在空調的房間內，天冷時把溫度調高，天熱時調低，使孩子從小缺乏隨著天氣變化而增減衣服的學習機會，適應能力很差。

　　在活動方面，居住在大城市的孩子，接觸大自然的機會很少，以致缺乏新鮮空氣和陽光的沐浴；上下樓坐電梯，更沒有如鄉下孩子的快跑、跨溝等活動的條件；加上住房面積較小，遊戲空間受限制；住在高層樓房的孩子，蹦蹦跳跳會受到樓下住戶的抗議，於是被限制在狹小的室內，玩弄有限的玩具，或看電視時間過長。在這種環境中生長的孩子腿腳無力、視力減弱，甚或出現食慾不振、睡眠障礙、小兒肥胖等「文明病」症狀。

　　在育兒方面，最重要的還是父母的觀念。由於父母認為老實安靜、不惹事就是好孩子，於是把孩子管得過嚴，約束過多；如果父母懂得孩子的天性是活潑好動，孩子的生長也需要活動，盡其所能地為孩子創造到大自然中活動的機會，以及採取其他措施，安排孩子的生活和活動，都能使孩子更健壯成長。

第三章

兒童動作的發展與輔導

　　兒童動作的發展與身心的發展有密切關係。一方面，動作的發展是身心發展的反映，因為動作是由神經系統支配的骨骼肌肉系統連續的、統整活動的表現；另一方面，動作的發展又促進身體和心理的發展，故兒童動作的發展離不開身心的發展。

第一節　兒童動作發展的規律

　　兒童動作的發展從出生時已經開始，隨著年齡的增長而日益複雜，其動作發展遵循著普遍的客觀規律。每個孩子動作發展的順序大致相同，其發展階段和時間也大致接近，但其中也存在著個別差異。茲將兒童動作發展的五項規律列述如後。

(一) 首尾規律

兒童動作的發展，先從上部動作然後到下部動作。兒童最先出現眼和嘴的動作，然後才是手的動作，上肢的動作又早於下肢的動作；兒童先學會抬頭，然後俯撐、翻身、坐和爬，最後學會站和行走。也就是離頭部最近的動作先發展，靠足部動作後發展。這種趨勢也表現在一些動作本身的發展上，例如：嬰兒學爬行，先是藉助於手臂匍匐爬行，然後才逐漸運用大腿、膝蓋和腳來爬行，這就是「由首至尾的發展」規律。

(二) 近遠規律

兒童動作的發展先從頭部和軀幹的動作開始，然後發展雙臂和腿部的動作，最後是手部精細動作。也就是靠近中央部分（頭和軀幹，即脊椎）的動作先發展，然後才發展邊緣部分（臂、手、腿等）的動作。例如：嬰兒看見物體時，先是移動肩肘，用整個手臂去接觸物體，以後才會用腕和手指去接觸並抓取物體。這種從身體的中央部位到身體邊遠部位的發展規律，即「由近至遠的發展」規律（見圖 3-1）。

(三) 大小規律

兒童動作的發展，先是從活動幅度較大的粗大動作開始，而後才學會比較精細的動作，也就是從大肌肉動作到小肌肉動作。所謂大肌肉動作是指抬頭、坐、翻身、爬、走、跑、跳、走平衡、踢等，即大肌肉群所組成的動作。大肌肉動作常伴隨強有力的大肌肉的伸縮、全身運動神經的活動，以及肌肉活動的能量消耗；小肌肉動作如吃飯、穿衣、畫畫、剪紙、玩積木、翻書、穿珠等。從四肢動作而言，兒童先學會臂與腿的動作，以後才逐漸掌握手和腳的動作，通常是先用整個手臂去構物體，以後才會用手指去抓。這種動作發展規律，即是「由大至小的發展」規律。

圖 3-1
近遠規律

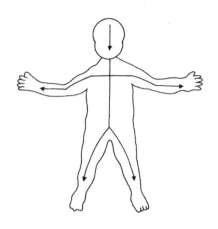

(四) 無有規律

此外，兒童動作發展也呈現先以無意識動作爲主，其次而有意動作的趨向。從無意識動作爲主到以有意動作爲主的發展方向，也就是從無意至有意發展的趨勢，即「是由無至有的發展」規律。

(五) 從整體到局部

兒童最初的動作是全身性的整體動作；這種動作是籠統的、不規律的。例如：滿月前的兒童，在受到痛刺激以後，會邊哭鬧邊全身活動；而後，兒童的動作逐漸分化，向局部化、準確化和專門化的方向前進。這就是從整體到局部發展的規律。

·········· **第二節　兒童動作發展的進程和常模** ··········

兒童動作發展遵循前述規律進行，一般來說，存在一定的年齡常模，但也存在著個別差異，其進程仍不脫離發展的規律。

一、兒童動作發展的階段

根據加勒赫（D. L. Gallahue）的研究，兒童動作的發展可以分為四個階段（見圖 3-2）：

圖 3-2
加勒赫的動作發展四階段

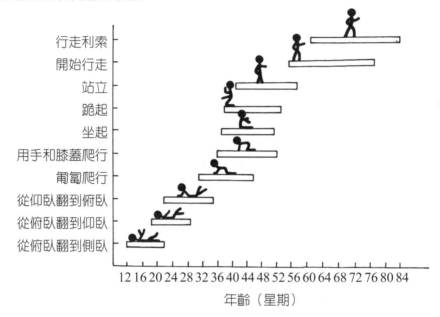

(一)反射動作階段

從胎兒期至生後四個月，動作的發展處於訊息編碼和解碼期。

(二)最初動作階段

兩歲前動作發展處於反射抑制和前控制期，兒童在此階段掌握人生最初的、起碼的、基本的動作，例如：會抓住、放開物體，不用支持物而獨立地坐，拉住東西站起、開始邁步等。

(三) 基礎動作階段

從兩歲到七歲，動作發展先後處於起始初級和成熟期。此階段兒童能控制自己的肌肉系統，保持穩定性，且能自由運動，如學會走、跑、跳等。兒童藉由移動探索自己身體的運動潛力，控制和操作周圍環境中的物體。這也是獲得大量運動經驗的時期。

(四) 專門化動作階段

七歲之後，動作發展處於轉變、應用和終生使用期。這階段的動作把前一階段孤立的、分開的、構成動作的基本因素聯結起來，形成各種運動所需要的專門化、特定的動作技能，如與體育運動有關的投籃動作或打壘球所需的跑壘動作等。

二、本能動作

兒童出生即帶來各種本能動作，即無條件反射。新生兒先依靠無條件反射來應付環境的刺激，用以適應從胎內到胎外環境的變化。

無條件反射動作是不受意識支配的動作，是對特殊固定刺激的固定反應，包含有下述十數種動作：

1. 吸吮反射

當乳頭、手指或其他物體碰到新生兒嘴唇邊時，他會立即作出吸吮的動作，是一種食物性無條件反射動作。

2. 覓食反射

當奶嘴、手指或是別的物體（如被子或衣服邊緣）碰到新生兒的臉頰時，而未碰到嘴唇時，他也會立即將頭轉向物體，張口做出吃奶的動作。這種無條件反射能使新生兒找到食物。

3. 眨眼反射

當新生兒的眼瞼毛、眼皮或眼角受到物體或氣流刺激的時候，他會做出眨眼動作，是一種防衛性的本能，可以保護自己的眼睛。

4. 懷抱反射

新生兒被抱起來的時候，會本能地緊緊靠貼在成人的懷裡。

5. 抓握反射

也稱「達爾文反射」（Darwinian reflex），當物體觸及新生兒的掌心時，他會立即緊緊地把它握住，如成人給新生兒洗澡時，當孩子的手掌偶然碰到了成人的衣服或澡盆邊緣時，他會馬上緊緊地抓住碰到的物體，其抓緊的程度達到成人用力才能扳開。如果有小棍碰到了手掌，他會立即緊緊握住它，這時若是想抽走小棍，他會握得更緊；如果是孩子的雙手抓住棍棒，成人甚至可以拉住棍棒將孩子的身體帶起來。在正常情況下，此動作在出生一個月後開始減退，兩個月時會消失。

6. 巴賓斯基反射（Babinski reflex）

又稱「足底反射」。當物體輕輕地觸及新生兒的腳掌時他會本能地豎起大腳趾，伸開小趾，使五個腳趾變成扇形。這種反射到四個月後逐漸減弱，六個月後消失，當物體再觸及腳掌時，嬰兒腳趾不再成扇狀，而是向內彎起。

7. 驚跳反射

又稱「莫羅反射」（Moro reflex）。當突然發生的高噪音刺激，或猛烈地把孩子放下，使他感到失衡時，新生兒會立即將雙臂伸直、張開手指、弓起背、頭向後仰、雙腿挺直。這種反射到四個月後逐漸消失。

8. 擊劍反射

也稱為「強直性頸部反射」。當新生兒仰臥時，把他的頭轉向一側，他會立即伸出該側的手臂和腿，同時屈起對側的手臂和腿，手握拳靠近頭後，做出擊劍的姿勢。這種反射大約在六個月大時消失。

9. 邁步反射

又稱為「行走反射」。大人扶著新生兒的兩腋，將他的腳放在桌面，地板或其他平面上，他會做出自動邁步動作，好像人兩腿協調地交替走路。一般先邁出左腳，然後右腳跟上。這種反射大約在八週大時消失。

10. 游泳反射

讓嬰兒俯伏在小床上，托起他的肚子，他會抬頭、伸腿，做出游泳的姿勢。要是讓嬰兒俯伏在水裡，他會本能地抬起頭，同時做出協調得很好的無意性游泳動作。但是，滿六個月以後，如果再同樣把他放在水裡，孩子就會掙扎、亂動。

11. 巴布金反射

如果新生兒的一隻手或兩隻手的手掌被壓住，他會把嘴張開、頭向前低，並做閉眼動作；當手掌上的壓力放鬆時，他會打呵欠。這種反射在六週後逐漸減弱，四個月大後消失。

12. 蜷縮反射

當新生兒的腳背碰到平面的邊緣（如樓梯的邊緣）時，他本能地做出小貓一樣蜷縮動作。這種反射在八週大左右消失。

新生兒的無條件反射動作，有些是對新生兒維持生命和保護自己的意義，如吸吮反射、覓食反射、眨眼反射等；而另一些看似無實際意義的，如抓握反射、巴賓斯基反射等，它們可能曾在人類進化過程中，有過特殊意義的反射行為。

新生兒的無條件反射動作在其出生幾個月後會相繼消失，這是由於中樞神經系統逐漸發育所致。如果過了一定時間還繼續出現這種無條件的反射動作，則表示嬰兒動作發展出現異常，應尋求進一步醫療諮詢。

三、手的最初動作

嬰兒滿月後，越來越依靠用眼睛去尋找和認識周圍的人和物；同時，手的動作逐漸發展，手眼協調動作開始發生。手眼協調動作是嬰兒手部動作發展的一個里程碑，對兒童的身心發展具有重要意義。

手眼協調動作的發展，大約經過以下五個階段：

(一) 動作混亂階段

嬰兒初生的頭幾天，除了一些本能動作以外，嬰兒的動作是混亂

的，兩眼的動作也不協調，一眼向左、一眼向右；手的動作只是胡亂擺動。通常手的動作發展要比眼球運動的發展和協調晚得多。出生後半個月，已能做到視覺集中，而三個月大的孩子，手的動作仍無目的，而且不協調。

(二) 無意識撫摸階段

二至三個月時，孩子的手偶然碰到被子或其他物體時會主動去撫摸它。有時，嬰兒用一隻手去撫摸另一隻手，而此時手的動作特點是沿著物體的邊緣移動，或用手拍拍，還不會抓握物體。這種撫摸動作沒有任何目標，不具方向性，屬無意識的動作。

(三) 無意識抓握階段

三至四個月左右的孩子，如果成人把東西放在他手掌上，他會去抓握，有時甚至會把手中的玩具搖得發出響聲，但這並非他有意將玩具弄響，而是他的手在無意識揮動，使手裡的玩具隨手的動作而發出聲響來。孩子有時也會抓住繫在小床上的繩子，也只是偶然的無意動作。但這時的抓握動作與新生兒本能的抓握反射不同，不像以前那樣緊緊地抓住。

(四) 手眼不協調的抓握

嬰兒看見掛在眼前的東西，他伸手去抓，但手總是在物體的周圍打轉，達不到目標，也就是手眼不協調的抓握，大腦還不能支配手的動作去抓住眼睛看見的東西。

(五) 手眼協調的抓握

四至五個月以後的孩子，手眼協調動作發生，這時手的動作有以下特點：
1. 能夠按照視線去抓住看見的東西。
2. 手的動作有了簡單的目的和方向，如把看見的東西拉過來、推開它，

或把奶嘴送到自己的嘴裡等。

3. 手的動作雖有目標，但還伴有不相關的動作，如拿皮球時，不只是用手，而且也動起腳來。

4. 當手裡已拿著一樣東西，又看見另一樣東西時，就會丟掉原先拿在手裡的東西，去拿別的東西。六個月以前的孩子，當右手拿著一塊積木，再把另一塊積木放在他眼前，他會將手裡已有的那塊積木丟下，或者用右手的那塊積木去敲打眼前的積木，而不會用左手去拿眼前的積木。好像左右手之間有一個「神祕的中線屏障」。

5. 嬰兒坐起來的姿勢有助於手眼協調動作的發展，因為坐起來的姿勢，使視線容易落在自己的手上，手和視線的活動範圍整合起來，手眼動作就協調了。

當手眼協調動作出現時，是孩子有意動作發展的明顯標誌，是孩子用手的動作有目的地認識世界和玩弄物體的萌芽。

半歲後的兒童，手的動作靈活多了。此時兒童雙手可以模仿多種動作，其特點有四：

1. 五指分工動作

三至四個月大的幼兒用手抓東西，主要不是用手指的動作，而是把整隻手彎起來，好像一個大鉤子一樣，拇指和其他四指的動作處於同一方向，一起大把抓。隨著手眼協調動作的發展，大拇指的動作和其他四指的動作逐漸分開。幼兒漸漸把大拇指放在物體的一邊，其他的四指在物體的另一邊，這就是「五指分工」的動作。七個月大左右，幼兒拿東西時五指分工動作已經逐漸靈活，不僅能夠把東西抓得很緊，而且可以按照物體的不同形狀、大小或位置，變換手的姿勢，可以拿起以前不能抓起來的東西，也就是初步掌握人類拿東西最典型的動作。

2. 雙手配合

半歲大以後，孩子開始用兩隻手配合拿東西，能夠把一隻手裡拿著的東西，放到另一隻手裡去。

3. 擺弄物體

這個時期嬰兒的手已不是無意識亂動，而是開始針對物體而活動，把東西搬來搬去、撥來撥去、敲打、搖晃。

4. 重複連鎖動作

半歲大後的嬰兒，喜歡用物體做重複的動作，例如：有一個七個多月的孩子，伸手去拿小盒子的蓋子，把它蓋上，又去拿，又蓋上。如此反覆，連續二十四次；另一個孩子反覆把一個小玩具杯子放在一個圓盒子裡，又拿出來，反覆持續了十五分鐘。

一歲以後，幼兒逐漸能夠準確地拿各種物體。一歲半左右的幼兒，不再是把拿在手裡的任何東西都用來敲敲打打，只是單純擺弄著玩，且根據物體的特性加以使用，此為幼兒把物體當作工具使用的肇始。兩歲半以後，幼兒能夠用小毛巾自己洗臉，拿起筆來畫畫。

一至三歲幼兒學習使用工具有一個發展過程，大約經歷以下四個階段：

1. 第一階段

完全不按用具的特點支配動作。起先，幼兒會把拿到手的物品當作手的延伸。例如：用湯匙盛東西送到嘴裡，似把自己的拳頭送到嘴裡一樣。把盛東西的湯匙斜著送，未送到嘴邊之前，大部分食物已翻撒掉了。這個階段的幼兒會不停地改變使用物品的方式，雖然變換的方式不少，但有效的方式不多。偶爾會出現一些有效的方式，但無法鞏固下來，因為他不斷改變使用方式，連有效的方式也一起變掉了。

2. 第二階段

不再連續變換新方式，進行同一動作的時間有所延長。偶爾碰到一種有效的使用方式，會立刻抓住不放，比較小心地做完某種動作。例如：拿起匙子的柄，盛滿食物以後，慢慢地平著端起來，達到嘴的高度才送進嘴裡去。

3. 第三階段

主動重複有效的動作。他不再等待有效動作的偶然出現，已開始主動

掌握自己經驗中的有效方式。不過，這個階段的幼兒往往固執地運用某種動作方式，即使遇到困難和失敗，也不肯放棄他自認為有效的方式。

4. 第四階段

能夠按用具的特點來使用它，並能根據使用時的客觀條件改變動作方式，如有不正確的動作，很快就能改正。

這個年齡階段的兒童，在其學習使用物品的動作中，有時還會出現倒退現象，例如：已經學會用湯匙吃飯，忽然有一段不好好地用匙子吃，把飯粒撒在桌上或地上。其原因是幼兒對已熟悉的動作失去新鮮感，對新動作發生了興趣。他喜歡用大拇指和食指去撿細小的東西，因此故意把飯粒撒在桌上或地上，然後一粒一粒地撿起來，呈現一種前進中的倒退現象。孩子每學習一種新動作，興趣都很大，一旦學會了，又把精力轉移到別處。

二至三歲的兒童能夠學會多種動作，不僅雙手協調，而且能使全身和四肢的動作協調起來，如端著盛水的玻璃杯，從一處走到另一處，也不會摔破杯子。

四、身體的最初動作

兒童身體動作發展的順序是抬頭、翻身、坐、爬、站、走。

1. 抬頭

新生兒依靠頸屈肌和頸伸肌的主動收縮，在成人幫助下可使頭豎立。成人用雙手在新生兒乳間連線水準固定其身體，從仰臥慢慢地將新生兒扶起，開始時，新生兒頭向後垂；當將其軀體扶到與床位成垂直時，因頸屈肌的主動收縮，頭會豎立起來。正常新生兒能把頭豎上一至二秒，甚至幾十秒鐘。這種頭部豎立是測定新生兒主動肌張力的一個極好指標。如果沒有外力幫助，一個月大以內的孩子俯臥時不能抬頭，以後逐漸可把頭抬起，三個月大時不僅可抬起頭，而且會用雙手肘支起頭和胸部，使與床面約呈 90°。

2. 翻身

三至四個月大的孩子開始能翻身，先是由仰臥翻身到側臥，約五個月大時可從仰臥到俯臥。

3. 坐

三至四個月大的孩子在成人扶持下，能坐上一分鐘，如果沒有外力幫助，坐著時軀幹向前傾，但坐不穩。七個月大左右，能獨坐自如，而在九個月左右，可單獨坐十分鐘。

4. 爬

大約在七個月大左右，嬰兒出現準備向前移動的姿勢，即爬行的萌芽。學會爬行的時間一般在八至九個月大左右，但這時尚無力支撐整個身軀，經常是打轉蠕動。十個月大左右，才能做到手和膝協調，保持身體平衡地爬行，艾美斯（Ames, 1937）把嬰兒爬行的發展概括為十四個步驟：

(1)一個膝蓋和大腿貼著自己身軀向前移動。

(2)膝蓋和大腿向前移動，腳內側著地。

(3)四肢以身軀為中心前後移動。

(4)腹部稍離地面，用手和膝爬行。

(5)腹部離地低，用手和膝爬行。

(6)匍匐爬行。

(7)腹部離地較高，用手和膝爬行。

(8)向後爬行。

(9)左右搖動。

(10) 用手和膝匍匐爬行。

(11) 用手和膝爬行。

(12) 近似用一隻腳一步一步地爬行。

(13) 能用一隻腳一步一步地爬行。

(14) 四肢爬行前進。

5. 站立

十個月大左右的幼兒開始扶著支撐物站立起來，一歲左右的幼兒已經

能夠自己站起來了。幼兒學站的步驟是：最初能雙手扶著東西站立，然後能從站的姿勢坐下，以後自己站起來，最後會獨自站穩。

五、基礎動作

幼兒在最初動作發展的基礎上，進入基礎動作發展的階段，茲將基礎動作發展的模式及順序分述如後：

(一) 基礎動作的模式

基礎動作可分為三種模式：

1. 基礎的移位動作，如走、跑、跳、躍、奔跑、單足跳等。
2. 基礎的操作性動作，如投擲、接住、踢、擊等。
3. 基礎的穩定性動作，如動態的平衡、靜態的平衡、軸心動作等。

(二) 基礎動作發展的順序

基礎動作發展有其規律性的進程和年齡常模，茲列舉一些基礎的移位動作、操作性和穩定性動作出現的順序：

1. 基礎移位元動作的順序

(1)走：指一隻腳在另一隻腳前，後腳不離開地面。十三個月時，不用別人幫助開始直立行走；十六個月時，可以向側面走；十七個月時，可以向後走；二十個月時，能扶著上下樓梯；二十四個月時，可以獨自上樓梯；二十五個月時，能獨自下樓梯。

(2)跑：兩腳可以交相短暫地離開地面。在二至三歲時，開始真正跑；四至五歲，能有效地跑；五歲以後，跑的速度加快且穩定。

(3)跳：跳有三種形式，即跳遠、跳高、跳下。跳下又包括單腳和雙腳跳下，然後雙腳著地。十八個月時，能從矮處跳下；兩歲時，能單腳跳；二十八個月時雙腳跳離地面；五歲時，能跳遠約三英尺，跳高約一英尺；六歲時可以成熟地跳躍。

(4)單腳跳：用一隻腳跳起並著地。三歲時可以用任何一隻腳跳起三

次；四歲時用同一隻腳跳起四至六次；五歲時用同一隻腳跳起八至十次，或是在十一秒鐘之內跳出五十英尺；六歲時可以有節奏地跳，熟練地跳，達到成熟的模式。

(5)**奔跑**：是走和跳能力的結合。四歲時可以開始奔跑，但不夠熟練；六歲時能熟練地奔跑，達到成熟的模式。

(6)**跨跳步**：指有節奏地交替跨步和單足跳步。四歲時可以單足跨跳；五歲時小部分兒童能熟練地跨跳步；六歲時大部分兒童能熟練地跨跳步。

2. 基礎操作性動作的順序

(1)**投**：朝一定的目標或方向用力扔。二至三歲時可以面對目標，雙腳不動，伸出前手臂扔球；三歲半至五歲時，還能轉動身體扔球；四至五歲，可以在伸出手臂時，邁出同一側的腿；五歲以上，男孩比女孩的投技更成熟；六歲時，達到投擲的成熟模式。

(2)**接**：兩歲大時會追球，但對飛來的球沒有反應；在二至三歲時對飛來的球有反應，但手臂的動作跟不上，需要提示如何舉臂；三至四歲時對飛來的球有恐懼反應，將頭轉開，或用身體合抱地接球；五歲時，可以用雙手接小球；六歲時達到抓接的成熟模式。

(3)**踢**：用腳對某一物體施加力量的動作。十八個月時可以用腳推球，但還不是真正地踢球；二至三歲時能用伸直的腿去踢球，但身體動作較少；三至四歲時能向後彎曲小腿去踢球；四至五歲時臂動的方向明確，前後擺動的幅度較大；五至六歲時達到成熟的踢球模式。

(4)**擊**：手臂舉過頭，從身體側旁或向下突然接觸物體的動作。二至三歲時能面向物體，垂直地甩臂；四至五歲的孩子，站在物體旁邊，朝水平方向甩臂；五歲大甩臂時能轉動軀幹和臀部，身體的重心移向前方；六至七歲時可達到成熟的擊球模式。

3. 基礎穩定性動作的順序

(1)**動態平衡**：身體的重心移動時保持平衡。三歲時能走一英寸寬的直線；四歲時能走一英寸寬的圓圈。對於平衡木，兩歲時能站在低的平衡木上；三歲時能在四英寸寬的平衡木上走短距離；三至四歲時能雙腳轉換

地走在四英寸寬的平衡木上；四歲，能在二～三英寸寬的平衡木上走。對於滾翻，三至四歲時能進行基本的前滾翻；六至七歲時能進行成熟的前滾翻。

(2)**靜態平衡**：身體的重心不動時保持平衡。十個月時能拉起站立；十一個月能不扶手站立；十二個月時獨立地站立；五歲時能單腳站立平衡三至五秒鐘；六歲時倒立時三點著地支持身體。

(3)**軸心動作**：包括彎、伸、扭、轉身體和類似的動作。軸心動作能力，從嬰兒期即開始發展，兩個月至六歲時能逐漸進步，包含投、接、踢、擊、踏，及其他操作性動作模式。

(三) 基礎動作發展的階段

各種基礎動作發展可分為三個小階段，各階段間經常會重疊：

1. 起始階段

在此期出現某種動作的嘗試，但這時期還缺乏該動作模式的許多成分，如缺乏預備動作、後繼動作或者動作程序不當等。這時兒童出現的身軀動作明顯地受限制或有動作誇張現象。

2. 初級階段

這是兒童動作發展的轉變期。兒童對動作的控制明顯加強，動作更有節奏和協調，但動作表現常有錯誤。

3. 成熟階段

動作各種組成部分能夠較好地整合，控制得也比較好，甚至類似於成人。

藉由對某種動作在前述階段表現的具體分析，可以看到動作發展的具體過程。例如：

1. 走

在走的初始階段，孩子動作的特徵是：難以保持直立姿勢、不能保持平衡、腳步僵硬、蹣跚、步子小、拖著腳步走、腳尖朝外、腳下需較大的支撐面，著地時屈腿，然後迅速伸開。

在走的初級階段，孩子動作的特徵是：逐漸平衡邁步、步距加大、腳跟腳尖保持聯繫、手臂在身體兩旁小幅度擺動、支撐面不超過身軀範圍、消失或減少腳尖向外現象、髖部擺動增加、有明顯向上提腿姿勢。

走的成熟階段表現包含：手臂反射性地擺動、支撐面窄、步伐有彈性、步距加長、垂直提腿動作減少到最低限度、腳跟與腳尖的聯繫準確。

2. 跑

起始階段的特徵是：腿的擺動短而侷限、步跨僵硬而不均勻、缺乏可見的飛起階段、支撐腿不完全伸展、肘的擺動僵直、幅度小且不均勻、兩臂水平地向外擺、擺起的腿從臀部向外轉、腳尖向外甩、支撐面很大。

初級階段的特徵是：跨距、臂擺和速度都增加、飛起階段雖然短但可見、支撐腿伸展更完全、手臂擺動增加、水平向的臂擺減少且變為後擺、擺起的腿回復的高度超過臀部高度的中線。

成熟階段的特徵是：跨步的步距達到最大限度、跨速快、有明顯的飛起階段、支撐腿完全伸開、大腿與地面平衡、雙臂擺動成垂直姿勢與腿方向相反、雙臂彎曲到近乎正確的角度、腿腳放下時很少轉動。

第三節　兒童動作發展的影響因素

兒童動作的發展受許多因素影響，其中包括遺傳和成熟因素、個人生活的條件、智力和個性特徵，也包括家長的態度和老師的指導等，這些因素並不是單獨地發生作用，而是形成複雜的結構，影響著兒童動作的發展，在兒童生長的不同時期，對兒童不同動作的發展發揮作用。因此，分析影響兒童動作發展的因素，判明其影響作用，對於促進兒童動作的發展有重要的意義。

一、遺傳和成熟因素

(一) 遺傳因素

遺傳對兒童動作的發展具有相當重要的作用。人的動作是神經系統支配的骨骼、肌肉系統的活動，也關係到其他系統（如呼吸系統）的活動，所以動作的發展與整個身體的發展有密切關係。兒童身體的發展是以遺傳特質為基礎。研究資料顯示：在體格發育上，遺傳因素占有相當大的影響比例，例如：身高的增長其遺傳因素為 75%；體重的增加其遺傳因素為 63%；遺傳在胸圍的增長方面占 64%；在肺活量的增加方面占 65%。

性別也是由遺傳決定的。男女在動作能力發展上有一定差異，嬰幼兒期雖然還不十分明顯，但已出現某些差異，例如：男孩在長肌協調動作方面比女孩強；如拋皮球，跳上跳下和上下樓梯方面，男孩一般勝於女孩；而在短肌協調方面，女孩則強於男孩，如單足跳、跳躍步和手的精細動作等。當然，這種性別差異亦與社會習俗有關。

體型在相當程度上與遺傳有關，而體型又是影響動作和運動能力發展的因素之一。例如：肥胖者過胖的身材往往是由於遺傳造成過多皮下脂肪或比較緩慢的新陳代謝；自幼過於肥胖的兒童，動作的靈活性不如一般兒童。

遺傳帶來的身體個別部分的特徵或缺陷，對兒童動作發展也有影響，如下肢過短影響賽跑速度、手指過短者不利於彈琴等。遺傳的先天性疾病也會妨礙兒童某些正常動作的發展。

(二) 成熟因素

兒童動作的發展受成熟的影響很大，著名的格塞爾（A. Gesell）的成熟論就是根據對兒童動作發展的實驗結果而提出的。格塞爾對同卵雙生子 T 和 C 進行研究，當這對雙生子長到四十六個星期時，T 開始接受爬樓梯的訓練，每天十分鐘共六週，這時剛好一歲；C 則在一歲後一週才接受爬樓梯訓練，但是兩週後，僅受過兩週訓練的 C 和多受過七週訓練的 T，

爬樓梯的動作能力相同，也就是說，成熟起了巨大作用。由此，格塞爾提出，成熟對嬰兒的動作行為模式具有決定性作用。

兒童動作發展的年齡常模與其成熟因素有密切關係，格塞爾正是根據他的研究，最初確定嬰幼兒動作發展的年齡常模的。

成熟對動作發展有很大作用，從兒童動作發展與神經系統的關係就可以說明。兒童出生時，腦還沒有發育成熟，新生兒的動作主要由皮下中樞調節，因此表現出許多的無條件反射動作。從出生到兩歲，大腦皮質神經聯繫逐漸複雜，這就為兒童最初的、基本動作的發展提供了生物性條件。其間，小腦在六個月至一歲半時成熟比較快，小腦主在調節平衡和姿勢，由於這種成熟，基本動作也發展得比較快；在兩歲左右，兒童大腦皮質細胞機能分化基本完成，皮質對皮下的控制和調節作用逐漸加強，這時期兒童逐漸發展起各種基礎動作。再者，大腦皮質的額葉是運動中樞所在，是支配有意動作的高級中樞，而額葉是在大腦皮質全部各區域中最後成熟的，七歲以後才真正發展起來。從動作發展階段看，七歲以後專門化動作才逐漸形成。

此外，動作發展的關鍵期和敏感期，相當程度顯示成熟對動作發展的作用，兒童的動作有不同的發展關鍵期或敏感期。幼兒期是學習基本動作的關鍵期和敏感期，錯過這個時期，再學某些動作就比較困難，或是顯得四肢僵硬、笨手笨腳；或已形成了固定的動作習慣，想要改變就比較困難。

二、生活條件

遺傳和成熟等因素固然對兒童動作發展具有重要作用，但它們會因後天生活條件而變化。同是正常出生的孩子，其動作發展狀況也會不同，顯示與後天生活條件有關。

(一) 健康

健康兒童的動作發展較好。患有某種嚴重慢性疾病的兒童會失去發展

某些動作的機會，特別是影響到某些專門化動作的發展。

(二) 營養

營養是影響兒童健康的要素，具足夠營養的兒童精力充沛，各種動作較有可能得到良好的發展；反觀嚴重營養不足的兒童，動作發展會受到障礙。像是逐漸增多的兒童肥胖症，既與遺傳有關，也與攝取過多營養有關，這種兒童的進食量往往超出於身體所需要消耗的能量。又嬰兒期吃得過多，會產生過剩的脂肪細胞，這些細胞一直存留在人體內，形成難治的肥胖症，致使動作發展受到影響。

(三) 活動條件

生活環境是否具備活動條件，是影響兒童動作發展的重要因素。活動條件主要包括活動空間、活動器材，也包括合適的衣著等。

對嬰幼兒來說，在家庭中闢出少部分的空間，或在住家附近不大的戶外場地，即可滿足其需要，發展其最初的基本動作和基礎的動作。在幼兒園，活動空間至少以每位幼兒平均二平方公尺以上為宜。活動場地過小，活動範圍會限制幼兒奔跑等練習，為避免出現因擁擠而造成的傷害，老師也可以設計一些活動量較小的動作和活動。

戶外活動空間有利於兒童的發展，不僅是因為戶外空間一般較家庭室內寬敞些，更重要的是因為戶外的陽光、空氣等自然條件也較好。幼兒園的戶外活動場地，規劃為草地比水泥地好，因為幼兒動作協調性尚未發展完善，容易摔倒和碰撞，其器官也較嬌嫩，容易受損傷，在水泥地活動易出事故。此外，幼兒園如果設有室內活動場地則更為理想，遇到惡劣的天氣以致幼兒不便到戶外活動時，仍然可以進行體育活動。

再者，適宜的活動器材和玩具亦有利於發展兒童相應的動作，因為器材本身引導兒童有關的動作發展，如爬梯要求爬高動作的發展，穿珠子要求手的精細動作發展；另一方面，器材本身能吸引兒童，引起其活動積極性，從而使動作得到練習和鍛鍊。幼兒園的小型活動器材，最好能人手一

件，可以避免一些幼兒因等待而減少活動和練習的時間；至於大型器材，也應保有一定數量，以減少幼兒等待的時間。

其他如合適的衣著等對兒童動作的發展也都有一定影響。不合身的衣著妨礙兒童的動作和活動，過緊束身或過於累贅的衣服，都是不合適的。

三、父母的認知和態度

父母的認知和態度是影響兒童動作發展的重要因素。因為前述各種影響兒童動作的條件，都會受父母作用的影響，例如：遺傳的不利條件，可以藉由父母為孩子創造良好的後天條件而得到彌補；而一些後天的條件，更須依靠父母的提供和保證。父母如果積極為孩子創造條件，鼓勵孩子多活動，則孩子的動作會得到較好的發展；反之，則有發展遲緩的可能。例如：有些父母對促進兒童爬行動作發展的重要性缺乏認識，不了解爬行有利於全身動作的協調、鍛鍊肌力和為獨立行走打基礎，並有利於智力發展；這些父母認為孩子學爬是可有可無的事，認為房子面積小沒有孩子學爬的空間，或稱地上髒不能讓孩子爬，放在床上又怕孩子摔下來，父母的這些認知和態度當然會使孩子失去練習爬行的機會。過分焦慮、過多保護、凡事一切包辦、喜靜厭動或不去積極引導和幫助的態度，也都會妨礙兒童動作的發展。

四、兒童的心理發展狀態

兒童的動作發展和心理發展是不可分地聯繫著。動作是心理發展的表現，特別是初生兩年，動作發展更是心理發展的指標。例如：兒童能用兩塊積木搭高，能用五塊還是用六至十塊搭高，都顯示著不同的智力發展程度；又如智力遲滯的兒童雙手動作不能協調，都是因為動作發展受心理發展的支配。

從兒童的心理狀態和個性特徵看，自信心強的孩子敢於參加各種活動，從而易於掌握各種動作；肯於動腦的孩子精細動作也發展得好，即所謂「心靈手巧」。

第四節　兒童動作發展的輔導

經由前述兒童動作發展的影響因素分析，為使兒童動作得到充分發展，父母及師長輔導其動作發展應把握下述六項原則：

一、抓住關鍵期

兒童動作發展受到成熟因素的影響，而成熟是有一定的規律。例如：動作發展有關鍵期和敏感期，如果抓住時機，在兒童最容易掌握某種動作的時期促進其發展，則可達到事半功倍之效。

又如：可以利用「行走反射」，讓孩子雙腳有練習活動的機會；在行走反射尚未消失之前，抓住這個關鍵期，讓孩子有活動的機會，有益於行走動作的發展。

又如：嬰兒從用五個手指一起去抓東西的動作，發展到五指分工的動作，一般在三至四個月至六、七個月發展完成。如果此時期提供孩子練習五指活動的機會，則可完成得較早、較好。

大致而言，○至六歲是兒童動作發展的關鍵期，最初始的動作和基礎性的動作都是在這個時期學會，因此應該重視嬰幼兒動作發展的輔導。倘使錯過時機對兒童動作的發展十分不利，因為習慣性動作形成後，便不易改變；在初學習某種動作階段，習慣性的動作模式較易形成，如果缺乏指導，兒童已養成不良或錯誤的習慣性動作模式，則難以糾正；進一步言，最初學會的基本動作往往是簡單的、個別的動作，以後這些動作結合成基礎動作，而基礎動作又是各種複雜的動作技能和技巧的基礎。所以，最初錯誤動作的形成，會影響到後來動作以致終生動作的發展；例如：幼小兒童過早執筆，由於力量不足，如果又缺乏指導，形成了自發的錯誤執筆姿勢，日後要改正過來，是相當困難的事情。

根據兒童動作發展的進程和常模，可以了解兒童各種動作發展的正常年齡，只要掌握這些知識，就可以避免錯過兒童動作發展的時機。

二、引導練習

　　兒童動作的發展需要練習。直立行走雖然是人和動物之不同，但是任何一個人都是透過學步才會行走的。兒童的某些基本動作，似乎是自然成熟的，事實上都是在一定環境條件影響下，經過練習而學會的。成熟只是提供了一種生物前提條件，而在成熟時間範圍內，練習具有關鍵性作用。許多人的運動能力只停留在初級階段，終生未能發展到成熟階段，缺乏練習機會是原因之一，近年來許多研究都證明了這一點。

　　例如：1995 年北京市組織了「六嬰成長追蹤行動」，對當年元旦出生的嬰兒中隨機挑選了六名，在專家指導下進行有計畫的訓練，在滿七個月大時，這些嬰兒動作的發展已超過同齡常模，比如：其中四名嬰兒可拉住雙手走五大步以上，達到常模九個月的水準；一名嬰兒扶著五十公分的欄杆能站起來，達到十個月程度；另一名嬰兒能扶著欄杆橫走三步以上，達該項動作十個月嬰兒的程度；這名嬰兒還能扶著欄杆蹲下拿玩具，然後又站起來，達到該動作的十一個月程度；這名嬰兒被人牽著一隻手可以走三步以上，達到十二個月的發展程度。前述研究證明，嬰兒動作的發展，練習與不練習也是不一樣的。

　　有計畫地指導嬰幼兒進行動作練習，成效較好。即使是對於出生有不同程度殘疾的幼兒，也可以透過早期干預，促進其良好發展。腦的結構和功能是有可塑性的，一些神經細胞受損傷後，可以由鄰近細胞代償。例如：北京協和醫院鮑秀蘭教授等人曾有研究報告指出，透過早期干預及有計畫的訓練，使出生時窒息兒的動作發展在一歲半時達到正常兒童的發展程度。

　　總之，雖然證據顯示練習有助於行為的發展，但切忌操之過急，反以「機械化」地訓練孩子的行為，豈非有違教育的真義？因此，家長如能在自然生活中了解孩子的需求，激發孩子學習興趣，進而提供練習的機會，對孩子的行為發展才具積極助益。

三、激發動機

兒童自身學習的積極性，是促進動作發展的重要力量，用各種方法激發兒童活動的積極性及活動的動機，對於促進其動作發展是十分必要的。

例如：當孩子在練習抬頭階段時，就可以用發聲的玩具，吸引他抬頭和轉頭；當孩子學爬或學走時，可以用誘人的玩具吸引他向玩具的方向爬去或走去。

其次，鼓勵嘗試亦是很重要的教育手段。孩子自發地要求活動，有自發嘗試各種動作的需要。在動作中嘗試的探索，使孩子獲得各種成就感。例如：一歲多的孩子走路還搖搖晃晃，就喜歡到處走，見到東西就扯，見到小洞就摳，爬到高處，四處張望，儼然一副自豪感；有個四歲女孩喜歡盪鞦韆，她雙手抓緊鐵鍊，蹲在鞦韆上並要求奶奶推她盪得高高的，有時把雙手上移站了起來，奶奶一發現就急忙喊道：「快坐下！別摔著！」可是當奶奶稍不注意，她又偷偷地站起來。對孩子的嘗試和探索，在安全的前提下，不妨持鼓勵的態度，最忌諱的是嫌孩子做得慢、動作笨拙、錯誤百出、成果不好，甚至因而責備孩子，都會挫傷孩子嘗試和練習的積極性。

再者，增加自信心，是孩子發展各種動作有力的內在力量，成就感可以使孩子的自信心增強，而當孩子在活動失敗時，特別需要成人的支援。如給予適當的幫助，教一些克服困難的方法，鼓勵他再接再勵等。有些家長當孩子跌倒稍有碰傷時，冷靜地幫助他，並告訴他如何處理，讓孩子感到是正常的事，孩子就會信心十足地繼續練習跑跑跳跳；另一些家長在類似情況下則大驚小怪，責備孩子不該奔跑。事實上，幼小孩子最初自發地願意自己做事，並非出於明確的自信心；例如：成人要替孩子穿衣服，有的孩子不肯，甚至當別人幫助他穿上了一個袖子，他還是脫下來重新穿，但是，如果成人堅持包辦代替，或打擊孩子的積極性，他就會漸漸喪失自信心，原有的活動積極性也會逐漸減退。

四、教育得法

教孩子掌握各種動作要講究方法。兒童（特別是嬰幼兒）動作的發展，主要不是依靠上課式的講解、示範、模仿學習的模式，而是藉由把著手教，透過小步驟的指導和吸引他學習和練習，以及兒童不自覺的模仿。例如：有位母親要訓練孩子用手指拿東西。當她的孩子總是用手大把抓時，她向他表演用手指拿的動作，但孩子仍然是大把抓，但是，當專家把玩具輕輕地放在孩子的大拇指和食指之間，並引導他慢慢地用兩個手指拿東西時，在短短幾分鐘內，孩子就不再大把抓了。

把動作分解為小步驟，逐步指導是方法之一，教孩子爬行也可用此法。例如：先把孩子抱起，幫助他用雙膝跪在地上，前臂支撐身體，然後成人用手托起孩子的腹部，同時用玩具逗引孩子向前去勾，即作爬行的嘗試，當孩子勾著玩具時，就是他完成了爬行的第一步。如此練習幾天，孩子就會爬了。

其次，以遊戲的方法，可以使孩子在不知不覺中練習動作，也比較有效。此外，比賽也是促進孩子練習的好方法，在家庭裡，遊戲和比賽可以在親子之間進行。例如：媽媽教四歲孩子練習向指定方向單腳跳，先和孩子一起說兒歌：「小公雞，愛遊戲，一隻腳，站住起，又會走，又會跳，比比看，誰第一。」然後，媽媽和孩子一起說：「比賽開始！」兩人用單腳跳去拿玩具，看誰先拿到。

五、提供活動條件

前面我們談過影響兒童動作發展的各種因素，其中如兒童的營養和健康條件、活動空間和器材、兒童衣著等，都是兒童活動的必要前提條件，動作發展既然離不開活動，那麼活動場所的安全是極為重要的。至於活動器材可以因地制宜，兒童的活動可利用日常生活用品或簡單的遊戲材料；過多的刺激物，反易使孩子應接不暇，不一定對動作發展有益。

六、注意兒童個別差異

兒童動作的發展，具有明顯的個別差異，年齡、性別、體格、健康狀況，指導和練習的條件不同，都會造成兒童動作發展的差異。因此，在指導兒童動作發展中，不可忽視其個人特點。

兒童動作發展受年齡的限制，但是年齡並不是決定兒童動作發展的因素。在優良的條件下，動作發展是可以超越年齡的。

兒童動作發展的順序大致相同，一般都要經過起始、初級、成熟等幾個階段，但是每個兒童動作發展的速度不同；一個兒童的動作能否發展到成熟階段，也端視動作發展的各種條件是否充分。

同一兒童的不同動作，發展的速度也會不同。有些動作已處於成熟階段，另一些動作還停留在初級階段，不同動作並非同速發展。

再者，組成同一種動作的不同成分，其發展速度也不完全一致。例如：在投擲動作中，手臂動作也許處於初級階段，身體動作卻還處於起始階段，而腿部動作已處於成熟階段。

由此可見，對兒童動作發展的輔導，必須十分注意因材施教；再者，尊重孩子的興趣，適時引發孩子的學習動機，提供孩子良好的練習環境，切忌揠苗助長，反而失去輔導兒童動作發展的原意。

第四章

兒童語言的發展與輔導

·············· 第一節　語言的意義與重要性 ··············

一、語言的意義

　　語言是人類特有的訊息工具。動物也能夠交流訊息，但是牠們的訊息系統非常簡單，而人之所以是萬物之靈，就在於人類有語言。

　　語言是一種「符號」系統。「符號」是代表一定意義的標記，或可稱爲「代碼」。語言這種符號系統是經過人類社會逐漸演化形成的，是社會上約定俗成的符號，一代一代地傳遞下去，隨著社會的變化而異。此外，不同地域、民族所用的語言有所不同，不同時代甚至社會階層、職業，以致年齡、性別殊異者，所用的語言也有不同，這就是所謂「語言的社會變異」。

　　語言是非常複雜的符號系統，語言所稱不是若干個簡單的符號，而是構成整體的符號系統，包括語音、語義、詞彙、語法等。兒童學習語言，必須逐步掌握語言結構的各種成分，例如：語言的各種發音、同音不同義的詞（字）、詞法和語法規則等。語言還是一種具有概括性和間接性的符號系統。每一個詞都代表一類概括了的意義，譬如：「人」，並不直接代表某一個具體的個體，而是「各種人」的概括。所謂兒童語言的發展，是指兒童學習、掌握社會約定俗成語言的過程，也可視為兒童運用語言能力增長或語言行為成熟的過程。

二、語言的重要性

(一)語言的功能

　　語言的功能有二：溝通以及概括與調節功能；語言的重要性在於它具備這兩種功能。

　　語言的功能首先是交流或溝通。語言的溝通功能，是作為人與人交往、交換訊息等主要功能。說（寫）者用語言來表達他的思想、見解、願望、要求和感情，而聽（讀）者透過語言理解所傳達的訊息。

　　語言還有概括和調節功能。由於具有概括性，所以語言可以成為人類思維的工具。例如：大家只要安靜下來體會一下，就可以知道自己是在用語言思考問題，可能用中文，也可能用外語，但總是離不開某種語言。同樣地，人在計畫和控制自己的行動時，也是依靠心裡默默的語言，例如：正在走路或駕車前進會默默地對自己說：「該轉彎了！」於是改變前進的方向；有時暗暗地鼓勵自己：「堅持就是勝利！」果然就能夠堅持下來了。正是語言的概括和調節功能，使人類的心理活動和行為能夠提高到任何動物所不具有的水準。

(二)語言對兒童心理發展的重要性

　　語言對於兒童的社會化有著極為重要的作用。當兒童還沒有語言

時，他不能很好地理解別人的意思；當兒童還不會說話時，他不能充分地表達自己的意思。這種現象在兩歲左右的兒童身上是常見的，他們常常由於自己不會表達，別人不解其意而著急，甚至於跺腳或哭鬧。語言的發展，有助於促進他和別人的溝通。

其次，語言的發展，有利於兒童學習社會行為。學會聽和說，使他懂得如何適應周圍社會的要求，還使他能夠按照一定要求控制和調節自己的情緒和行動。當兩歲左右的孩子自己伸出手去，想拿某件物品的時候，會想起媽媽的禁令，自言自語說：「不去拿，好孩子！」於是把手縮回。

最後，語言可促進兒童智力的發展。兒童的認知能力，包括觀察力、記憶加工能力、想像力、判斷推理能力以及注意、記憶等的發展，都是隨著語言能力增加而發展的。

第二節　兒童語言發展的階段

語言是人類特有的，但是人並不是生下來就能完全掌握語言，而是在出生後逐漸發展起來的。

兒童語言發展的規律是：(1) 學會辨別語音，而後才會正確發出語音；也就是說，語音知覺發展在先，正確語音的發展於後。(2) 理解語言的發展在先，語言表達的發展在後；換句話說，孩子先學會「聽懂」，然後才會開口說話。

具體來說，兒童語言的發展可以分為四大階段：(1) 前語言階段；(2) 語言發生階段；(3) 基本掌握口語階段；(4) 掌握書面語階段，茲就各階段的語言發展情形說明如後：

一、前語言階段

兒童在一歲之前，還不能說真正掌握語言，只能說是言語發生的準備階段，或稱為「前語言階段」。這階段的準備表現在兩個方面：說話的準

備和理解語言的準備。

(一) 說話的準備

包括發出語音和說出最初的詞，即所謂牙牙學語，又可以分為三個階段：

1. 簡單發音階段

(1) 發出噪音：孩子剛出生時，就會發出聲音。初生兒為了得到足夠的氧氣，用力呼吸，這時氣流衝向聲門、聲帶和口腔，就發出人生第一聲哭喊。當孩子從閉著嘴到張開，同時大力發出聲音時，往往發出「wa」或「ma」聲。大約兩個月前，嬰兒發出的聲音，都屬於這一類的噪音，這種噪音是由身體的狀態引起，若是處於飢餓、口渴、身體不舒適或舒適狀態時，都會出現。

(2) 出現啊咕聲：隨著嬰兒日漸長大，他所發出的聲音逐漸分化，並帶有條件反射性質。在不同的動機下，兒童的發聲會有不同，熟悉嬰兒生活的人，能夠根據其發聲判斷其動機。

從二至三個月時開始，嬰兒的哭喊聲和舒適狀態的發聲，已開始分化。在吃飽、睡足時，出現「啊咕」聲，這是一種滿足感的反應。雖然這仍然是由於身體內部因素引起的，但可以看作是學習語言的最初基礎。

「啊咕」聲已不是噪音，但也還不是語音。在「啊咕」聲中，還難以區分母音和輔音。

2. 連續音節階段

嬰兒的發聲逐漸明顯地出現母音和輔音，有了比較分明的音節。大家知道，音節分明是人類語言不同於動物的特點之一。

這階段嬰兒的發聲往往是重疊的，人們常常把這階段稱為「喃喃語聲階段」。這個階段的發聲和前一階段不同，是嬰兒的聽覺已參與到發音中。嬰兒開始模仿，他喜歡把聽到的聲音繼續下去，於是發出連續的音節，但是這時還不是真正模仿成人的語言，他能模仿那些自己能夠自發地發出的聲音，而不能模仿新的聲音，當他聽到新的聲音時不作聲，或仍舊

發出自己原來會發的音。

3. 學話萌芽階段

九個月左右開始，嬰兒出現語音；也就是說，嬰兒已經開始模仿新的語音。他會注意看別人的嘴如何動，常常自己動嘴唇，對發音感興趣，先是慢慢地動嘴，然後大膽些。而後，當他看見別人的動作，就會立即去模仿。

(二) 理解語言的準備

一歲前兒童理解語言的準備，包括語音知覺的發展和語意理解的準備兩個方面。

1. 語音知覺的發展

兒童的語音知覺發展得很早。嬰兒出生後不久，就能夠對語音和非語言的其他聲音作出不同的反應。有研究指出：出生不到三天的新生兒在停止吸奶時，給他們聽一段說話的聲音，他們就會用力快快地吸奶；但是，如果讓他們聽的不是語音，而是一段樂曲，就不會有這種反應。另有研究發現：嬰兒在聽成人說話時，都伴隨有頭部、腳趾、手、臂等身體運動，而這些身體運動是和言語的音段同步的，當言語停頓時，身體運動也停頓。有趣的是，沒有學過中文的美國孩子，在聽中文時，也出現同步現象，他們既和英語同步，又和中文同步，但是在聽有節奏的其他聲音時，就不會出現同步現象。還有研究發現：一個多月大的嬰兒已能區別不同範疇的語音。在實驗中，嬰兒聽到「b」音時，吸吮速度增加，而聽到「p」音時，則不增加。嬰兒不但能分辨清音和濁音，而且能分辨不同發音部位的音。

由以上研究顯示：嬰兒很早就有對語音刺激的特殊敏感性，而這是日後理解語言的重要準備。

其次，一些研究發現：兒童在自己還不能發出某些詞音時，已經能夠識別那些詞，從語音發展的角度看，兒童理解別人說出語詞的能力比自己發出語詞的能力出現得更早。

2. 對語意的理解

在一歲之前，兒童對成人語言的理解是很有限的。幾個月大的嬰兒似乎也能懂得別人說話的意思，其實他們常常是藉由別人說話時的具體情境來理解的，例如：說話人的表情、動作，說話時的環境，說話中的個別詞等。也就是說，這時嬰兒對語言的理解是一種整體性的反應，而不是對詞句確切意義的理解，因此，只能說是語意理解的準備。

二、掌握語言階段

當一至三歲，兒童真正開始掌握語言階段，又稱為「言語發生階段」，其中又可再區分為兩個階段：

(一) 理解語言階段：一至一歲半

此階段的特點是理解的語言大量增加，但能說出的語詞卻很少。這時期的兒童「很解人意」，例如：奶奶忘了把鑰匙放在什麼地方，媽媽也很焦急地幫助到處找，小孩子卻拿出來了。他會做好多事，但不開口說話，特別是有的男孩開口較晚。有的父母看見孩子在此階段還不開口，懷疑孩子的語言功能有障礙，甚至四處尋醫。

一歲半前的兒童也可能說出一些話語，其特點是「單詞句」。單詞句是指用一個詞代表句子，例如：當孩子看見一隻狗時，他說：「汪汪！」狗走過來，他也說：「汪汪！」狗走開了，他還是說：「汪汪！」

單詞句的特點有三：

1. 以詞作為具體情景的代表，而不是事物的概括。例如：孩子有時用「媽媽」代表要媽媽抱，有時又代表請媽媽幫他拾起一個東西。

2. 詞的涵義不明確，語音也往往不夠清楚，以致聽者得猜測說者的意思，常常理解錯誤。兒童又常以動作和表情作為說話的輔助和補充，所以，單詞句又稱為「言語動作」。

3. 詞句沒有普遍性意義，不是社會上約定俗成的。因此只有和兒童接近的、熟悉兒童生活的人才能理解。

(二) 積極說話階段：一歲半至兩歲

兒童在前一個階段理解語言、積累詞彙的過程中，會出現一個似乎是突然開口的階段。爾後在集中的一個短時期內，兒童會說出很多詞和短句，而且很喜歡說話。

在這個階段，首先出現的是「雙詞句」，雙詞句是由兩個單詞組成的不完整句；這種句子從句法來說是不完整的，所以又稱為「電報句」。它的主要特點是：語句斷續、簡略、結構不完整，常常缺漏一些主要成分，類似人們打電報時用的語言。例如：孩子說「媽媽抱」、「爸爸班班（上班）」等。雖然如此，這種句子比單詞句進步，所表達的意思也已比較明確。

在這個階段，句子逐漸發展為簡單句，這種句子比較短，大部分在五個字以內，但已能初步表達自己的意思。可以說，已開始進入真正的語言階段。

三、基本掌握口語階段

三至六歲是兒童掌握口語基本階段。三歲孩子開始能夠用語言向別人表達自己的思想、情感和要求，而不必借助具體情景的幫助，也不需要成人過多地猜測他的意願。

(一) 掌握語音

幼兒期在掌握語音方面的發展，表現在發音功能的成熟和語音意識的發展等兩方面。

1. 發音功能的成熟

三至四歲的兒童能夠學習各種語言的發音。此時兒童語言發音系統的功能已成熟，同時又沒有定型，兒童學習語言發音處於最有利的階段，相當容易學會世界上各種語言的發音。此後，發音系統逐漸定型，因此年齡越大，學習母語（包括方言）以外的新語音困難就越大，學習第二語言的

語音越多受第一語言語音的干擾；已因如此，成人學語音的能力不如兒童。

三至六歲是能夠掌握全部語音的年齡；其中，三至四歲是語音發展的飛躍階段。在正確的教育下，四、五歲以後發音不準的人數隨年齡增長而減少。

此時期兒童常見的發音錯誤有二：

(1)**輔音問題**：三至六歲兒童發音上的錯誤，大多數不在母音而在輔音，特別是在舌尖後音（ㄓ、ㄔ、ㄕ）及其舌尖前音（ㄗ、ㄘ、ㄙ）的混淆。

三至六歲兒童發音上的難點主要有二：一是掌握發音部位的困難，二是不掌握發音方法。之所以發音錯誤多在輔音而不在母音，就是因為輔音要求唇、齒、舌等部位運動的細微分化。三至四歲兒童往往由於唇和舌運動不夠有力，下顎不夠靈活，聽覺和運動覺的分化不足，造成發出輔音時分化不明顯，發音混淆或不夠清楚，常常說出兩個語音之間的音，而不是用一個語音代替另一個語音。

(2)**音節問題**：兒童往往由於未掌握發音方法而在發出音節時出現錯誤。例如：兒童常常略去第一個音位的輔音，把「姥姥」說成「襖襖」，把「奶奶」說成「矮矮」。這是因為發「ㄌ」音節需要舌尖頂住齒齦，舌頭肌肉向中間收縮，使氣流在中間受到阻礙，於是從舌的兩邊出來，而兒童還無法掌握這種發音方法；教兒童看著成人的口型練習發音，有助於掌握發音方法。

2. 語音意識的發生

四歲以後，兒童開始明顯地出現了語音意識，即能夠自覺地對自己和別人的發音進行分析，並且有意識地掌握自己的發音。

(1)**對自己語音的意識**：兒童能夠意識到自己發出的語音，特別是能夠意識到自己發音的弱點。這一點從觀察其語音行為便可以得知。

① 迴避：有個兒童早上見到老師總是匆匆地走過去，當老師叫住他說：「你還沒有給老師說早安呢」時，他忙慌慌地說：「劉師早！」這是

他已經意識到自己不會正確地說出「老」這個字音，於是設法迴避說該字音。

② 辯解：兒童為自己的錯誤發音找藉口，例如：有個孩子對「奶奶」一詞發音不清，當老師糾正他時，他說：「我會說，我是在學我爸爸呢！」當老師說：「那你在幼兒園裡多練習，你學會說好了，就回家去教爸爸。」他高興地同意了，跟著老師練習，逐漸糾正發音。

③ 拒絕交往：有一些兒童由於意識到自己的發音錯誤，甚至不願和別人在一起，以維護自己的自尊心，表現為不合群和孤僻。例如：有一個兒童在自由活動時，總是單獨靠邊玩，常低著頭轉圈。當老師耐心地和他談話時，發現他口齒不清，老師問：「昨天你到哪裡去玩了？」他說：「到公園去厄（了）」問：「誰帶你去的？」他答：「矮矮（奶奶）帶我去的。」他回答老師的話時都用很小的聲音，顯然地，他已意識到自己發音上的弱點。最後，他對老師說出心裡話：「他們（小朋友）笑我。」他因其他的孩子故意模仿他的錯誤而生氣。

④ 練習：在正確的引導和鼓勵下，兒童能夠努力學習和練習不能發準的音。例如：一個四歲的孩子反覆說「奶奶」，然後去對媽媽說：「媽媽，我會說『奶奶』了！」對自己的成功表示高興。

(2)**對別人發音的意識**：幼兒對語音的意識也表現在對別人發音的敏感。例如：

① 對別人的發音持有評價態度。四歲以後的幼兒逐漸會對家人帶有方言音調的發音提出批評。

② 積極糾正別人的發音。例如：有的兒童常常示範給他的爸爸，要糾正他的發音。

這些都顯示兒童已有正確發音的聽覺意識，並意識到發音的標準。

(3)**對語音的興趣**：兒童對語音的意識突出表現在對語音的興趣。其表現在：

① 對異常發音的疑問。有時兒童對小朋友發音的錯誤感到興趣，而模仿其發音；這時兒童並非出於嘲笑，而是覺得異常，提出疑問，覺得

「好玩」。有個兒童問道：「為什麼他說兔紙？為什麼不說兔子？」然後好像抓到一件好玩的東西似的，跳跳蹦蹦地反覆地說：「小兔紙！」、「小兔紙來了！」

② 為發音找根據。兒童發現成人發音的錯誤時，往往會提出疑問，而要找出發音的根據。他們要追問：「為什麼阿姨那樣說？」要找出評價的標準和根據。

③ 有意地改變通常的發音。兒童為了開玩笑，故意把語音或語音的聲調說錯；有時也會為了表達某種感情，把語音說得和平常不同，或是在遊戲中扮演角色時，故意學著成人對小孩說話時的聲調。

④ 兒童喜歡玩發音的遊戲，像是喜歡說繞口令之類。

⑤ 兒童能夠意識到同音字有不同意義。

⑥ 兒童對發音的生理問題感興趣，會主動尋找發音的地方，甚至做實驗。例如：四歲的兒童問：「哪個地方在說話？」當別人反過來問他時，他用手伸到嘴裡深處，說話時用手摸摸脖子。一個六歲的兒童讓媽媽聽他閉著嘴時如何說話，並且說：「你什麼也聽不見。」又說：「我只用舌頭說話，那就什麼也聽不見。」

(二) 對語詞的掌握

兒童對語詞的掌握，包括詞彙的豐富和詞意的發展等兩個方面。

1. 詞彙的豐富

詞彙是指詞的總數量。各民族的語言都有自己的基本詞彙，每個兒童在成長發展過程中，都要學習社會上通用的詞彙，才能順利地與人交流、溝通，擴大交往範圍。

詞彙發展指標之一是詞彙的豐富程度，詞彙的豐富程度首先表現在詞彙量的增加。一歲兒童能夠理解的詞彙數量是很少的，能夠說出的詞彙更少，大約只有幾十個；一至三歲的兒童能掌握的詞彙也只能以百計算；三至六歲兒童能掌握的口語詞彙可以千計，六歲時可達 3,000 ～ 4,000 個。

兒童的詞彙包含兩類：消極詞彙和積極詞彙。

消極詞彙或稱「被動詞彙」，是指能理解但不能運用的詞彙，實際上是沒有真正能夠深透地理解的詞彙。兒童初學語言時，消極詞彙在詞彙總量中所占比例相當大。一項研究顯示：兒童最初能說出十個詞時，已能理解五十個詞；換句話說，這時他的消極詞彙占詞彙量約六分之五。

積極詞彙或稱「主動詞彙」，指兒童能夠說、用的詞彙。隨著年齡增長，積極詞彙的比例也會增加。

同齡兒童的詞彙量和其中的消極詞彙或積極詞彙有個別差異，和他的生活環境、交往條件，特別是教育條件有密切關係。例如：有的母親特別注重和孩子的語言交流，其積極詞彙就較為豐富。

2. 詞意的理解

真正理解詞彙的意義，兒童的積極詞彙就會增加。

(1)兒童掌握詞意的方式：成人對詞彙的理解或掌握，一般是藉由確切的意義學習而得。每遇到新詞彙，就會向別人請教，或查字典等方法來學習。有時也根據別人用詞時的語境來推測新詞彙的意義，但這種情況較少。之所以如此大概是因為成人都懂得「語言」是約定俗成的，要掌握某個詞，就必須了解它既定的意義。

兒童掌握新詞，有和成人相同的途徑，例如：兒童學會的許多詞彙，是透過成人傳授而掌握的，其中大部分是成人主動教給孩子，讓孩子從模仿中學會的。就如成人告訴孩子：「這是什麼、那是什麼」之類的；也有許多詞是孩子主動向成人請教而學會的，如孩子聽到成人之間談話中用了某個詞彙時，他會發問：「○○是什麼意思？」

兒童掌握新詞的方式和成人不同，即利用自己的直接經驗或成人說話時的具體情境來解釋新詞，由此得出成人意想不到的意義。例如：有個孩子聽到成人說某人從南部調到北部去了，他對別人說：「真好笑，怎麼用大吊車把一個人吊到北部去了呢？」

對於兒童用這種方式掌握詞意，首先應該看到這是兒童在學習新詞中的思維積極性和創造性。成人在聽到如上述例子時會覺得可笑，但千萬不要嘲笑孩子，以免打擊他的積極性，同時也要理解孩子的錯誤，給予正確

引導。

　　(2)**兒童掌握新詞中的常見錯誤**：要正確引導兒童掌握詞意，必須對分析兒童在掌握和理解新詞中的錯誤，找出原因並幫助他糾正。

　　① 完全錯誤的理解。例如：有個孩子把「故意做的」理解為「媽媽眼睛看著我，很凶的。」為什麼孩子會產生這種理解？原來孩子的媽媽曾嚴厲地指責孩子說：「你是故意這樣做的。」孩子產生這類錯誤的原因，往往是別人說話中用某詞彙時的具體情境和該詞聯繫在一起，他用說話時的具體情境來理解詞彙，而不是從語言的角度來理解。

　　② 對詞意過窄的理解。孩子常常只從詞彙的部分涵義來理解某個詞彙，例如：有個幼兒聽說正在和老師說話的陌生人是老師的兒子，他驚訝地問：「那不是一個叔叔嗎？怎麼是兒子呢？」原來他把「兒子」只理解為「小孩子」。這與孩子的知識經驗缺乏及思維的概括性發展不足有關。

　　③ 錯誤理解同音詞。在前面舉過的例子中，孩子以為把人從南部調到北部是用大吊車吊去的，因為他把「吊」和「調」這兩個同音字混淆了。由於他經驗中有「大吊車」和「吊起來」這個詞，於是就把「吊」字用去理解新詞「調」。有個班的幼兒，在學習兒歌時，每次念到「一滴水，不起眼」時，都用手指點一下肚子，原來是把「不起眼」理解為「肚臍眼」，這也是以原先已知的詞用來理解新詞之故。

　　④ 從單義理解多義詞。例如：兒童對「好」的理解，起先只在行為表現方面，而不理解對用於問候的「好」，於是出現這樣的情況，孩子早上對某人說：「早上不好。」表現對人的不滿意。

　　⑤ 對詞義過寬的理解。有個孩子把不用上幼兒園的日子都理解為「星期天」；有個孩子把上弦月稱為「香蕉」。這類錯誤往往根據簡單類比而作出推理。

3. 詞類的擴大

　　兒童詞彙總量的增加，包含各類詞彙的增加，而其增加是有一定的規律的。

(1)從使用的複雜程度言

各類詞使用的複雜程度不同，各類詞隨著使用複雜性的增加而遞增，依其複雜度不同可分為四個層次：

① 特指詞：這是最簡單的層次，每個詞僅代表某一種特定對象。例如：兒童最初對「媽媽」、「爸爸」的理解，就是特指自己的媽媽、爸爸。

② 普通詞：同一個詞指向一類物體，這比特指一個物體或對象要複雜些，例如：孩子逐漸知道別的小孩子的媽媽也叫「媽媽」。但是一般要經過特指階段，如說「小明（的）媽媽」、「小梅（的）媽媽」。也就是說，孩子要在多種情況下用同一個詞（如「媽媽」）和同一類對象聯繫起來之後，才能掌握這一類普通詞彙。

這類詞彙包括名詞，也包括動詞和形容詞。例如：孩子經過認識多種紅色的物體，才能真正掌握「紅色」這個形容詞。

③ 相對詞：有相對意義的詞比前面所說的代表固定事物的詞，在使用上更複雜一些。例如：大、小，高、矮，長、短等。有的孩子說：「我看見了一隻那麼大的小兔。」

④ 複雜的相對詞：這類詞沒有固定的指稱對象，使用上最為複雜，例如：時間代詞「昨天」、「今天」、「明天」和「現在」、「過去」、「將來」等。

(2)從有關的心理因素言

① 與具體性相聯繫的詞：兒童最初掌握的是代表具體形象的名詞。例如：剛入幼兒園的兒童很快就掌握同學的名字，但是當老師說「小朋友」時，他不知道指的是誰，因為和「小朋友」這個詞相聯繫的形象不那麼具體。有個小孩名叫李尤，當他聽到故事裡提到「狐狸正在找理由為自己辯護」時，他問道：「狐狸為什麼要找我呀？」顯然地，「理由」這個詞對他來說是過於抽象了。

兒童在與人交流時使用最多的詞彙是代表具體動作的動詞，因為和動作相聯繫的詞也是具體的。

② 重複機會多的詞彙：兒童也會說一些比較抽象的詞彙，使成人感

到驚奇，而這些詞往往是從電視中學會的，像是「天氣預報」或是一段時間以來廣告中所用的詞，兒童容易掌握，這是因為他天天有機會看到、聽到這些詞，兒童的機械記憶能力強，所以能記住那些他雖然不理解但是多次重複的詞彙。

③ 代表感興趣事物的詞彙：兒童由於對某些事物感興趣，就容易掌握代表該類事物的詞彙。例如：剛進幼兒園不久的兒童，也會說：「老師帶我們玩遊戲。」遊戲一詞所代表的現象雖然不那麼具體，但兒童喜歡玩遊戲，所以很早就記住了。有的兒童對汽車很感興趣，因此而能夠記住許多種汽車的名稱。

④ 以音響、節奏和韻律形式出現的詞彙：這類詞彙包括單音重疊的形容詞，如輕輕的、悄悄的；加重疊詞綴的形容詞，如冷冰冰、熱騰騰的；相聲詞如轟隆隆；另外，順口溜和兒歌，也因為朗朗上口、有鮮明的音調和整齊的節奏而利於兒童掌握。

⑤ 能滿足兒童迫切需要的詞彙：兒童在日常生活中，為滿足需要而常常必須使用的詞彙，就容易掌握。例如：有個小孩經常說「我不要！」以表示拒絕成人的要求。如果注意在日常生活中教兒童掌握他所需要的詞，學習效果會比上課式的教學要好得多。

(3) 從語詞的類別言

① 名詞：兒童最先掌握的是名詞，因為名詞代表能看得見、摸得著的物體或現象。前面已經提到過，具體名詞是兒童最容易掌握的，代表一類事物的名詞概括性較高，而抽象名詞則較難以掌握。在計算兒童的詞彙時，如果只是追求數量，那麼具體的名詞可以比較快地被兒童掌握，兒童接觸的事物越多，他所能掌握的具體名詞就越多。但是，具體名詞的比例過高，但概括性高的名詞掌握過少，則表示兒童詞彙的質量不高。因此，在教導兒童掌握名詞時，要注意教他一些概括性較高的詞彙，例如：讓兒童掌握家具、動物等詞，使他不僅知道桌子、椅子、床等等，而且也知道它們都屬於家具；知道猴子、大象、烏鴉、螞蟻等都可稱為動物。

② 動詞：代表具體動作的詞彙，也是兒童較容易掌握的。因為他在

生活中要接觸很多動作，如吃、睡、來、去等。在兒童的詞彙中，使用動詞的頻率高於名詞，有時甚至不用名詞而只用動詞表示，如對大人說：「壞了！」另外，句子中一般都要有動詞，而當兒童學會用代名詞時，他常常用代詞替代了名詞，如「我要那個，不要這個。」兒童還常常把動詞當作名詞用，如把「牙刷」說成是「刷牙的」，「碗」說成是「吃飯的那個」。

③ 代名詞：兒童掌握代名詞要比名詞和動詞晚一些，因為代名詞的意義有相對性。但是到了幼兒期，兒童掌握了基本的代名詞，這時兒童便會大量使用代名詞。兒童詞彙中各類詞彙的使用頻率，以代名詞為最高，原因之一是兒童說話多數是在具體情景下，是對著具體人說的，故用代名詞就可以讓聽者明白他的意思；原因之二是兒童掌握的詞彙量不多，當他說不出事物確切名詞或形狀時，就不用名詞或形容詞，而用代詞，如「那個」、「那樣的」等；原因之三是兒童的思維常常是圍繞自己展開的，約有三分之一的句子裡都用了「我」字。

關於兒童對指示代名詞、人稱代名詞、疑問代名詞等三種代詞理解的特點如下：

a. 兒童在三、四歲時就能理解指示代名詞，如「這個」、「那個」、「這邊」、「那邊」等，但此時只處於理解的最低程度，只憑機遇或某種具體情境來理解，並非真正懂得「這」和「那」的相對意義。例如：對離自己近的物體和位置就認為是「這個」、「這邊」，即使應該用「那個」、「那邊」，也作出與「這個」、「這邊」同樣的反應。五、六歲大的孩子已經理解到「這」和「那」的區別，但還不能對使用有關詞的指令作出正確判斷，在根據指令完成操作任務時，仍然表現出猶豫不決；七歲時，才達到基本掌握的程度。

b. 兒童掌握人稱代名詞如「我（我的）」、「你（你的）」、「他（他的）」等的難度是：先掌握「我」這個詞，而後是「你」，最後是「他」。當兒童和另外兩個人一起談話時，很難理解別人所說的「他」就是指自己；他認為別人所說的「你」是指自己，常常把另兩個人之間所說

的「你」，也當作是指自己。

　　c. 兒童掌握前述指示代名詞和人稱代名詞的困難，主要在於這些都是相對詞。理解這些詞彙的關鍵是明確了解使用時的參照點，例如：以「我」或「這個」為出發點或參照點，對方就是「你」或「那個」。但兒童的思維有固定性，常常以自我為中心理解問題，而不會根據情況轉換參照點。

　　d. 兒童掌握疑問代詞如「什麼」、「誰」、「什麼地方」、「什麼時候」、「怎麼樣」、「為什麼」等，可以分為三步：三歲兒童能基本掌握「什麼」、「誰」、「什麼地方」這三個詞；四歲能大致上理解「什麼時候」和「怎麼樣」；五歲才能基本上理解「為什麼」這個詞。

　　e. 兒童對疑問代名詞理解的發展順序，也和掌握有關概念的發展順序有關；同時，兒童所在的語言教育環境也有重要作用，例如：有的父母經常引導和鼓勵孩子問「為什麼」，幼兒就會較早掌握這個詞。

　　④形容詞：兩歲大的兒童已經能夠使用少量形容詞；四歲半以後形容詞增加更為迅速；六歲半能使用的形容詞可達二百個以上。

　　一般兒童使用形容詞的發展特點和發展趨勢如下：

　　a. 先會使用描述物體特徵的詞彙，後會使用描述事件情境的詞彙。兩歲大的兒童會描述物體的特徵；兩歲半會描述動作、味覺、溫覺和餓、飽、痛等詞彙；三歲會描述人的外形特徵、情感和個性品質的詞彙；四歲半才會使用描述事件情境的詞彙。

　　b. 先會使用描述事物單一特徵的詞彙，而後才會使用描述事物複雜特徵的詞彙。例如：三歲半就會使用「胖、瘦」這對形容詞，而四歲半至五歲半時才能使用「老、年輕」這對形容詞。

　　c. 先會使用簡單形式的形容詞，而後才會使用複雜形式的形容詞。例如：先會「紅」、「快」、「好」等單音節形容詞和「乾淨」、「整齊」等一般雙音節形容詞，而後才會使用「雪白」、「亂七八糟」等形容詞。兒童從學會使用簡單形式的形容詞到使用複雜形式的形容詞，要經歷一個較長的過程，大約需要一至二年的時間，例如：兩歲大的兒童會說

「紅」，四歲半時才會說「紅紅的」。

　　d. 兒童對顏色詞的掌握有普遍的規律，其順序為：紅（兩歲）→黑、白、綠、黃（兩歲半）→藍（三歲半）→紫、灰（五歲半）→棕（六歲半）。

　　e. 兒童掌握空間向度形容詞的規律和顏色詞相類似，其掌握順序是：大小（兩歲）→高矮、長短（三歲）→粗細（四歲半）→厚薄、寬窄（五歲半）。

　　⑤ 空間方位詞：兒童掌握空間方位詞也有一定的發展順序。兒童基本掌握各方位詞的年齡和順序是：「裡」（三歲半）→「上」、「下」（四歲）→「後」、「前」、「外」、「中」（五歲）→「左」、「右」（六歲以後），對於這些字詞，兒童一般是先理解後使用。兒童最初對方位詞，是結合具體情境來理解的，三歲半的兒童已經知道把東西放在「裡面」，因為他看見一個容器，了解裡面的意思，但是他對「外面」這個詞感到難以理解，因為「外面」沒有一個明顯的範圍。很明顯地，這個年齡的兒童並沒有把「裡」、「外」作為一對方位詞來理解，也就是說，沒有真正掌握這兩者之間帶有相對性的詞義。兒童最初對「左」、「右」的理解，也是依靠和具體事物的聯繫，例如：「拿匙子的手是右手」，而六歲大的兒童能夠知道自身的左、右，但不知道別人或物體的左右，所以，有經驗的幼兒老師在向兒童做體操示範動作時，都是以兒童的左、右方位為準，符合兒童方位知覺的特點。

　　⑥ 時間詞：兒童使用時間詞彙比空間詞彙少得多，因為時間不像空間那樣看得見、摸得著，所以對時間的認識比空間要困難。兒童理解以下三類時間詞彙的發展過程是不同的：

　　a. 表示動作的詞：兒童對表示動作順序的詞理解較早，在三、四歲時已能理解「先」、「後」、「同時」等詞；大多數兒童到五歲時才能正確理解「以前」、「以後」等詞。在兒童使用的時間詞中，絕大多數是描述發生的次序，如「先」、「後來」、「然後」等。

　　b. 表示時間階段及其順序的詞：兒童先理解「今天」、「昨天」、「明天」及其先後順序，然後理解代表一天之內時間段的詞彙，如「早

晨」、「上午」、「中午」、「下午」等詞及其順序，而後能理解代表時間段較長的「去年」、「今年」、「明年」等詞彙。四歲大的兒童在使用「昨天」、「今天」、「明天」等詞時，還會發生混淆的情況，如說「我明天已經吃過蘋果了。」對於代表時間段較長的詞，也會用「昨天」、「明天」來代替，例如：四歲的兒童說：「我明天要上小學了。」有的兒童把已經過去一兩年的事情也說成是「昨天」發生的。上幼兒園的兒童，由於作息時間比較固定，天天重複，有明顯的規律性，所以較容易掌握代表一天內時段的詞彙。但是兒童對時間詞彙的理解，多數是結合具體活動獲得的，例如：有個兒童問幼兒園的老師：「爸爸是不是下午來接我？」老師表示肯定以後，這個孩子急匆匆地要上床睡午覺，因為他認為下午「就是午睡後起床的時候」。

c.表示動作時態的詞。對於「現在」、「已經」（過去）、「就要」（未來）的詞，兒童較難理解；三至四歲能掌握「現在」這個詞，五歲才能真正理解代表過去的詞，兒童能掌握代表未來的詞，大概要在六歲時。「過去」可以和已有的經歷及其印象聯繫起來，但未來將發生的事，對兒童來說就難把握了，所以代表「未來」的時間詞也難以掌握。

教給兒童時間詞彙，必須結合具體生活和活動。例如：告訴兒童「星期六」和「星期天」可以不上幼兒園，兒童就很容易掌握，如果再告訴他，月曆上有紅色的字，就是不上幼兒園的日子，則更易記住。兒童理解和說出時間詞，都要經過一段結合實際體驗的過程，學習某個時間詞的初期，兒童雖然能說出該詞，但並非真正懂得其實際意義；例如：兒童根據「轎車先開，卡車後開」的指令，能正確操作，而當指令改變為「轎車後開，卡車先開」時，兒童仍然會讓「轎車」先開。

⑦量詞：兒童很早就能在日常生活中接觸量詞，如「一個洋娃娃」。兒童運用量詞使用的公式「數詞＋量詞＋名詞」是從四歲開始的，但還不能把量詞和特定的名詞正確配對，他們常常不恰當地過多使用「件」和「個」，在任何名詞上都加上這種量詞，如「一件衣服」、「一個車子」等。五歲是明顯開始意識到並遵循量詞使用公式的年齡，但常出現以動詞

代替量詞或以形容詞代替量詞的錯誤，例如：把「一輛汽車」說成「一開汽車」、「一朵雲」說成「一飄雲」，或「一片綠葉子」說成「一條綠葉子」、「一列火車」說成「一條火車」等，這種錯誤是和生活經驗的侷限性及詞彙貧乏有關的。六歲兒童已能初步根據事物的類別來選擇量詞，但還沒有完全掌握常用量詞，因此，把交通工具都和「輛」這個詞聯繫起來，出現「一輛飛機」之類的錯誤。

兒童掌握三種量詞的順序是：個體量詞→臨時量詞→集合量詞。四歲時已能掌握個體量詞，如「個」、「隻」等。臨時量詞的特點是借用容器的名詞來作量詞，如一杯水、一碗飯、一盆花等，當兒童認識到以容器名詞對有關物體計量時，就能正確使用臨時量詞。集合量詞如「雙」（一雙筷子）、「串」（一串葡萄）、「對」（一對枕頭）等對兒童較難掌握，因為要求思維的抽象概括性較高。

總括來說，兒童掌握詞彙和詞意的發展有一些規律和特點：

1. 順序性：兒童對詞意的掌握有大致的順序，有與年齡大致相關的發展階段，但沒有絕對的年齡界限。
2. 對詞意的理解從依賴具體情境到逐步概括。
3. 從不精確的理解到逐漸精確：兒童最初對詞意的理解常常失之過寬或過窄，也常有混淆現象，以後逐漸精確。

經觀前述兒童語詞發展的順序，可見其主觀一定規律及順序性。為促進兒童對詞意的掌握，具體建議有二：

1. 根據兒童掌握詞意的發展規律和年齡特點，從幫助兒童把詞彙和有關事物或具體情境聯繫入手，逐漸從具體印象中擺脫出來，真正掌握詞意。
2. 為兒童創造理解詞和使用詞的語言環境。

(三)語法的掌握

1. 句子長度的增加

兒童說話時所用句子中含詞量的增加，是語法發展的數量標誌。兒童

最初學說話時只會用一個詞，也就是一句話中只有一個詞，以後逐漸增加到二個詞，三歲所說的句子一般在四個詞左右，五至六歲時可達到每句話含八個詞左右。

2. 句子結構的發展

句子結構的發展是兒童語法發展的另一指標，也可以說是質量指標。

(1)句子結構類型的發展趨勢

① 從不完整句到完整句：前文曾提及，兒童最初說話時用單詞句，單詞句是不完整的句子。在單詞句之後，兒童在一歲半至兩歲左右，常常用雙詞句。雙詞句也是不完整句，它往往缺乏句子的一些必要成分，但可以讓聽者明白其主要意思，如「爸爸班班」（表示爸爸上班去了）、「餅餅沒」（有了）等等。這種不完整句也稱為「電報句」。

兩歲以後會逐漸出現完整句；三歲以後基本上使用完整句，到六歲左右，兒童所使用的詞句 98% 以上都是完整句。

② 從簡單句到複合句：完整句可分為簡單句和複合句。簡單句在兩歲以後會逐漸增加，如「寶寶坐車」、「奶奶喝水」等，幼兒也會說：「媽媽給我水！」之類的語句。從整體發展的比例來看，幼兒主要使用簡單句；從發展趨勢看，簡單句所占比例逐漸減少。

所謂複合句，即由兩個或兩個以上單句組合而成的句子。兒童的複合句總體所占的比例較小，它雖然隨著年齡增長而增加，但到六歲時，也只在 50% 以下。兒童的複合句結構鬆散，缺乏連詞，只是簡單句在意義上的結合，如「媽媽上班，我到幼兒園上學」。當兒童學會使用連接詞時，就出現較複雜的複合句。如使用最多的連接詞是「還」、「也」、「又」、「就」等；稍後會出現「後來」、「那麼」等，如「耳朵上面也是毛，尾巴上面也是毛、腿上也是毛」等，描述事情時，喜歡說「後來……，後來……，後來…… 」等。總括來說，兒童幼兒的複合句較單調、累贅；五、六歲兒童開始掌握較複雜的連接詞，同時出現帶有較複雜邏輯關係的複合句，包括用「如果……就…… 」和用「只有……才…… 」等的條件複句，以及用「因為……所以」等的因果複句。由此可見，為了

幫助兒童掌握複合句，需要讓他掌握足夠的詞彙，特別是掌握有關的連接詞；而掌握複雜的連接詞和複合句，又和兒童邏輯思維的發展有關。

③從無修飾句到修飾句：兒童最初的句子是無修飾句，也就是沒有修飾語的，如「寶寶畫畫」、「汽車走了」等；三歲兒童開始使用修飾句，如「我玩的積木」；兒童主要用含有「的」這個詞的修飾語，例如：「猴子有兩隻明亮的眼睛」。

(2)句子功能類型的發展：前面我們從句法結構的角度分析了兒童使用句子類型的變化和發展，另還可從句子功能的角度來分析兒童對句型的掌握，這方面兒童常用陳述句和疑問句。

① 陳述句：兒童最初使用的是陳述句，兒童期大量使用的也是陳述句，陳述句是幼兒期的基本句型。

② 疑問句：我國兒童的疑問句有以下幾種形式：

第一是升調尾疑問句，也是兒童最早使用的一種。這種句子不加疑問詞，只是將句尾的詞提高聲調並拉長聲音，例如：兒童在找自己的帽子時，一邊用眼睛搜尋，一邊問：「寶寶帽帽？」

第二是助詞疑問句，這是在句尾加上疑問助詞「呢」、「嗎」、「吧」等，例如：「積木呢？」或「媽媽回來嗎？」

第三是徵詢意見的疑問句，這是在句尾加上「是嗎」、「好嗎」等。

第四是特指疑問句，即在句中加上特指疑問詞「什麼」、「誰」、「什麼地方」、「什麼時候」、「為什麼」、「怎麼樣」等。

③ 否定句：幼兒很早就出現帶有「不」、「不要」、「沒有」等詞語的句子，以表示否定的意思，早期的否定句可分為四種意思。

第一：否定物體的存在，如「車車沒了」。

第二：拒絕，如「不要睡覺」。

第三：否認，如「不是丹丹拿的」。

第四：反對，如「不是這樣」。

(3)兒童理解句子的發展：兒童理解別人說出的句子，也有一定的發展過程和特點，茲分五點說明如後：

① 最初只抓住句中的個別或幾個實詞，忽略句子的結構。

② 按詞序來理解句子時，一般是把「名詞—動詞—名詞」的順序理解為「動作者→動作→動作對象」。他們把句子中的第一個名詞理解為動作者，或把最靠動詞前面的一個名詞作為動作者，而把其他名詞當作接受動作者。因此，對被動語句常作錯誤理解。

③ 往往從自身經驗或個人需要來理解句子，而不是從句法關係來理解，例如：兒童對「張老師被小華背著去教室，他的腿跌傷了！」這話的理解，往往是老師背小華，而不是小華背老師去教室。因此，兒童在理解句子過程中，有明顯的主動性；對內容熟悉的句子，傾向於根據經驗來理解；對不熟悉的，才根據句法來理解。

(四) 語用的發展

語用即運用語言。兒童運用語言技能的方式和成人不同，為了有效地運用語言來達到交流的目的，需要學習語用知識和技能，其中包括：(1) 掌握足夠的語言材料；(2) 了解語言在溝通時的功能及適當的表達方式；(3) 對溝通訊息清晰度的調節；(4) 溝通時的禮貌。

1. 語言功能的發展

語言功能是指語言的用途。兒童的語言主要有兩種功能，首先是「交際功能」或稱「社會化功能」，這也是主要的功能；其次還有「概括和自我調節功能」，或稱「自我中心功能」。

兒童語言交際功能的發展大致可分為兩個階段：三歲前語言的主要功能是請求、回答和提問；三至六歲語言除保留以前的功能外，還有陳述、商量（協調行動）、指示、命令、對事物的評價等。由於語言功能的複雜化，語言的形式也隨之多樣化；例如：兒童用疑問句可反映多種功能：(1) 表示需要的提問，希望得到允許和幫助，如：「媽媽餅餅，啊？」(2) 希望獲得新訊息。(3) 表示驚疑，如奶奶洗頭後問：「奶奶頭髮變成什麼樣子？」(4) 反問，表示加重語氣，不是為了要回答，例如：找到爸爸的筆以後說：「這不是爸爸的筆嗎？」(5) 質問。媽媽禁止他戴眼鏡玩，

說戴久了眼睛會壞掉，因此他質問：「爸爸怎麼天天戴？」

兒童語言的概括和自我調節功能主要表現在「自我中心」語言。自我中心語言不是用於交際，而是爲自己用的語言。成人也有不出聲的內部語言，爲幫助自己默默思考或行爲用。由於是爲自己用的，所以其形式特點是語句簡略、不完整。四歲以後兒童開始出現內部語言，但與成人不同，它往往是說出聲音的自言自語。兒童自言自語有兩種形式，但隨著年齡增長，自我中心語言越來越少。

一是「遊戲語言」。其特點是比較完整、詳細，有豐富的情感和表現力。兒童在遊戲中或在繪畫和徒手操作的活動中，邊做邊說，用語言來補充動手能力的不足，如補充畫不出來的情節。

二是「問題語言」。兒童在遇到困難時自言自語，表達思考和解決問題的過程。他有對別人說話的形式，但主要是爲自己用，例如：自言自語地說：「把這個放在哪裡呢？……不對，應該這樣。……這是什麼？……就應當把它放在這裡。」

2. 對溝通訊息清晰度的調節

(1)**對聽者特徵的敏感**：當兒童的語言發展處於「自我中心階段」時，他不大注意聽者的特徵，可以說是旁若無人地大聲說話。四歲兒童已經能根據不同溝通對象使用不同的談話方式，因此，當他對兩歲兒童、對同齡兒童和成人的談話方式會有區別；又如對年幼兒童介紹一種新玩具時，講述比較詳細，自己加補充說明；對老師則很少補充說明，且所用的語氣和句型也不同。

(2)**對語境變化的敏感**：兒童在不同情境下，訴說同一事物時，所用的表達方式不同。根據研究顯示：五歲以後，能隨語境變化改變表達方式；七歲大時已有 90% 的兒童能進行調節。

(3)**對聽者回饋的敏感**：幼兒還不善於根據聽者的回饋調整自己的講述，所以當聽者表示不理解時，多數是默不作聲，或多次重複最初的話，他們不會對自己最初的話語加以修改或作更詳細的陳述。當溝通失敗時，幼兒總是責怪聽者。

(4)**交談中保持同一話題**：兒童最初發展的是對話語言，陳述性語言或獨白語言發展較晚。三歲兒童已具有保持交談話題的能力，如玩具汽車壞了時，兩名兒童出現了以下的對話：

> 甲：壞掉了。
> 乙：我來修，好嗎？
> 甲：噢！（把車推給乙）
> 乙：大概輪子壞掉了，是嗎？

四歲幼兒能夠幾人圍繞同一話題交談。如：

> 乙對甲：你的牙齒掉了。
> 丙對甲：你的牙齒掉了？
> 丁：門牙掉了，因為愛吃糖。

兒童在團體生活中具有釐清溝通訊息的能力，特別是團體遊戲中。

3. 溝通時的禮節

兒童從兩歲開始，已能針對交談對象的不同，而調節其語言的禮貌程度，對同齡人幼兒較多使用直接祈使句，如「拿書來」；對長輩較多使用請求句，如「把書給我好嗎？」當長輩不同意其請求時，兒童還會改用懇求的口氣，如「再講一次故事就不講了，好嗎？」兒童還會根據成人對象的年齡和權力調整其語言，如對具有較大權力的爺爺、醫生、老師等，使用語言的禮貌程度就不同。

第三節　兒童語言發展的影響因素

語言是一種複雜現象，兒童語言的發展受多種因素的綜合影響，大致可包括四方面，茲分述如後：

一、大腦和語言器官的成熟

儿童真正掌握語言，需要聽覺系統、發音系統，特別是大腦語言器官的正常發育。語言發展依賴遺傳提供的生理基礎，這是不可忽視的；前文談到「掌握語言」問題時，儿童出生後不久已經對某些語言現象有敏感的反應，儿童在短短的幾年內能掌握由語音、語意、語法構成的如此複雜的語言系統，且在不同文化、不同語言環境中長大的儿童，在獲得語言過程中有相似的規律，都使人不能不重視儿童語言發展的生理基礎，或者說是遺傳的作用及生理的成熟。

二、語言環境

儿童語言發展很大程度上依賴語言環境，特別是語言溝通的條件。

1. 人類的環境

許多事實說明，由野獸哺育長大的儿童無法掌握人類的語言。

2. 語言溝通

有個案例指出，雙親耳聾的孩子，因患氣喘病而留在家裡，他雖然能夠透過電視聽到正常的語言，但缺乏語言溝通的機會，到三歲時仍然聽不懂又不會說，只會用手勢溝通。

3. 強化

儿童是在溝通中學習語言的。強化、模仿對儿童的語言發展具有很大作用，例如：儿童正確說出自己的需要，成人就會給予他滿意的回饋，儿童得到了強化，逐漸掌握有關的語詞和表達的方式。

4. 模仿

儿童的發音、用詞和表達方式往往和撫養他的成人相似，顯示「模仿」在儿童掌握語言中也具有重要作用。

三、認知的發展

儿童不是像鸚鵡似地透過簡單的操作性強化或模仿來掌握語言，儿

童的語言發展與他的認知發展有不可分割的關係。從前文的介紹中也可見，兒童每一個年齡和每個階段語言的發展都和他的認知發展有關，例如：只有當兒童的認知發展達到能夠理解因果關係時，兒童才能掌握因果關係詞。

四、兒童自身的語言積極性

兒童自身的語言積極性，也是影響語言發展的一個重要因素。雖然強化和模仿是兒童學習語言的手段，但是兒童學習和使用語言並不是被動的，他們在掌握語言時有自己的創造性，兒童的回饋會暗示甚至決定父母對兒童所使用的語言。有些研究者指出：不同語言社會，不同社會階層，無論是母親、年長兒童或者其他不同類型的照料者，對年幼兒童說話都有共同的特徵，而這些特徵是由於適合孩子的接受程度，孩子喜歡聽。這些特徵是：

1. 超語言特徵

    (1)高音調。

    (2)誇張的語調。

2. 句法特徵

    (1)句子較短。

    (2)較少動詞和修飾形式。

    (3)每句話的層次較少。

    (4)動詞之前語詞平均長度較短。

    (5)較多沒有動詞的語句。

    (6)實詞較多，虛詞較少。

3. 話語特徵

    (1)疑問句和祈使句較多。

    (2)言語較流利和清晰。

    (3)較多重複，包括完全、不完全重複和語義重複。

兒童學習語言往往是一個探索的過程，他們從周圍的語言材料中探

索規律，提出假設，並且在實踐中核對總和修正，逐漸掌握有關語言。例如：幼兒會說出「牙刷膏」，就是把牙刷和用來刷牙的「膏」自己組成一個詞；有的幼兒說「一雙褲子」，他從「一雙筷子」等推出總是連在一起的兩條腿組成的褲子，主動用這個量詞，但經過實際運用後，受成人的指點逐漸糾正。因此，能積極主動使用語言的孩子，其語言發展也較快、較好。

第四節　兒童語言發展的輔導

兒童語言發展的影響因素是複雜的，為使兒童語言發展順利，適當的指導具有決定性的作用。本節將介紹一些促進兒童語言發展的途徑和方法。

一、保護聽和說的器官

為了發展語言，必須有正常的聽和說的器官。對於兒童來說，保護聽力和發音器官就更為重要。

(一) 保護聽力

「十聾九啞」是一般的常識，因此，應該十分注意正常兒童聽力的保護。關於聽力保健的問題，本書第十三章將有闡述。

關於聽力缺陷，應注意及早判斷和發現。有的兒童屬於「半聾」狀況，他透過口形或表情能領會人們的話，不易發現聽力缺陷。如果兒童有聽力缺陷，應及早進行治療和矯治，早期矯治是很有效的。

(二) 保護嗓音

保護嗓音要從保健和教育兩個方面著手，例如：
1. 儘量避免上呼吸道感染，發音器官發炎容易傷害嗓子。孩子在發音器

官發炎時，在過於寒冷或潮溼的戶外不宜唱歌，特別要避免頂著風唱歌。

2. 有的兒童在家裡任性、愛哭喊，特別是在要求不能獲滿足時，更是拼命喊叫，應當防止。

3. 唱歌的時間不宜過長。

4. 不宜唱成人歌曲，因為成人的歌對兒童來說音域過寬，兒童遇到過高或過低的音時都唱不上去，只能扯著嗓子喊，容易傷害嗓子。

5. 在幼兒園時，特別是室內兒童過於密集的地方，兒童容易興奮喧嘩，此時兒童與人交談無不用力加大聲音。另外，當全班齊聲唱或朗誦時，為了表現「積極」，兒童也會出現嘶聲力喊的情況。長此以往，都會傷害嗓音。

二、創造語言溝通的條件

(一)親子之間的語言溝通

父母及照護者要十分注意和孩子的語言溝通，茲提出四項建議如後：

1. 在照料兒童過程中，及早與兒童說話：兒童出生後就邊照料他，邊和他說話，提供兒童適度的語言刺激，可使兒童從小有機會聽語言，適應語言的節奏和聲調，潛移默化地打好學習語言的基礎。

2. 父母應養成兒童語言活動的敏感性：當兒童能夠自發地說出一些音時，成人模仿他的發音加以強化，兒童就容易學會新的語音。敏感的父母如果能夠抓住這類促進兒童語言發展的時機，對兒童語言活動發展同樣是重要的。當兒童嘗試用新詞或新的表述方式談論事物時，及時給予正確指導，對其語言發展也很重要。

3. 父母要善於傾聽兒童的談話：良好的情緒氣氛有利於孩子使用語言，家庭溫馨而放鬆的氣氛能使孩子增加語言描述的積極性。父母要能安排時間來和孩子交談，耐心地把孩子的話聽完。交談時不要在語言內容和形式上任意予以批評或糾正，更不應對孩子的話加以嘲笑。

4. 父母應有良好的語言示範。孩子說話常常帶有父母的風格,如果母親說話柔和,孩子說話也比較好聽;如果母親經常尖聲叫喊,孩子的話音也會刺耳。

(二) 遊戲及同儕之間的溝通

1. 角色遊戲是發展語言的良好方法。兒童在角色遊戲中,要扮演各種角色,需要有合乎常規的交往。兒童在扮演角色時,自然產生掌握語言的需要,沒有強迫地、自願地學習按照人物角色的要求說話。例如:裝扮「爺爺」的孩子,對裝扮「孫子」的,說話既用命令式句型,又要用溫柔、愛撫式的語氣;而扮演「晚輩」的角色時,則要學會用尊敬長者的禮貌語言等。兒童如果不按角色要求說話,就會遭到夥伴的反對,或者被迫中止遊戲。

2. 同儕之間的溝通有利於兒童語言的發展。兒童在和同儕一起遊戲或合作完成某種任務時,會自然用語言交往,兒童之間用語言溝通和互相學習,比兒童與成人溝通容易。家長應該鼓勵兒童之間的溝通,特別是在現代化居住條件下,鄰居之間的密切程度相對減弱時,更應為兒童與同儕之間的溝通提供條件,否則容易形成某些兒童只會說「大人話」的不正常現象。

(三) 師生間的語言交往

上幼兒園的兒童,其語言發展有很大程度受到老師影響。老師除正式對兒童進行語言教學外,還應注意促進兒童語言的發展。

1. 老師在教學活動中應鼓勵兒童使用語言,無拘束地說出自己的想法和體驗,避免因怕嘈雜或影響教室秩序而過度限制兒童說話。有的教室裡,兒童上課的時間很多,根據老師指令做事的時間占很大比例,而兒童主動與老師溝通的時間很少,語言練習就很少,這種現象應予糾正。

2. 老師在和兒童的相處中,應有意識地和兒童交談。幼兒園日常生活中

各環節如洗手、等待進餐時，有許多利於交談的話題。切忌使兒童在講話時過分緊張，以致不能充分表述，也不要過度禁止孩子說話的機會。

三、豐富語言材料，講究教法

(一) 豐富語言材料

1. 豐富幼兒的生活內容

和成人或年長兒童相比，兒童的生活內容和知識經驗是貧乏的。而貧乏的知識，不利於語言的發展。豐富兒童的生活內容，不僅可豐富語言材料，且有利於激發兒童用語言表達自己感受的能力，例如：兒童跟著幼兒園老師參觀動物園回來，有許多話要對爸爸、媽媽說。

2. 多為兒童講故事

兒童最喜歡聽故事，一歲多的兒童對一些簡短的小故事就頗感興趣。兒童對某些故事百聽不厭，家長如果注重給兒童講故事，不但可以培養密切的親子關係，而且對年幼兒童的語言發展很有幫助。聽故事可以培養傾聽的能力，從小養成專心傾聽的習慣，對以後專心學習是重要的準備。兒童從聽故事中慢慢學會有關語詞和語言表達方式。經過多次重複聽，兒童會自然地參加講故事，並培養「說」的能力。

說故事也是幼兒園發展兒童語言的重要途徑之一。老師應掌握講故事的藝術，那種毫無準備地隨便拿起一本書，照本宣科的辦法，對兒童語言發展是助益不大。生動的講述、清晰的語言，適合兒童理解程度的講述，往往受兒童的歡迎，也有利於其語言發展。

3. 為兒童提供圖書

從兒童一歲前後開始，就可以並應該為兒童提供圖畫書。生動形象的圖書對兒童有吸引力，加上成人的講解，不僅可以幫助兒童獲得知識，學會講述，而且培養對書的興趣，愛書、愛讀書的感情。這對兒童未來的學習，都有長遠效益。

(二) 講究教法

語言教學的方法是多樣的。在教兒童口語時主要應遵循以下基本原則：

1. 口述和直觀材料相結合

教兒童新詞、語法和用語時，都要結合具體的直觀材料，否則兒童會出現誤解或鸚鵡式的機械背誦。前文曾提到，有個兒童念兒歌時，每次念到「一滴水，不起眼」時，兒童都指指自己的肚子，原來把「不起眼」聽成爲「肚臍眼」了。

2. 正確的語言示範

模仿是兒童學習語言的一種重要途徑，家長和老師正確示範是很重要的。

3. 有指導的練習

練習是兒童在學習過程中得到強化的機會；練習應有正確的指導，不應是機械的重複，應該幫助兒童在理解的基礎上創造性地練習。練習的形式和方法應生動活潑、多變換，並逐步提高要求。

四、兒童語言障礙的矯正

(一) 構音障礙

構音障礙較多出現於四歲前，但在五至六歲也時有發生。常見的構音障礙有：

1. 丟音

丟音即失去某個或某些詞的某個音。中文的詞都是由音節組成，每個音節包括若干個音。兒童常常丟掉組成音節的幾個音之一，更多見的是丟掉第一個音，例如：把「姥姥」說成「襖襖」，把「流」說成「油」。

2. 換音

幼小的兒童常常用一個音代替正確的音，例如：把「得」代替「哥」，用「垛」代替「做」，用「蘭」代替「男」。

3. 錯音

兒童發某些音時常常出現錯誤或混淆，例如：在發翹舌音「ㄗ」、「ㄘ」、「ㄙ」和「ㄖ」、「ㄔ」、「ㄕ」時常出現障礙。

兒童的構音障礙並不總是用成人語言中某個音清晰地代替另一個音，常表現在吐音不清、發音不準。

再者，兒童的構音錯誤往往更明顯表現在說整句話時。有的兒童能夠正確發出全部單個的音，而在說出詞時，發生構音障礙；另一些兒童在說單個的詞時並沒有問題，在朗誦兒歌連續說出許多詞時便會出現障礙。

最後，兒童的構音障礙主要出於不掌握正確的發音部位和發音方法，例如：把「姥」說成「襖」就是丟掉了「ㄌ」音，「ㄌ」是邊音，發這個音時需要用舌頭頂住齒齦，舌頭的肌肉向中間收縮，使氣流在中間受阻，從舌頭的兩邊出來，幼兒沒有掌握這些部位的活動和發音方法；又如有些幼兒不會發「ㄈ」音，是由於「ㄈ」是唇齒音，幼兒不會用牙齒咬住下唇，移動下齶。

造成兒童構音障礙的原因以及輔導有三：

1. 生理成熟問題

屬於這個方面的原因，只要加強引導，藉由示範（如讓兒童注意看口形），向兒童講解發音方法，或透過練習（如練習說有關的兒歌或繞口令之類），可使兒童隨著年齡的增長而消除障礙。

2. 糾正兒童不良的習慣性說話方式

建立良好的說話習慣。如有的幼兒說話時張嘴幅度過小，有氣無力地不認真發音，有的嬌聲嬌氣地吐字不清。對這些孩子，只要成人堅持正確的要求，耐心培養，即可消除障礙。

3. 防止語言環境中的錯誤榜樣

周圍成人發音不準，是語言環境中對兒童形成構音障礙的因素之一，因為兒童的錯誤發音往往是由模仿成人的錯誤而來。所以，應該盡可能為兒童提供正確發音的榜樣，以免兒童以錯誤發音為榜樣，至少應讓兒童知道哪些是錯誤的發音。

(二) 口吃的矯正

1. 口吃的類型

口吃屬於言語流暢方面的障礙。口吃常見於二至四歲兒童。兒童的口吃有兩種情況，一種是「發展性口吃」，即兒童因不成熟出現的說話不流暢，隨著年齡增長會逐漸消失，短則持續一至二個月，長則可能至一至二年，入小學後逐漸消失；另一種是成為頑症的口吃。家長或教師的任務是及早發現和幫助兒童克服說話不流暢的障礙。

2. 判斷兒童口吃類型的指標

(1) **不正常的重複發音**：和正常人說話的重複不同，往往是單音的重複，或不完整的重複，如「那、那、那、那（四次）個球⋯⋯」，比正常的一般重複次數多，常常在三次以上。

(2) **拖長發音**：說話中常常不正常地把一個字拖得很長，如「我——是男孩」。不正常的重複和拖長音一般出現在每句話開頭的時候。

(3) **遲疑發音或非正常的停頓和間斷**：例如：把一個詞分開，說「我今、天⋯⋯」。口吃兒童說話的不適當的停頓達二秒鐘以上。

(4) **過多的插入語**：口吃兒童說話時，常常加入一些不必要的插入語或插入音，如「呃⋯⋯呃」或「那⋯⋯那」、「這個⋯⋯」等。有個兒童講故事時說：「呃、呃，從前有一個、那、那小姑娘⋯⋯。」這種插入語和人們正常說話中的口頭語不同，常在於其插入意義不當或插入的多是單音。

此外，還有一些伴隨性表現，例如：在上述說話不流暢的同時，伴有音調或聲音的改變，把聲音拉得很緊，或者音調變得很尖，或是嘶啞。有時伴有多餘的動作，如聳肩、眨眼、伸舌、甩頭、跺腳等。有的幼兒由於意識到自己語言不流暢的缺點，因而迴避說話；前述現象，都值得注意。

3. 口吃的對策

口吃的原因有模仿問題，也有的是出於心理緊張或壓抑，應針對具體誘因和具體情況決定對待兒童口吃的態度和措施。

(1)消除模仿的對象。有時幼兒因同儕說話口吃覺得好玩而模仿，只要模仿對象消失後，口吃現象也就隨之消失。

(2)不要隨便給兒童戴上「口吃」的帽子，要謹慎區別發展性語言流暢障礙和真正病態的口吃，父母也不必過於焦慮，以免使兒童情緒受感染。

(3)解除緊張是矯正口吃的主要方法。要為兒童創造輕鬆的環境，切勿因口吃而加以責備，因為兒童越是緊張，口吃現象越是加重；要耐心地聽兒童把話慢慢說完，不要在兒童結巴時打斷他的話，以免增加兒童的緊張感；和兒童玩語音遊戲，讓兒童在遊戲中流利地發音，或者和小朋友一起說或唱。

(4)為兒童樹立良好榜樣。家長和老師對兒童說話時，不要過快，要用溫柔、流利而平穩的語調。提問題時，不要一次過多以避免兒童說話時有急躁情緒；也不要重複兒童的說話方式，避免說：「不要這樣說！」以免變成反面的強化。

(5)教兒童說話方法，如說話前先想好說什麼，然後再開始說。

(6)幫助說話不流暢的兒童樹立信心，鼓勵兒童練習，避免打擊其說話積極性，不要讓兒童當眾背誦或講述，以免被小朋友取笑，即使不是惡意的，也會打擊他的自尊心和自信心。當兒童說話有些許進步時，應多予以鼓勵。

第
五
章

兒童智力的發展與
輔導

　　兒童在出生後最初幾週裡，就能表現出一些明顯的能力，如果適度給
予機會或刺激，他就會有所反應。例如：對聲音的反應、對光的反應、對
氣味的反應等。兒童能表現出一些明顯的動作能力，例如：兒童會把手伸
向小物體，或扭轉頭努力去尋找某種聲音發生的位置，兒童的這些反應需
要對來自不同感覺通道的訊息加以識別，從而產生一種複雜的動作運動。

　　兒童除這些複雜的感知和動作能力外，還具備另一些重要的能力，如
對新情境的適應能力，形成新動作方式的能力等。隨著年齡的增長，兒童
的智力不斷發展，取得許多智力成就，到兩歲左右獲得語言能力，使兒童
能夠在全新的程度上同自己周圍的人溝通，代表著他們進入了理解和表達
的新階段；五至六歲獲得閱讀與簡單的計算能力，代表著兒童開始能掌握
基本智力工具的時期；在此基礎上形成了最初的抽象推理能力，代表兒童
智力發展進入了抽象思維階段。

　　說、讀、算以及抽象推理的能力，是兒童智力成長的成就。這些成就不僅代表著兒童智力的成長，同時也提供兒童認識世界的重要工具；另一方面，也代表著兒童智力結構發生了重大的改變。究竟什麼是智力？智力發展經歷了哪些不同的階段？每個階段智力發展的特徵是什麼？哪些因素影響智力的發展以及如何輔導？均是本章要釐清的主題。

……………… 第一節　智力的定義 ………………

一、什麼是智力

　　在兒童發展方面，我們經常談到智力（intelligence）問題，例如：「那個孩子很聰明」、「這孩子腦袋很靈光、能想出好多點子來。」我們說一個人很聰明，往往意味著這個人的智力發展得較好。智力有時又稱「智慧」，都是指人的聰明才智。

　　智力研究的歷史至今已超過一百年，但關於什麼是智力，迄今卻沒有定論。1921 年美國《教育心理學》雜誌曾特邀了十七位知名的心理學家，探討智力的性質和定義，討論的結果可歸納為三種意見：一是以生物學的觀點界定智力，認為智力是個體適應環境的能力，個體適應新生活和解決新問題能力的大小，就是智力高低的表現。智力高的個體，遇有新的環境，多能隨機應變，應付自如。如同斯騰（L. W. Stern）所言，「智力就是個體對於新的環境充分適應的能力」。二是以心理學的觀點來界定智力，認為智力是個體學習的能力，能力高的人能夠學習較難的材料，不僅學習速度快，而且學習效果亦大；反之，智力低的人，只能學習簡單的材料，不但學習時感到困難，而且學習效果甚低。三是從綜合的觀點出發，認為智力主要是抽象思考的能力，智力越高的人，越能運用其抽象思考力來解決問題，因此，他的判斷力、記憶力、注意力、想像力與創造力均表現優異。

經過幾十年的長期研究，對智力又提出了一些新的看法，但仍然是各執一說。有人認為：智力就是理解和推理的一般能力；智力是以抽象思維能力為中心的多種認知能力的綜合；智力是具有正相關的各種特殊能力的總稱，甚至有人認為智力就是透過智力測驗後所得的智商（IQ），或者乾脆認為智力就是智力測驗所測量的東西等。

1986 年，斯騰伯格（R. T. Sternberg）和狄特曼（D. K. Detterman）曾向二十五位專家進行了一項調查，請他們回答什麼是智力及怎樣度量，結果二十五位專家發表了二十四種不同的意見，眾說紛紜。由於智力本身的複雜性，各種理論又都是從不同面向對智力進行研究，故智力定義的多樣性可想而知。

從發展心理學的角度看，智力一般是指兒童對事物的認識能力，包括注意力、感覺能力、觀察能力、記憶能力、想像能力、語言能力、思維能力和初步的創造力等。在兒童後天生活中，經由兒童與其周圍環境的接觸、作用的過程中逐漸形成和發展。

綜言之，智力是兒童認識世界能力的綜合體現，是兒童完成各種活動的基本心理條件，在心理發展中占有重要地位。

二、智力理論

(一) 認知發展理論（Cognitive-developmental Theory）

1. 皮亞傑的智力發展理論

從認知的角度去研究智力的學者首推皮亞傑（J. Piaget）。在皮亞傑的概念裡，智力、適應等是同一意思。皮亞傑認為：兒童生來就表現出一系列的自動行為反應（automatic behaviorial reaction），如無條件吸吮反射、無條件防禦反射及無條件定向反射等無條件反射（non-conditionedr reflex）。隨著與環境的相互作用，在自動行為反應的基礎上建立各種條件反射（conditioned reflex）來適應環境的變化。皮亞傑認為：智力的本質就是個體適應環境的能力，這種適應是透過「同化」（assimilation）和

「順應」（accommodation）這兩種機能來實現的。「同化」就是把外界現實納入到已有認知結構的過程，「順應」就是改變已有的認知結構來適應外界現實的過程。

皮亞傑對認知的另一個術語是「平衡」（equilibrium）。他認為：兒童的智力既不是先天的遺傳，也不是後天的經驗，而是由主體與環境之間的交互作用而生，兒童在與環境的交互作用中建立自己的知識和行動基模（action schema），在這種交互作用的過程中，透過同化和順應，逐漸由舊的基模向新且更高的基模轉化。平衡是同化和順應這兩種機制的平衡，如果這兩種活動永不平衡，或者說其中的一種活動總是支配了個人的智力活動，結果是不堪設想的。同化和順應這兩種活動從不平衡到平衡的持續轉化，使兒童的智力由低向高發展。

2. 加德納的多元智能論

多元智能論係由加德納（H. Gardner）提出，他認為：人具有可以區分、相對獨立的八種智能，而每一種智能都有自己解決問題的特點，分別是：語言智能（verbal-linguistic intelligence）、數理邏輯智能（logical-mathematical intelligence）、空間智能（visual-spatial intelligence）、肢體動覺智能（bodily-kinesthetic intelligence）、音樂智能（music-rhythmic intelligence）、人際智能（interpersonal intelligence）、內省智能（intrapersonal intelligence）和自然觀察者智能（naturalist）。加德納認為：智能與人的神經生理發展有關，而且與人的社會文化環境有關，所以他把智能定義為「是在某種社會和文化環境的價值標準下，個體用於解決問題，以及產生、創造成果所需的能力。」同時，加德納認為：雖然八種智能是相對獨立的，但在現實生活中它們是有機地結合在一起的。智能僅僅是生理和心理上的潛能，其發展在很大程度上受社會文化和教育環境的影響。

3. 綜合認知能力論

一般認為：智力包括感知能力、記憶力、想像力、思維能力和創造力，其中思維能力是智力的核心，創造力是智力的高級表現。

感知能力是人對各種外界刺激感受的靈敏性、準確性和細緻性，感知能力強的人能更好地接受外部刺激。觀察力是感知能力中的最主要的要素，兒童如果能夠細緻地觀察具體事物，辨別事物的外部特徵、現象及變化，就可能更快地發現事物之間的內在聯繫。

記憶力是指人儲存知識的能力。人們借助記憶把從感知獲得的知識資訊儲存起來，同時也借助於記憶把思維的結果保存下來，記憶力與智力的好壞有一定的聯繫。

想像力指在人的頭腦中把過去感知的形象進行加工，產生一種新形象的能力。它是創造的先導，創造性的智力活動與想像力有密切關係。

思維能力是根據事物的一些特徵去推斷出其他特徵的能力，即分析、概括和邏輯推理的能力。思維是智力的核心，是智力發展的集中體現。

創造力是在已有的知識經驗解決當前問題的過程中，不墨守成規，產生出新的創造性設想，或形成新的觀念或成果的能力。每一個兒童都有潛在的創造力，只要給他們提供適當的條件和機會，這種創造力就會表現出來。兒童的創造力表現在各種各樣的活動中，例如：想像性遊戲、繪畫、自編故事、自編兒歌和舞蹈動作、利用材料製作各種東西等，他們在這些活動中創造的作品雖然沒有多少直接的社會價值，但對他們自己來說，是在從事前所未有的創造活動。

可見，每一個人的智力是由不同程度的能力組成。我們平時說某人聰明，往往是根據智力的某方面能力進行判斷的，例如：「這個人記憶不錯，真聰明！」這顯然是從記憶能力的角度去評價；有時說：「這個人腦袋很靈，反應快。」這是從思維的敏捷性去評價。

(二) 訊息處理理論

用訊息處理理論（Information Processing Theory）來解釋智力的是斯騰伯格，他是從訊息處理論的角度把智力分為成分、經驗、背景三種結構，他並認為智力就是訊息的處理過程，其中成分結構是指訊息處理的過

程，經驗結構是指利用已有的知識對新事物、新問題進行處理，而背景結構是指人對環境訊息的適應、選擇和影響。

(三)學習理論

1. 學習即智力

　　學習理論（Learning Theory）認為：智力就是學習活動。當人們遇到問題時，就會在已有的知識經驗基礎上產生學習或認識活動，解決所遇到的問題，這時智力活動就開始了。智力活動不僅可以解決問題，而且在解決問題的過程中會獲得新的知識、經驗和行動策略。人的智力有所不同，主要是因為在智力活動的過程中用不同的行動策略去解決問題。

2. 智力是學習潛能

　　學習理論的另外一種觀點：智力是學習的潛能。此觀點著眼於目前和未來的學習，智力測驗的結果是「以往的學習」。

(四)因素分析理論

1. 智力就是 G 因素

　　提出因素分析理論（Factor-analytic Theory）來解釋智力的是因素分析之父斯皮爾曼（C. E. Spearman）。他認為：任何心智活動均包括兩種因素，其一為普通因素（general factors），簡稱「G 因素」；其二為特殊因素（special factors），簡稱為「S 因素」。G 因素代表個人的普通能力，是一切心智活動的主體和智力的主要部分，個體間智力的差異即決定於 G因素量的多寡；S 因素代表個人的特殊能力，只有在某些特殊情況下（特殊工作或特殊活動）才會表現出來。

2. 流體智力和晶體智力（fluid intelligence & crystallized intelligence）

　　卡特爾（R. B. Cattell）把智力分為兩個組成部分，即「流體智力」和「晶體智力」。「流體智力」是基本的智力，如感知能力、語言能力、思維能力等，與神經生理結構和大腦的發育程度有關；「晶體智力」則是指在學習、吸收知識後產生的能力，如數學、寫作、常識等。到成年後，兩

者的發展呈明顯的不同，流體智力隨著年齡的增長而下降，晶體智力隨著
年齡的增長仍然呈上升的趨勢。

⋯⋯⋯ 第二節　兒童智力發展的階段與特徵 ⋯⋯⋯

　　關於智力發展的階段論，當以皮亞傑的理論最為著名；皮亞傑的兒
童認知發展理論是二十世紀影響最廣泛的兒童智力發展理論。皮亞傑認
為，兒童從出生到十四、十五歲，智力呈不同階段的發展，智力發展階段
是相互交替的連續發展，且在每個程度上都達到相對穩定平衡。

　　根據皮亞傑的意見，智力發展過程是由三個主要時期組成的，在這三
個主要時期裡產生並形成三個基本結構。開始形成的是感覺運動結構，而
後產生並達到相應的具體運思結構，即以外部的直觀材料為支柱來完成的
動作系統。之後才有可能形成形式運思，此時形成了形式邏輯和演繹推
理。

　　根據皮亞傑的意見，發展就是從低向高級階段的過渡，前一個階段
是下一個階段的準備，例如：具體運思就是形式運思的基礎和它的組成部
分。在發展中，不是高級階段簡單地代替低級階段，而是整合以前形成的
結構，並改造前一個階段。

　　茲將皮亞傑的兒童認知發展階段理論說明如後：

一、感覺動作期：○至二歲

　　感覺動作期（sensorimotor period）是兒童認知發展萌芽時期，也是兒
童發展的前言語時期。此時期符號機能還沒有形成，表象也沒出現，因而
此時期的重要性常常被忽略。這個時期之所以稱之為「感覺動作期」，是
因為兒童行為建立在感覺和運動協調的基礎上，依靠感覺和動作來適應外
界環境。儘管這個時期的智力程度很低，但是生命的頭十八個月認知發展
是特別的快，這種發展非常重要，因為兒童在這個程度上形成了以後構成

較複雜的智力結構。這個階段又分為兩個亞時期六個階段。

(一) 以自己身體為中心的時期：○至八、九個月

這個時期，兒童的感覺運動是以自己身體為中心進行，隨著年齡的增長，有目的的動作開始形成。

1. 反射練習階段（reflexive stage）：○至一個月

兒童生命的整個第一個月（新生兒期）是感覺運動發展的第一個階段。新生兒天生有許多無條件反射，有些無條件反射隨著年齡的增長而消退，如巴賓斯基反射、莫羅反射等；有些無條件反射並不隨著年齡而發生變化，如膝跳反射、瞳孔反射等；而有些無條件反射會隨著年齡的增長發生變化，這與適應環境和練習有關，如吸吮反射，在練習的影響下，第二天比第一天吸吮得好。出生後幾天，吸吮反射日益熟練，當母親的乳頭從孩子的嘴裡滑出來時，他能夠比第一次吸奶更容易找到它。另一方面，反射的積極重複是最初的同化，兒童逐漸對不太複雜的對象進行反射辨別。起初他試圖吸吮碰到他嘴邊的一切東西，繼而逐漸有所分化，把乳頭與其他對象區別開來，皮亞傑把兒童的這種反射經驗稱為「認知同化」。最後，吸吮活動發生遷移，兒童不僅在吃奶時吸吮，而且不吃奶時也吸吮，當他的手指頭偶爾放在他的嘴裡時，他便吸吮他自己的手指頭，而後吸吮任何碰到他嘴邊的物體，皮亞傑把這種同化稱為「遷移同化」。

2. 基本練習階段：一至四個月

這個階段又稱「初級循環反應」（primary circular reaction），是感覺運動作智力發展的第二個階段。

在這個階段裡，雖然還沒有形成真正的智力，但這是更接近真正智力的一步。此階段出現了新的、生活中習得的行為方式，如頭轉向發出聲音的方向、以視線追逐運動物體等。這種初級習得性動作變成自動化動作，稱為「習慣動作」或「初級循環反應」。「初級循環反應」是習慣的基礎。在這個階段，兒童行動方法和目的之間沒有區別，只是為動作而動作，並一再重複。他感興趣的是自己的動作，對外在環境在這種動作影響

下發生的變化暫時不感興趣。

3. 有目的的動作形成階段：四至八個月

這個階段又稱爲「第二級循環反應階段」（secondary circular reactionstage）。在這個階段裡，動作重複的目的是爲了使感興趣的印象延長，進而引起環境的變化。例如：抓住搖籃頂上的一根線，拉動它，使繫在上面的鈴發出聲音。這種動作引起了嬰兒的興趣，於是多次重複這個動作，動作和興趣相互影響，出現了所謂的「循環反應」，這也就是主體動作結果之間的「循環反應」。從這時起，我們所稱的「實際智力」或「感覺動作智力」的行爲就開始了，因爲動作重複的「方法」和「目的」之間開始分化：手段是兒童自身的動作，而目的是透過動作獲得感興趣的印象。但是這種聯繫是有偶然性的，動作所獲得的結果和所用的方法之間還沒有完全分化，因此只是處於向智力動作發展的過渡時期。

(二) 實際智力的客體化時期：八、九個月至二十四個月

4. 方法與目的分化及協調階段：八、九個月至十一個月

此階段爲方法及目的分化及協調（coordination of secondary stage），又稱爲「實際智力」，第二級基模的協調和應用階段。在這個階段，動作手段和目的已經分化，動作從一開始就明顯地表現出它是作爲達到目的的方法，目的吸引著兒童，但他還沒有達到目的的方法，要靠自己去找。起初，爲了獲得所希望的結果，把已有的動作模式（基模）組合起來，他解決最簡單的任務（摸到藏在遠處枕頭底下的物體）所使用的方法也是來自於以前的經驗。他把成年人的手拉過來，把它放在朝遠處物體的方向，或者讓它掀起蓋在玩具上的布幕，這時嬰兒開始用新方法而不是原有的方法去取得效果。不過，此階段所用的方法都只是熟悉的動作，只是運用已有的手段對付未曾遇到過的新情況而已。

在這個階段，嬰兒還出現了「物體恆存概念」，係指兒童能夠找到不在眼前的物體，如藏在枕頭下面的一個物體，即確信眼前消失了的東西仍然存在，都說明兒童有了「比較完備的實際認知動作」。

5. 發現達到目的的新手段：十一、十二個月至十八個月

這個階段又稱「三級循環反應階段」（tertiary circular reaction stage）。這一階段兒童能夠在偶然中發現新的方法或手段，開始探索達到各階段目的之新手段。例如：一個物體放在毯子上嬰兒拿不到的地方，嬰兒試圖直接取得這個物體失敗後，偶然抓住毯子的一角，看到毯子的運動同物體運動之間的關係，於是開始拖動毯子，以便取得該物體。在這個階段裡，對新動作的發現是偶然的，對這種偶然得到的動作結果發生的興趣，不是引起一個簡單的循環反應，而是立刻導致「爲了了解而進行的試驗」，這就是「第三級循環反應」。在這個階段裡，兒童每次動作的改變不大，以便觀察這種變化導致怎樣的結果。嬰兒這種對某種情境反覆試驗，不斷變換方法的動作，或多或少帶有點系統性。因此，可以說是智力發展中的一大進步；但是此階段的兒童還沒有形成按照一定方向去構成新方法的能力。

6. 智力的綜合階段：十八至二十四個月

又稱「思想形式階段」（beginning of thought），是向前運思思維過渡的階段。在此階段，兒童不僅能透過外部實際的嘗試，並且能藉由在頭腦裡組合動作基模來找到達到目的的新手段，結果是「產生頓悟」，即「突然理解」。例如：兒童面臨著一個稍微開口的火柴盒，內有一支頂針，他首先試圖打開這個火柴盒（這是第五階段的動作），失敗以後，他停止了動作，細心地觀察情況，同時把自己的小嘴緩慢地反覆一張一合，或者用手模仿一張一合的樣子。這就是在頭腦中進行了使火柴盒口張開的動作，最後，他突然把手指插進盒口，成功地打開火柴盒，取得了頂針。這種在頭腦中完成的內部動作的出現，說明產生智力的最初形態，代表感覺動作協調的完成，同時向新的階段——前運思階段的過渡。

感覺動作期的最大成就，皮亞傑稱之爲「哥白尼式的革命」。兒童從完全不能分清主客體，不能意識到自己，完全以自己的身體和動作爲中心，以及沒有客體的世界，發展到把自己看作由許多永久客體組成的世界中的一個客體。

二、運思前期：二至七歲

　　約從兩歲到七歲的發展年齡階段稱爲運思前期（preoperational period）。兒童大約在兩歲時，開始把各種符號（如詞和意象）與符號所指稱的實際事物區別開來。此時期由於符號功能的出現，兒童開始從具體動作中擺脫出來，憑藉象徵符號在頭腦裡進行「表象性思維」。此階段是感覺動作智力向概念性智力（運思思維）發展的過渡階段，又稱「自我中心的表徵活動階段」。這個階段又分爲兩個亞階段：第一個階段叫「象徵思維階段」，約在兩歲到四歲；第二個亞階段包括四到七歲這一年齡時期，叫「直覺思維階段」，這是知覺活動階段向運思思維階段轉化的時期。

(一)前概念階段或象徵思維階段（preconceptual stage）：二至四歲

　　這一階段智力活動的主要特點是運用象徵性符號（symbols），出現表徵功能或稱象徵性功能。象徵功能的產生，使兒童能夠憑著意義所借對意義所指的客觀事物加以象徵化。皮亞傑認爲：感覺動作智力能保證兒童適應物體，而無需智力的社會化；對於表象性思維，社會化是必要的，因爲表象性思維要運用語言及其他由集體認知創造的符號。他認爲：意義所借與意義所指的分化就是思維的發生，同時意味著兒童的符號系統開始形成了。

　　在此階段裡，兒童一方面可以用訊號物（signs）來代表被訊號化的事物，另一方面開始運用象徵符號。在這裡，訊號是指客觀事物本身的某一部分或事物之間因果關係的某一部分，它預示著事物的來臨。例如：聽見腳步聲，知道有人來；看見魚標下垂，想到魚兒咬鉤。腳步聲、魚標下垂都是訊號，對於訊號而言，訊號所指的就是事物的某一方面或事物之因果關係的某一方面。符號具有象徵意義，在象徵活動中，符號本身與符號所代表、象徵事物兩方面的聯繫不存在於客觀事物本身，而僅存在於主觀意識中，例如：兒童遊戲時，把木凳當火車，竹竿當馬。這裡的木凳、

竹竿就是就是象徵（意義所借）；而火車、馬等就是被象徵的事物（意義所指），木凳與火車、竹竿與馬並無關係，但兒童主觀上把它們統一起來了。

此階段兒童出現了象徵性遊戲。遊戲的象徵是兒童獨特的象徵性言語，它是兒童自己創造的，可以隨心所欲地根據自己的需要改變。象徵性遊戲不僅僅是兒童對作為一般遊戲的主體對現實同化的產物，這種同化是由兒童自己創造的象徵性言語來保證的，而兒童的象徵性言語能夠按照他的需要隨意加以改變，例如：在遊戲中，一個盒子可以根據兒童自己的需要變成娃娃的床、盤子、搖籃、浴盆和帆船等。

在象徵發展的初期，它與外部動作還有聯繫，只是逐漸地，模仿不僅成為延遲模仿，而且成為內化模仿，亦即頭腦裡的動作代替了完成的外部動作。但是，象徵與外部動作的聯繫是顯而易見的，象徵來自於模仿，離開模仿，所有其他的象徵性活動形式便不復存在；若是沒有模仿動作，就不會有遊戲的象徵。不管玩具、物體代表什麼，兒童對它做的動作都與它所象徵的對象相適應。

兒童象徵的發展不僅依賴於創造象徵符號，還依賴於掌握語言符號。一般來說，此時兒童還不勝任用語言來表達他所注意到和感興趣的事物，他們雖然也使用語詞，但它們還不是概念，語詞只是語言符號附加上一些形象而已，還不代表一類事物。由於缺少一般性的概念，因而他們常常運用從特殊到特殊的「轉化推理」（transduction），把某種個別現象硬套到另一種現象上；用「前邏輯」的直接參與而不是邏輯的間接運算，不能作從一般到特殊的推理。例如：一個三歲半的孩子看到湖邊小浪把沙土推前推後，喊道：「這像是給小姑娘梳頭！」兒童既不認識同一類客體中的不同個體，也不認識不同個體變化中的同一性；又如：他看到別人有一頂與他同樣的帽子，他會認為「這帽子是我的！」；他認為在房間裡看到的明月和在馬路上看到的雲霧遮掩的月亮不是同一個月亮。

這一階段的兒童還出現了擬人化、「泛靈論」思想，他們常常把自然界的事物人格化、生命化，例如：把太陽說成「太陽公公」，把風叫做

「風婆婆」等等。

總之，這個階段出現了符號機能和象徵機能，代表著動作基模內化的開端。

(二)直覺思維階段：四至七歲

直覺思維這一階段（intuitive stage）大約包括四至七歲。兒童此時已開始由前概念向運思階段進展，但其判斷仍受直覺調節的限制。這一階段智力活動的特點既能反映一些客觀邏輯，同時又受直接感知形象的影響，所以這個階段又稱為「半邏輯階段」，也可以說是從感覺活動階段向運思活動階段轉化的過渡階段。皮亞傑曾用下面的實驗來說明這一階段的兒童智力活動的特點。

給受試者（四、五歲兒童）兩個同樣大小、同樣形狀的小杯子 A 和 A'，由兒童同時用兩手分別向兩個杯子放入同等數量（每次一顆）的木珠。兒童知道這兩個杯子裡裝的珠子一樣多。然後，主試者把 A' 中的珠子倒入另一個又細又長的杯子 B 中，問兒童「A、B 兩個杯子中的木珠是一樣多，還是不一樣多？」有一部分兒童說，B 杯子中的珠子比 A 杯子中的珠子多，另一部分兒童則認為 A 杯子中的珠子比 B 杯子中的珠子多。為什麼會出現兩種截然相反的答案呢？皮亞傑認為：這是因為前一部分兒童只集中注意 B 杯子中珠子的高度超過了 A 杯子中珠子的高度，而後一部分兒童只集中注意 A 杯子中珠子的寬度超過了 B 杯子中珠子的寬度。這兩部分兒童都只是把注意集中於事物變化的一個方面或一個向度，不能同時注意事物變化的兩個方面或兩個向度，他們只注意到事物的某種狀態，而看不到由一種狀態向另一種狀態變化的過程。緊接著主試者又把 B 杯子中的珠子倒入另一個更細更長的杯子中，再讓兒童與 A 杯子進行比較。結果是：原來認為 B 杯子中的珠子比 A 杯子中的珠子多的兒童，現在做出比 A 杯子少的判斷，而原來認為 B 杯子的珠子比 A 杯子少的兒童現在做出了比 A 杯子多的判斷，這種判斷的變化正是兒童受直覺表象自動調節的結果。兒童看到 B 杯子變得越來越細，B 杯子珠子的高度比 A

杯子珠子的高度變得越來越高，它的寬度則越來越細，因而作出了相反的回答。

另外的一個實驗是：給兒童八個紅色籌碼和八個藍色籌碼，試驗者用紅色籌碼排成一排，要求兒童用藍色籌碼排成同樣長的一排。四至五歲的兒童按照要求的長度排了一排，但對籌碼數目不感興趣，不把兩排的籌碼對齊。皮亞傑認為：這種行為表現出原始的直覺形式，按占空間的大小來評價數量，而這是沒有分析事物之間關係的直覺。五至六歲兒童能對應著放藍色和紅色籌碼，他們根據籌碼相互一樣，從而下結論說兩排籌碼相同，但是如果把其中的一排拉長些或縮短些，他們就不再承認這兩排是相等的。兒童明明看到了既沒有撤去一個籌碼，也沒有加上一個籌碼，但是他還是斷定較長的一排有更多的籌碼。皮亞傑認為這是缺乏理性的運算，是直覺，但這是分化的直覺，而不是籠統的直覺。

從上面的例子中，我們可以看到：兒童的判斷仍基於直覺的知覺活動，還不能真正認識事物本身及事物之間的關係。由此可以看出：在直覺思維階段，兒童一方面保留著前一階段的某些特徵，另一方面又產生了後一階段的特徵的萌芽。這個時期的智力活動不是像運思思維那樣透過在可逆性基礎上的邏輯認知來調節，它所依賴的調節仍然是直覺程度的調節。不過，從另一方面來看，兒童的直覺思維已開始從一個向度朝兩個向度過渡，這意味著「守恆」即將形成，預示著運思思維就要到來。

由於直覺思維沒有運思可逆性，所以這時兒童類別、系列、空間、時間等觀念都處於缺乏守恆性的原始狀態。與前運思階段相對應的是直覺的邏輯，實質上還不是運算性的邏輯，仍屬於動作的邏輯，它是奠基於表象基礎的邏輯。由於未獲得可逆性，動作不能反向進行，因此，皮亞傑又稱它為「半邏輯」，即「半運算邏輯」，它只能使兒童發現事物之間的依存或共變關係，而不能導致守恆概念的獲得。

三、具體運思期：七至十一歲

在兒童一至七歲階段，心理發展就發生決定性的轉變，兒童的智力活

動進入了具體運思階段（concrete operations period）。所謂「運思」是心理的操作，是外部動作內化為頭腦內部的動作（操作），致使兒童的認知方面、情感生活及社會關係方面，都有了新的發展可能。皮亞傑認為：兒童七歲後就能和別人合作了，因為他不再把自己的觀點和別人的觀點混為一談，他能夠把他們聯繫起來，使他們彼此協調一致。這樣一來，他們就可以理解對方的觀點，與對方交換意見和為自己的觀點找到證明。此年齡的兒童所作的推理不再像學前兒童那樣行為衝動，他們經常在行為之前分析自己的情境。按照皮亞傑的看法，思維不外乎是在內部進行的討論，也就是兒童自己和自己交換意見。

在皮亞傑看來，所謂「運思」就是一些較普遍的、內化的和可逆的動作。運算在任何時候也不是孤立的，它們始終協調為一個系統；同時它們也絕不是單個主體所特有的，而是處於同一個智力發展程度上的所有人共有的，不僅個人判斷要運用運思，而且人們彼此的交往過程也要運用運思。運思的典型特徵是可逆性，兒童數量關係守恆表象的形成是衡量可逆性表現的心理學標準。

具體運思期智力活動有以下特點：

1. 具體運思的最重要的特點表現在它的「具體性」上。也就是說，這種認知活動還離不開具體事物的支持。有些總是在具體事物的幫助下可以順利解決，但在純粹的語言表述情況下進行推理，就會感到困難。

2. 具體運思階段具有可逆性。可逆性意味著能夠掌握各種事物具體變化的本質關係，例如：晝夜的變化、物體的增加與減少等。可逆性有「逆向（A←B）」和「互反（A↔B）」兩種形式。「逆向性」又稱「反演性」或「否定性」，它是分類運算的基礎；「互反性」又稱「互換性」，它是序列運算的基礎。也就是說，具體運思的邏輯是類的邏輯和關係的邏輯，兒童只是把這種邏輯運用於具體對象之間。

3. 具體運思階段具有守恆性。守恆的原則意味著一個或一群物體的某種特性，即使物體的其他特性產生變化時仍保持不變。運思前期沒有守恆概念，例如：讓兒童比較大小相同的兩個球形泥團，當著他的面把其

中的一個泥團搓成長形，兒童會認爲搓長了的泥團比原來的大了。具體運思期的兒童開始持續不斷地理解各種形式的守恆觀念。

4. 具體運思階段具有靈活性。這種靈活性與此階段的可逆性和守恆性有密切關係；可逆性和守恆性是兒童運思的重要特徵，同時也使兒童的智力活動具有靈活性。

具體運思階段的兒童產生了「類別」的認識，形成類別的概念，也出現了對物體的長度、質量、體積、面積、重量等守恆觀念，兒童對物質世界的認識向前跨了一大步。但是，具體運思只是運思發展的初步，此階段的兒童與形式運思階段相比，有兩個突出的特點：一是具體運思階段還不能離開具體事物的表象，要以具體表象爲支柱；二是具體運思還不是一個完善的整體結構，比較零散，兩種可逆性仍然比較孤立，類別和關係還沒有綜合到一個系統中。

四、形式運思期：十一歲以後

如果說具體運思始終是與客體相聯繫的（具體運思期的特點之一是具體性），則形式運思期（formal operations period）就是擺脫了具體事物的束縛，在假設或命題的基礎上實現。在具體運思階段，如果讓一個兒童在具體操作的基礎上把完成的任務用口頭提出來，那就可能得不到正確的答案。例如：兒童能夠在具體操作的過程中把客體排成序列，但是當問他：「A的頭髮比L的黑，A的頭髮比S的淺，他們三個人中誰的頭髮最黑？」時，兒童回答：「A和L的黑，A和S的淺，L的最黑，S的最淺，A的不深不淺。」兒童在學校解數學題時，對於類似的問題也感到困難。

兒童對於透過具體物體操作能輕而易舉完成的任務，如果成人以問題的形式向他提出時，他就感到困難。這是因爲前者是具體的，後者則要求與假設聯繫起來，而不是與具體的物體聯繫起來推論。

在形式運思階段，我們可以看到問題呈現的形式和問題本身的內容被澈底區分開來，正由於有了這種區分，兒童才能夠對於他沒有把握的說法進行正確的推論──他開始把這些說法看成是可能推導結論的假設。

　　心理學家對皮亞傑的實驗進行驗證性研究，或針對皮亞傑的實驗進行些批評性的實驗研究，基本上肯定了皮亞傑的理論，但也指出了皮亞傑理論中的不足，認為皮亞傑的認知發展理論對兒童認知發展的描述低估了兒童智力的發展，在智力發展階段的劃分也與皮亞傑有所不同。這種實驗研究上的差異可能與這些實驗研究在研究對象、內容、方法等方面和皮亞傑的研究有所不同有關。

·········· 第三節　兒童智力發展的常模 ··········

　　人們認為智力是可以觀察和可以測量的。隨著智力理論的發展，智力測驗相繼產生，並且成為心理測驗中影響最大、最為普遍的測驗。

　　所謂「智力測驗」，是透過測驗的方式來衡量人的智力程度高低的一種科學方法。由於智力被看作是人的各種基本能力，如注意力、記憶力、想像力和思維能力的綜合，所以智力測驗也稱為普通能力的測驗。智力測驗的目的不同，其所採取的方式、測驗的對象、內容等也就不同。例如：有的智力測驗是為了鑑別兒童的智力程度，以利因材施教；有的是對心智缺損做早期診斷；有的是為任用、篩選、考核人員提供依據等。無論何種智力測驗，結果常以分數的形式表現出來，這個分數說明什麼呢？如何進行解釋？它在同一個測驗對象總體中處於什麼樣的地位？這就涉及到智力常模問題。

一、智力常模及其意義

(一)什麼是智力常模（intelligence norm）

　　如前所述，智力測驗的分數若要變得有意義，就必須對它加以解釋說明，而智力測驗結果的解釋必須要有參照指標方具意義。主要參照指標為常模參照分數，它是最常見的衍生分數，這種分數是把受測者的成績與具

有某種特質的個人所組成的有關群體作比較，根據一個人在所比較群體內的相對等級來解釋他的成績。在這裡，用來作比較的參考群體叫做「常模群體」或「常模團體」，或稱「標準化樣本」。「常模群體」的一般平均分數叫做「常模」，「智力常模」就是智力測驗結果的參照指標，它是依據相應的測驗對象群體的智力平均程度或成績制定出來的。每一種智力測驗都有它的智力常模，沒有常模的智力測驗則缺乏意義。就如西方國家較常採用的兒童智力量表——魏氏兒童智力量表（Wechsler Intelligence Scale for Children; WISC），1974 年修訂量表 WISC-R 的常模，是以 3,200 名六至十六歲兒童為標準化樣本，每一年齡有男女兒童各 100 名。根據標準化測驗的施測結果，以每四個月為一個年齡組，分別計算出每個組的量表分和智商分的平均值，為以後測驗不同年齡階段的兒童提供了常模表。

智力常模上的分數是以一定的統計方法，由原始分數轉化到量表上的衍生分數，如智商、智力年齡、標準分數等。有了衍生分數，我們才可以對測驗結果作出有意義的解釋，例如：知道受試者的原始分數，便可以在常模表上查到相應的量表分數和智商分數。

(二) 智力常模的意義

智力常模的意義在於對測驗的分數作出確切的解釋。無論智力測驗的目的是什麼，最後總要對測驗結果進行解釋，使測驗結果具有意義。

施測之後，把受試者的反應與答案進行比較，即可得到每個受試者在測驗上的分數；這個分數可能是正確回答的題數，也可能是符合某一群體的典型反應的數量，還可能是完成測驗所需要的時間或等級評定等。類似這種直接從測驗中得到的分數叫做「原始分數」。原始分數本身沒有多大意義，例如：一個兒童某一套測驗題的得分為「85 分」，由此既不能看出這個兒童答得好壞，也不能看出程度的高低。為使原始分數有意義，同時也使不同的原始分數可以比較，必須把它們與常模上的參照點進行對照，才能對測驗結果作出有意義的解釋。

二、兒童智力常模的制定

制定兒童智力常模一般需要以下三個步驟：

(一) 確定有關的比較群體

當一套信度、效度、鑑別度等指標都比較高的智力測題制定好後，選定某一或某幾個年齡階段的兒童作為常模群體，任何一個測驗都有許多可能的常模群體。由於個人的相對等級會隨著比較常模群體的不同而發生變化，所以在制定常模時，首先要確定常模群體，而對測驗分數進行解釋時，也要考慮常模群體的組成。

對於智力測驗的編製者來說，確定常模群體，要先確定測驗將用於什麼群體。如果群體較大，常模團體應是該群體的代表性取樣。

在確定常模團體時，應注意以下問題：

1. 在制定常模時，要清楚地說明所要測量的群體的性質和特徵。可以用來區分和限定群體的變項很多，如年齡、性別、社會經濟地位等。用不同的變項來確定群體，可以得到不同的常模。

2. 常模團體必須是所要測量群體的代表性取樣。常模團體缺乏代表性，會使常模資料產生偏差而影響對測驗分數的解釋，其中多樣本的代表性與取樣的策略、樣本中個體的分布等因素有很多關係。為儘量克服取樣偏差，在蒐集常模資料時，一般採用隨機取樣或分層隨機取樣的方法，有時也把兩種策略結合起來使用，例如：要把一智力測驗應用於全國，在常模團體的組成上，城鄉比例、男女比例、年齡、職業、文化程度，以及社會經濟地位等的人數比例，都應與總人口的對應特徵進行一致地分層，然後再進行隨機取樣。

3. 樣本的大小要適當。一般說來，取樣誤差與樣本大小成反比，所以，在條件允許的情況下，樣本越大越好，這樣可以為智力測驗提供穩定的常模值。但究竟應該大到多少，並沒有嚴格的規定。

4. 應詳盡描述取樣的過程。在一般的測驗手冊中，大都有相當的篇幅介

紹常模團體的大小、取樣策略、取樣時間以及其他有關情況。如果只說「常模資料來自於 1,000 名幼兒」是不夠的，還要說明這些幼兒選自哪些地區、哪些幼兒園、哪些家庭，以及年齡分布、男女人數等。描述越詳盡，越便於使用者判斷自己的受試者與常模團體是否有可比較性。

(二)獲得該團體成員的測驗分數

透過取樣確定兒童智力測驗團體後，要對團體中的每一個成員進行相同條件的測驗，並詳細記錄測驗過程，不僅要準確記錄兒童每次答題的結果，還要記錄兒童的答題反應。測驗前要使兒童處於正常狀態，不可使兒童過於緊張或興奮，也不能在兒童疲勞時測驗。

(三)把原始分數轉換為量表分數

智力常模是解釋兒童智力測驗分數的依據，這些依據是團體成員（樣本）測驗分數的衍生分數。用智力常模解釋兒童智力測驗分數的衍生分數較多，現簡單介紹幾種。

1. 智力年齡（mental age, MA）

1908 年修訂的比納—西蒙量表（Binet-Simon Scale）中開始用年齡作單位來測量兒童的智力。其原理是，某個年齡的兒童能夠完成的題目代表該年齡兒童智力的程度，如大多數五歲的兒童能夠通過的題目代表五歲兒童智力的程度，大多數七歲的兒童能夠通過的題目，代表七歲的智力程度。如果為每個年齡都編製一些適當題目的話，便可得到一個評價兒童智力發展程度的年齡量表。一個兒童在年齡量表上所得的分數，是代表他智力程度的年齡；這種分數就代表智力年齡，簡稱「智齡」。求智齡的方法很簡單，只要把某個兒童的反應（如正確回答的題數）與各年齡組一般兒童比較，便可給予該兒童一個年齡分數。假如一個兒童能正確回答一般八歲兒童的題目，但對九歲兒童的大部分題目回答不正確，則該兒童的智齡為八歲。

一個兒童的智齡並不一定和他的實際年齡（chronological age, CA）相同，聰明的兒童其智齡高於實齡；資質普通的兒童智齡則與實齡相近似。

2. 智商（intelligence quotient, IQ）

單純用智齡來解釋兒童智力的發展程度有許多缺陷，例如：智齡爲六歲，對於四歲、五歲、六歲和七歲兒童來說具有不同的意義。爲了避免單純用智齡所產生的缺陷，德國心理學家斯騰提出以智商來作爲測量兒童智力發展程度的指標，它是用智力年齡除以實際年齡所得的商數，因此又稱爲「比率智商」。推孟（L. Terman）在 1916 年採用了智商的概念，智商（IQ）被定義爲智齡（MA）與實齡（CA）之比。爲避免結果出現小數，將商數乘以 100：

$$IQ = \frac{MA}{CA} \times 100$$

根據這個公式，如果一個兒童的智齡等於實齡，其智商就爲 100；IQ 等於 100 代表正常的或平均的智力；IQ 高於 100，代表發展較佳，低於 100 則代表發展遲緩。智商不僅有量的意義，還具有質的意義，例如：IQ 爲 50，代表嚴重的智力落後，而 IQ 爲 150 則表示具有極優秀的智力。

總之，把原始分數轉化爲量表後，形成常模，便可以對個人或團體施測，所得分數可以表示在這個常模內的相對等級。

三、兒童智力常模的運用

兒童智力量表比較多，如魏氏兒童智力量表（WISC）、魏氏幼兒智力量表（WPPSI）、芮文式推理測驗量表等。不同量表的常模是不同的，即使是同一個智力量表，也可能有不同的常模，如芮文式推理測驗量表就有農村兒童和城市兒童兩個常模。

在運用兒童智力常模時，應注意以下幾個問題：

(一) 常模形成的時間

有的兒童智力量表的常模可能形成得比較早，如果距今有十幾年或幾

十年一直沒有再次修訂的話，其對當今兒童的適宜性就值得考慮。

(二) 常模團體的構成

兒童智力測驗常模團體的來源、構成等訊息對於常模的運用十分重要，因此，要了解清楚這些訊息，例如：常模是來自哪個地區、常模採集的方法、常模的內部構成等，而確認此常模團體是否與將要實測的對象有相同或相似的特徵。

(三) 智力常模的類型及其解釋

常模類型是多樣的，有的用智力年齡表示，有的用智商表示，還有的是用標準分數、百分位元數等數值來表示。常模的類型不同，其對智力的解釋亦不同。無論哪種數值，都有自己的缺點，不能充分說明兒童智力發展的全部，也不能十分確切地說明兒童智力的發展程度，只能說明兒童智力發展的概括，或者他在相同團體中的相對等級及地位。

兒童智力常模是兒童智力測驗和對測驗結果進行解釋的參照，因此，我們必須對兒童智力測驗有正確的認識。

1. 智力測驗只能知道他目前的情況或者說是過去的情況，至於他是如何達到這種狀況的則無法知道。

2. 一個兒童在任何一個智力測驗上的分數，都受到他的遺傳特徵、學習或經驗，以及測驗情境的影響，例如：相同智力測驗的分數對於大城市的孩子與偏遠山區的孩子可能具有不同的意義。

3. 由於測驗不是完全可靠的，應該永遠把測驗分數視為一個範圍而不是一些確定的點，或者說測驗分數不是精確的指標，而是我們對某兒童智力發展程度的最佳估量。

……………… 第四節　兒童智力發展的影響因素 ………………

影響兒童智力發展的因素甚多，主要可區分爲客觀因素和主觀因素等兩個方面，茲分述如後：

一、客觀因素

影響兒童智力發展的客觀因素，主要指那些與兒童智力發展聯繫的客觀現實，如生物因素、環境因素等。

(一) 生物因素

兒童智力的發展，離不開其特定的生物基礎，如神經系統的結構和發展、動作的形成與發展等。具體地說，生物因素包括遺傳特質和生理成熟度。

1. 遺傳因素

遺傳因素對兒童智力發展的具體作用表現在下列兩個方面：

(1)**爲兒童智力發展提供最基本的自然物質前提**：遺傳條件中，腦和神經系統高級部位的結構機能與智力發展程度有直接關係，是智力得以發展的自然物質前提。由於遺傳缺陷造成腦發育不全的兒童，其智力障礙往往難以克服。猩猩在良好的人類生活條件和精心訓練下，其智力發展的極限也只能達到幼兒的程度。這些事實反向證明了正常的遺傳條件對於兒童智力發展的前提作用。

(2)**遺傳特質奠定兒童智力個別差異的最初基礎**：爲了證明遺傳特質對智力的作用，人們從血緣關係的研究入手，研究血緣關係的親疏遠近與智力差異的一致性。

一些同卵雙生子的研究說明：同卵雙生子有近乎相同的智力，同卵雙生子是由一個受精卵分裂爲二，逐步發育而成，具有相同的遺傳特質，其中英國心理學家伯特（C. Burt）的研究證明：在一起長大的無血緣關係的

兒童，其智力相關很小，而有血緣關係兒童間的智力相關則依家族譜系親近程度逐漸提高，同卵雙生子的智商有很高的相關（見表 5-1）。

表 5-1
不同血緣的兒童智商關係

遺傳變數	同卵雙生		異卵雙生	非孿生兄弟姐妹	無血緣關係兒童
環境變數	一起長大	分開長大	一起長大		
智商相關	0.87	0.75	0.53	0.49	0.23

美國教育心理學家詹森（Jenson, 1969）針對不同血緣親屬關係間的智商相關綜合資料指出：人的血親關係越密切，智商分數就越接近（見表 5-2），例如：血緣關係最密切的同卵雙生子間的相關係數（r）為 0.87；父母子女、同胞兄弟姊妹（包括異卵雙生子）間 r 係數為 0.56、0.55；祖孫、叔侄間 r 係數為 0.27、0.34；而無血親關係如養父母與養子女間 r 係數則為 0.20。可見，這些相關係數的大小與血統的親疏成正比，遺傳關係越近，智力發展越相似。

表 5-2
血緣關係與智商的相關

	血緣關係	IQ 相關（r 係數的中數）
無血緣關係	無關係兒童：分養	−0.10
	合養	0.23
	養父母與養子女	0.20
旁系血親	堂、表兄弟姊妹	0.16
	堂、表叔侄、舅甥	0.26
	姨侄、舅甥	0.34
直系血親	同胞：分養	0.47
	合養	0.55

	血緣關係	IQ 相關（r 係數的中數）
	異卵雙生子：不同性別	0.49
	同性別	0.56
	同卵雙生子：分養	0.75
	合養	0.87
	祖父母與孫子女	0.27
	父母與子女	0.50
	父母（兒時）與子女	0.56

　　林崇德（1981）的研究對比了類似或相同環境長大的同卵雙生子和異卵雙生子的運思能力和智力品質，發現同卵雙生子的相關係數大於同性異卵雙生子的相關係數，同性異卵雙生子的相關係數又大於異性異卵雙生子，即遺傳因素越近，相關係數越大（表 5-3、5-4）。

表 5-3
同、異卵雙生子運思能力的對照

年齡階段	幼兒	小學生	中學生
同卵雙生	0.96	0.90	0.81
同性異卵雙生	0.91	0.71	0.50
異性異卵雙生	0.86	0.54	0.42

表 5-4
同、異卵雙生子智力品質的對照

品質	敏捷性	靈活性	深刻性	差異的考驗
同卵雙生	0.74	0.81	0.62	$P < 0.05$
異卵雙生	0.56	0.72	0.48	$P < 0.05$

　　以上研究顯示：遺傳素質的不同，是兒童智力發展差異的最初基礎。除了血緣關係的研究證明遺傳特質與智力差異有關外，遺傳缺陷與正常兒

童的智力也明顯存在差異。如唐氏症兒童的智商平均僅在 25 ～ 50 之間，這些兒童與正常兒童間的智力差異基本上都是由遺傳因素造成的。

2. 生理成熟

生理成熟是指有機體生長發育的程度，也稱爲「生理發展」。顯而易見地，兒童智力的發展受到生理成熟、特別是神經系統發育程度的制約。

生理成熟有其自己特定的生物規律，主要體現在生理的各個系統、器官和組織結構的發展變化上，例如：兒童大腦皮質各區域的發展成熟順序是枕葉→顳葉→頂葉→額葉，每個兒童大腦皮質的成熟情形都毫無例外地遵循著這樣的規律。正是因爲生理成熟的規律，特別是腦的機能和結構成熟的規律，使得兒童智力發展也呈現出相應的規律和發展階段。

(二) 環境因素

除遺傳和生理成熟對兒童智力的發展有所影響外，在大多數情況下，環境是另一個影響智力發展的重要因素。如果說生物因素只是兒童智力發展的自然前提和物質基礎，或者說是兒童智力發展的潛能，那麼環境因素就是把生物因素提供的可能性變爲現實，透過環境的影響使智力發展的潛能顯露出來。

兒童智力發展的環境，包括胎內環境和出生後的外部環境。

1. 胎內環境

在兒童的身上，並非一切「與生俱來」的東西都是遺傳的特質。事實上，人從受精卵起就受到環境的影響，有些與生俱來的特徵並不是遺傳獲得的，而是在胎兒時期由於胎內環境使之形成。胎兒不是生活在眞空中，從受胎到出生一直和母體內環境進行著相互作用，母體與胎兒是一個統一體，兩者相互關聯。母體的心理（如情緒等）、生理（如營養、年齡等）、病理狀態及飲食起居（如藥物、菸酒等），對胎兒的生長發育均產生直接的影響。另外，外界環境也透過母體影響胎兒，如輻射、噪音等環境汙染影響胎兒神經系統的發育。

2. 外在環境

外部環境是指兒童周圍的客觀世界。與兒童智力發展有關的外部環境包括社會生活環境、家庭環境、教育條件等，我們所說的對兒童智力發展具有決定性作用的環境，主要是指外在環境。

(1)**社會生活環境**：不同的社會生活環境，其社會生活條件、生產水準、社會氣氛可能會有所不同，區域條件、教育條件、文化特徵、傳統習俗等亦會有所不同，而這些因素會在一定程度上決定兒童智力的發展。

兒童的智力與動物的本能有本質的不同。動物的本能是與生俱來的，它本身就能夠適應環境，而兒童的智力最初只是表現為一種潛能，需要透過教育、社會生活及文化的影響等方式不斷地開發。社會生活條件和教育是影響兒童智力發展的重要因素。社會生活環境，包括兒童的同儕關係、同儕之間的交往、遊戲等，對兒童智力發展有一定的促進作用。

(2)**家庭環境**：兒童接觸最多、與兒童關係最密切的環境是家庭環境。首先，家庭的生活條件和生活方式影響兒童智力的發展，這是因為在兒童出生後的發育，與家庭生活條件有直接關係。兒童大腦的發育，需要豐富而均衡的營養，營養不良會使兒童大腦發育遲緩，從而影響智力的正常發展；而家庭生活方式與條件，特別是家庭育兒方式，直接影響兒童智力的發展。

其次，家長的教育影響兒童智力的發展。兒童的智力潛能需要不斷地去開發，特別是早期的智力開發尤為重要。由於家庭是兒童最主要的生活環境，所以家長的教育是否能有效地開發兒童的智力便十分重要。

再次，家庭的親子關係是兒童智力發展的重要因素。家庭中的親子關係受到越來越多研究的重視，人們也認識到兒童智力的發展與父母給孩子刺激的質量有關。

(3)**教育條件**：良好的社會教育條件是現代文明的重要表徵之一。教育的重要任務之一就是開發兒童的智力，所以教育條件的好壞，及其能否有效地開發兒童的智力，一定程度上決定兒童智力的發展。

二、主觀因素

影響兒童智力發展的主觀因素是指兒童的心理內在因素。兒童智力的發展不是被動地接受客觀因素影響結果，客觀因素的作用不能機械地決定兒童智力的程度。事實上，兒童智力發展的過程中，始終存在著主觀因素的作用，如果沒有主觀因素的驅動，所謂客觀因素的決定性作用就不可能實現。

影響兒童智力發展的主觀因素，主要包括兒童的動作和活動、經驗、認知需要、對智力活動的意識等。

(一)動作

動作的發展與智力的發展有密切的關係。德國哲學家康德（I. Kant）曾說過：「手是外部的腦髓」。這句話是對動作與智力發展關係的一種形象的概括。

從兒童和動物動作發展的比較中，我們可以看出兩者存在著本質的區別，兒童在動作發展上一開始就採取了與動物完全不同的路線。很多動物常常從出生的第一天起就會行走，在很短的時間裡便具有發展得很好的動作能力，而兒童的動作發展直接與大腦皮質的功能和程度有關。在出生後的半年裡，首先發展的是一些感覺能力，至於動作，特別是爬的動作、手的動作和行走的動作則發展較晚。這說明了兒童的高度複雜的動作，特別是手和行走的動作，是在大腦皮質的參與和控制之下發展起來的。動作和智力的發展，對大腦皮質的依賴是共同的，神經系統的功能和特性，既是智力、同時也是動作發展的生理基礎和影響因素，動作和智力的發展反過來也可以促進大腦皮質的成熟和功能的改善。因此，發展動作可以促進兒童智力的提高。

手部動作的發展對兒童智力發展具有重要意義。中國有句老話：「手巧心靈」。手的動作的發展，不僅使兒童獲得了關於物體的各種訊息，同時，抓握動作、五指分工、雙手並用和眼手協調動作的發展，不僅促進了

大腦皮質的發育，而且豐富了兒童的表象和經驗，藉由手部動作，兒童實現了物體的操作，使他認識到了事物之間的各種關係和聯繫，從而使兒童的智力活動不斷深刻，智力程度不斷提高。

行走，對兒童智力發展也具有重要意義。兒童從最初只能被動地處於某種姿勢，逐漸發展到翻身、爬行和站立並行走，使兒童具有主動接觸各種事物的能力。隨著兒童活動範圍的擴大，兒童認識活動的範圍也擴大了，各種感知能力如動覺、視覺和空間知覺能力進一步發展起來，促進智力的進一步發展。

智力作為動作和活動的一種結果，並不是動作和活動的副產品或附屬現象，而是始終積極地參與在動作和活動之中。從這個角度來講，發展動作會促進智力的發展。

(二) 經驗

經驗，從心理的形式上來講是一種表象、記憶，從內容上來講可以是知識、經歷或體驗。無論從形式或是從內容上來看，經驗是影響兒童智力活動的重要因素。一方面，經驗可以為兒童的智力活動提供豐富的表象和背景知識，促進智力的發展；另一方面，智力活動反過來豐富兒童的經驗，為智力的進一步發展提供條件。

(三) 認知需要

對兒童來說，認知需要表現為對智力活動的積極性、主動性，對客觀事物的好奇心、求知慾。從發展智力的角度看，客觀條件作用的發揮，往往取決於兒童對認知活動的積極性、主動性，取決於兒童對智力活動對象的好奇心，取決於兒童的求知慾望。

(四) 對智力活動的意識

隨著年齡的增長，兒童的自我意識逐漸發展和形成。其中對自身智力活動的意識，使兒童能夠在解決問題時，運用一定的策略，從而有效地解

決問題。解決問題的策略不同，一定程度上反映出智力的發展程度。

以上分析了影響兒童智力發展的因素及其作用，不難看出任何一種因素都不能單獨地決定兒童智力的發展。遺傳特質和生理成熟為兒童智力發展提供了自然條件，環境和教育為兒童的智力發展提供了社會條件，這種自然條件和社會條件之間存在著相互制約、相互依存的關係，而且這些條件對兒童智力發展的作用也受兒童自身的主觀因素所影響。

此外，皮亞傑對於影響兒童智力發展的因素有另一番解釋。皮亞傑認為：在智力發展的過程中，雖然所有的人都依循智力發展的四個階段，從幼稚到成熟，但由於每個人的稟賦不同，經驗各異，其智力的發展速度、程度也有區別。皮亞傑提出了影響智力發展的四個因素：

(一) 成熟

成熟對於智力發展的主要影響，在於人的神經系統和內分泌系統的發展。皮亞傑認為：隨遺傳而來的神經結構在一定程度上阻礙或促進智力的增長，兒童智力發展的各個階段都是以一定的生理成熟作為前提。

(二) 實際經驗

實際經驗對於兒童智力發展有很大的作用。皮亞傑認為：兒童對於事物的認識和操作，必須透過兒童對事物的實際接觸，主動地獲得關於事物的經驗。

皮亞傑把經驗分為「練習經驗」、「物理經驗」和「數理邏輯經驗」三種。練習經驗是指當兒童出現一種新的動作或認識機能後，他傾向反覆練習，直到熟練掌握為止，例如：幼小兒童剛剛學會走路時，總是興致勃勃地走來走去，這就是在練習。藉由練習獲得的經驗有助於已有機能的鞏固和完善。物理經驗是指兒童在與環境交互作用過程中得到關於物體的經驗，例如：兒童拍球時，球落地後反彈起來，幼兒由此得到了球可以反彈的經驗；又如：兒童用手滾動球和木塊，就會發現球能滾而木塊不能。客觀事物不僅成為兒童智力活動的對象，同時，客觀事物的各種物理現象

也不斷地激發兒童的智力活動。數理邏輯經驗是指兒童透過對客觀事物施加的各種動作所獲得的有關數量、時間、空間及邏輯的認識；例如：給兒童 10 根火柴，他把它們排成一直排數是 10，排成一圈數也是 10，排成斜線數還是 10，這時他會發現，數目的多少並不隨著排列方式的改變而改變。由此得到的經驗就是數理邏輯經驗，是對客觀事物的邏輯認識，對於兒童智力的發展具有重要作用。

(三) 社會互動

社會互動在皮亞傑的學說中具有特殊的涵義，它指的是人與人之間的思想觀念的交流和人與人之間的相互作用。社會互動對促進兒童的智力有重要作用。人類獲得的概念可以分為兩大類，一類是透過感知獲得的與物體有關的概念，另一類是透過社會互動獲得的與人類社會有關的概念，例如：兒童可以透過感知物體，獲得硬、軟、大、小、粗、細等有關物體屬性的認識，但「合作」這一認識卻無法從個體和物體相互作用的過程中來得到，它要透過與別人的交往、共同活動等中逐漸理解。

(四) 平衡

平衡是促使兒童智力發展的內在因素，兒童在與他人、事、物交互作用的過程中產生認識上的不平衡，並產生進一步認識的動力，經由不平穩到平穩來達到智力的發展。

以上每個因素都是智力發展的必要條件，任何一個因素都不可能單獨地助長智力的發展，共同影響著兒童智力的發展。但是，由於各項因素的條件有所不同，致使每個兒童的發展也有所不同。

實際經驗是促進兒童智力發展的重要條件，無論是練習的經驗、物理經驗和數理邏輯經驗，都來自兒童與環境的接觸，都來自兒童主動地作用或操作物體，因此應給兒童更多與環境互動的機會，不要以為知識總是來自於成人的口中。

此外，要重視成人和兒童、兒童和兒童之間的交流和相互作用，若是

沒有這些相互作用，兒童將無法形成社會互動的要領。

················· 第五節　兒童智力發展的輔導 ·················

一、遵循兒童智力發展的規律

兒童智力的發展既表現出一定的、共同的規律，也表現出個別差異。

(一)兒童智力發展的高原期

人的智力發展有一定週期，經過一定年齡之後，智力趨向衰退。有研究指出：智力到二十六歲停止增長，二十六至三十六歲間保持不變，隨後則下降；由此形成了一條智力發展的曲線，其中最高的一段稱為「高原期」。至於高原期的具體年齡，則各研究因取材不同而有不同的結論，有人甚至認為智力發展持續到六十歲。智力結構的複雜性和環境及個人實踐對智力發展的影響，是導致結構不同的原因。不論是哪種結論，都可以肯定地說：兒童時期的智力始終是保持發展和上升的。

(二)兒童智力發展的速度

兒童出生後的頭幾年是智力發展最迅速的時期，形成了先快後慢、不斷上升的智力發展曲線。

布魯姆（Bloom, 1960）蒐集了二十世紀前半期多種對兒童智力發展的縱向追蹤資料和系統測驗的資料，進行了分析和總結，發現兒童智力發展有一穩定的規律。各種測驗的時間和條件雖然不同，其所得的曲線卻非常相似，且經過統計處理，得出了兒童智力發展的理論曲線，此曲線描述了兒童智力隨著年齡的增長而發生速度上變化。

布魯姆以十七歲為智力發展的最高點，假定其智力為 100%，得出各年齡兒童智力發展的百分比：

一歲	20%
四歲	50%
八歲	80%
十三歲	92%
十七歲	100%

從前述數位可以看出，出生後頭四年兒童智力發展最快，已經發展了50%；四至八歲即出生後的第二個四年，又發展了30%，其速度比頭四年減慢，之後速度更慢。

布魯姆關於兒童智力發展的理論曲線，具體地說明了兒童時期智力發展的情形，並說明了學前時期兒童智力發展的快速和重要性，前述理論常被引用。但需注意的是：第一，布魯姆所描繪的曲線只是理論上的曲線；第二，智力數量化只在一定程度上有參考價值，不能絕對化。因為智力發展與身體的發展（如身高）不同，身高的發展有尺可量，例如兩歲時的身高和十七歲時的身高，可以用同樣的尺去度量，從而比較兩歲時身高和十七歲時的身高，並說明它們之間的關係。智力數量化的情況就大不相同，不同年齡智力的資料沒有確切的可比單位。對一歲半以前兒童的智力，要依據其運動和生理發展的能力來計分，對二至三歲的兒童，是心理、運動和生理能力的結合，而對十七、十八歲的青年，則主要是認知和語言能力。顯然地，這幾種情況下得出的資料其可比性是很差的；第三，布魯姆的曲線沒有充分估計環境對智力的影響，誇大了智力發展的穩定性，也是主張受到指責之處。

(三) 兒童智力發展的差異

由於各種原因，智力的發展有著很大的差異，這種差異主要表現在智力發展程度、發展速度及智力的不同方面。

1. 發展水準的差異

如果用智商來衡量智力的發展程度，那麼，人的智力整體上應該呈常態分布，即智力正常的人占絕大多數，智力優異和智力不足的均為少

數。智力優異和智力不足的兒童是智力發展程度的兩個極端，與遺傳和生理發展有直接的關係。

2. 發展速度的差異

人的智力發展表現出速率上的不同。有的人在很小的時候就顯露出才華，而有的人成年後才表現出傑出的智力。

3. 發展的內部差異

智力是一種綜合能力，其各個部分的發展是有差異的，例如：有的人記憶力強，但思維並不一定靈活；有的人推理能力強，但記憶力並不一定好。

二、發展兒童智力的途徑

根據智力發展的規律，早期智力開發非常重要。因此，可以從以下幾個方面入手：

(一) 發展動作，訓練感官

兒童動作的發展與智力有密切關係。動作的發展程度能夠衡量兒童大腦皮質的發育程度，發展動作可以促進兒童大腦皮質的發育，從而促進其智力程度的提高。要給兒童提供大量的動作練習機會，較少地限制和約束，對其正常的動作行為，宜給予鼓勵和強化。此外，鼓勵兒童參與各種有益於感官機能發展的活動，使其感官得到訓練，提高兒童對事物的認知能力。

(二) 提供均衡的營養

兒童大腦的正常發育，需要豐富而均衡的營養，從而確保兒童身體健康和腦細胞的發育。要糾正兒童偏食、吃零食的不良習慣，避免由於營養不良或營養過剩而造成發育不良。

(三) 提供適當的刺激

要豐富兒童的環境，激發兒童對周圍環境的興趣。創造良好的環境，使兒童在富有情趣的環境中活動，在活動中發展兒童的智力。

(四) 提供適性教育

要注意個別兒童的特殊才能，根據其特點，提供適性教育。

1. 對智力優異兒童的教育

資優是指智力發展顯著超過同齡兒童平均程度的兒童，其智商一般在130以上。

資優兒童的鑑別，除了用各種智力測驗來檢查其智商外，還應從其他方面的特徵加以區分，例如：他們的身體比同年齡及性別的兒童高而結實，動作靈活、協調；能較早地正確使用大量詞彙，有較好的語言表達能力；較早發生多種興趣和愛好，對事物提出較多的問題，善於思考，抽象思維能力高於同齡兒童；對事物能深入觀察，注意範圍廣、時間長，能覺察一般兒童未察覺的事物；學習迅速，記憶速度快而鞏固，喜歡研究難題，閱讀能力發展較早；情緒穩定，能分析自己和判斷他人。

資優兒童的成因既有先天的優良遺傳，又受後天環境的影響，但應注意防止過度片面發展，則也非教育的目的。要增強自理能力和社會適應能力，學習分量要適合兒童的年齡特點，不可負擔過重甚或揠苗助長。

2. 對智力不足兒童的教育

智力不足兒童又稱為「發育遲緩兒童」，其智力在平均程度以下，並有適應行為受損。依現代心理學界的看法，智力不足兒童以智商低於兩個標準差（SD）為界。

智力不足兒童除了智力明顯低於正常兒童的平均程度外，在其他方面也有低於正常兒童的表現，如身體發展相對遲緩或不協調，有的可能出現器官異常；動作不靈活，不協調，反應遲鈍；語言發展緩慢，說話晚，吐字不清；對環境反應比較冷淡，對事物沒有興趣，觀察能力、思考能力

差;注意力不集中,常常不能完整地做完一件事;情緒消極、不穩定,自我意識差;社會適應能力、自理能力低下等。

　　智力不足兒童需要更多的關心和照顧,除了根據其遲緩程度的不同提供他們適性教育外,還應加強對他們的保健,加強感官訓練,提高其認知水準、社會適應和生活自理能力,並多給予關注及鼓勵,提高其自信心和進取精神。

第
六
章

兒童情緒的發展與輔導

　　情緒是兒童受到身體內部或外部刺激而發生的一種心理感受，是一種複合狀態，既是體驗，也是反映；既是衝動，也是外在表現，如喜、怒、哀、樂、愛、惡、慾等。兒童的行為帶有濃郁的情緒色彩，學前兒童更是如此，常常成為「情緒的俘虜」。

第一節　情緒的意義

　　高曼（D. Goleman）寫了《情緒智力》（*Emotional Intelligence*）一書受到許多人的關注，他認為「情緒智商」（EQ）才是影響人一生快樂和成功的關鍵，比智商（IQ）更為重要。對兒童來說，情緒不僅有重要的意義和作用，並直接表現在許多方面。

一、情緒對兒童活動的激勵作用

情緒是兒童活動和行為的喚起者和組織者，在日常活動中，情緒的激勵作用非常明顯。愉快健康的情緒，促使兒童願意去學習，願意與人友好交往。

就如初上幼兒園的兩歲孩子為例，在學習對老師說「早安」和下午離開說「再見」的效果並不相同，其重要原因之一是情緒有所差異。早上，孩子不大願意和父母分手，因此，對老師說「早安」的積極性不高，而下午則很願意跟著父母回家去，因而積極地對老師說「再見」。

消極情緒會引起幼兒的消極行為，例如：有個六歲的小男孩，他對美勞課不感興趣，老師讓他畫樹葉，他說：「樹葉都被風刮跑了！」老師讓他畫汽車司機，他說：「司機都吃飯去了」他對畫畫的情緒消極，導致對畫畫的行為也消極。有經驗的老師都十分注意引起兒童的積極情緒，以促進其學習積極性。

二、情緒對兒童認知發展的作用

情緒對兒童的認知活動的發展具有激發、促進或抑制、延緩的作用。學前兒童的認知活動有「無意圖性」特性。所謂「無意圖性」，其主要特點之一就是受自身情緒的控制。

研究指出：兩歲兒童的言語甚至受其情緒所左右。有一個兩歲八個月大的女孩，她已經會把比自己大的孩子稱為哥哥、姊姊，但是，她不願意被稱為妹妹，聽到哥哥叫她妹妹時，她會說：「我是姊姊呀！」

正因為情緒對認知發展有激發作用，因此使用「激將法」可以促進兒童掌握某些難以掌握的詞。例如：用示範法讓兩歲多的帆帆掌握「你」字，效果不好，改用激將法卻成功了。姨媽問帆帆：「這個手風琴是誰送給你的？」帆帆答：「朱老師送給你的。」姨媽說：「啊，送給我的。」這下帆帆著急了，她立刻叫喊：「送給我的！」從此她對「你」、「我」二字十分注意，有時說錯了，說了「某某給你的」，她立刻改正說：「給

我的！」有時她乾脆先說：「給我！」然後再說：「某某給我的。」

　　嬰幼兒不同的情緒狀態對其智力運作有不同的影響。根據孟昭蘭（1984，1985）的研究，主要分成下列幾種情況：

1. 有興趣的情緒狀態，激發起對外界新鮮刺激的探究活動。

2. 懼怕的情緒狀態，激起對外界新異刺激的逃避反應。

3. 中等強度的愉快情緒，使智力操作達到最佳效果，強烈的激勵狀態或冷漠無情，都不利於兒童的智力操作活動。興趣和愉快的交替，是智力活動的最佳情緒狀態，懼怕和痛苦對兒童智力發展都不利；懼怕和痛苦的強度越大，則智力運作的效果越差。過於激烈的情緒，使兒童不能集中注意力，將使記憶力和理解力減弱，影響到學習知識和技能。

三、情緒對兒童意識的作用

　　情緒影響兒童意識的產生和早期發展。兒童最初的情緒體驗也可以說是最初的意識，一歲內兒童意識的發展都和情緒有關係。意識的早期發展可分為三種：第一級為感覺─情緒階段，即在出生後頭幾週，嬰兒的認知發展水準很低，還不足以提供可以產生意識的訊息，嬰兒這時的意識是以飢餓或疼痛等引起的生理需要的反饋為主；第二級為情緒─知覺階段，大約出現於嬰兒三至五個月的時候，表現在對外界物體集中注意所引起的興趣；第三級為情緒─認知相互作用階段，情緒與認知相互作用的結果，使兒童產生某種情緒傾向，例如：一歲以內出現的懼怕和羞怯，使嬰兒帶有怯懦性的體驗有所加強。

四、情緒對兒童個性形成的意義

　　兒童在一定環境下生活，經常受到系統化的刺激，會逐漸形成系統化的、穩定的情緒反應，例如：兒童在家庭裡經常受到溫馨的撫愛，總是得到精神的滿足，就會形成良好的情緒反應，經過長期發展，會形成健康的、良好的個性；反之，在家庭不和諧的氣氛中，兒童經常處於緊張、焦慮中，會形成不健康的個性或人格。一時的情緒狀態，如焦慮，可以稱為

「焦慮狀態」，但是經常出現的焦慮狀態，就會逐漸形成焦慮的品質。情緒的品質特徵是性格特徵的組成部分，如外向性或內向型、進取型或壓抑型、主動型或被動型等，都是與情緒有關的人格特徵。

五、情緒對兒童互動行為發展的影響

情緒是一種重要的互動工具，其外在表現即情緒行為，是人相互交流訊息、溝通思想的工具之一。對於兒童來說，在與成人或同儕的交往活動中，情緒尤其占有特別的地位。在兒童掌握語言工具之前，情緒行為是他的主要工具；又如：用不同的哭聲表示各種不適或不滿的情緒，用面部表情和手舞足蹈表示滿足和愉快等。嬰幼兒對成人的態度非常敏感，八個月大的嬰兒已能從成人的表情知道其滿意或生氣，直到幼兒期情緒行為仍然具有重要的作用，其在社會互動中的地位和語言不相上下。兒童常常用表情回答成人的問題，像是用哭鬧的方式使成人滿足其要求，或是用表情輔助語言，以表達說不清楚的意思。

六、情緒對兒童身體健康的意義

情緒和兒童身體健康有著非常密切的關係。情緒發展正常的兒童，經常保持著積極的情緒，其生命活動和生長發育都能得到正常的、健康的發展；反之，消極情緒則不利於兒童身體健康與發展。

情緒會影響神經生理機能，因為情緒活動既受大腦皮層的調節，也受皮下中樞的影響。當兒童長期處於過於激動的情緒狀態時，他的血壓和心跳會持續上升，導致對心血管系統的損害。如果長期處於壓抑狀態，會使胃腸運動和分泌增加，導致消化性潰瘍等疾病。例如：有的兒童在初入幼兒園或上小學時，會出現頭痛、腹痛或頻尿現象，即是和情緒過度緊張有關。

情緒激動狀態可導致一系列神經內分泌反應。這種反應如果過分強烈或持久，可使內分泌活動改變，引起某種生理上的病理變化，而內分泌活動的改變又會對情緒發生影響。例如：憂鬱等情緒變化會影響腎上腺分

泌，而甲狀腺功能亢進，又會引起情緒低落，腎上腺皮質功能減退，出現淡漠或憂鬱情緒。不良情緒變化和內分泌功能改變的惡性循環，對身心發展極為不利。

消極情緒還會導致免疫系統功能障礙或被抑制。消極情緒透過下視丘及由它控制內分泌的激素，影響免疫功能，降低個體對各種病原體或過敏物的抵抗力，因而引發各種疾病。

第二節　兒童情緒的分化與發展

一、原始的情緒反應

嬰兒呱呱墜地，可以說是立即產生的情緒表現。新生兒生下頭幾天，或是安靜，或是啼哭，或是蹬腿、動臂等，都是原始的情緒反應。

(一)原始情緒的特點

原始情緒反應的特點，表現在生理需要是否得到滿足有關。像是孩子飢餓或是尿布潮溼等不舒適的刺激，就會引起哭鬧等不愉快的情緒反應。當這些不舒適的刺激消除之後，不愉快的情緒也就隨之消失，哭鬧停止了，情緒馬上變得愉快起來。

原始情緒是兒童與生俱來的本能反應，新生兒出生時表現出來的哭聲，或安靜，或四肢划動等，都是原始情緒的反映。情緒表現是人類進化與適應的產物，孩子啼哭時嘴角下彎的表情，就是人類祖先在困難時求援的適應性動作，而憤怒時咬牙切齒和鼻孔張大等表情，就是即將進行搏鬥時的適應性動作。

(二) 原始情緒分類

行為主義學家華生（Watson, 1917）曾對五百多名初生嬰兒進行觀察分析，認為原始情緒反應可分為三類：

其一是害怕。嬰兒害怕兩件事，第一是怕大聲，當嬰兒靜躺在床上時，如果在其頭部附近用鐵槌敲打鋼條，會立刻引起驚跳、筋肉猛縮，甚至大哭起來；像是其他比較高分貝的聲響，如器物落地等，也會引發同樣的反應。第二是失去支持，嬰兒的身軀突然間失去了平衡，失去依託，像是突然抽走鋪在嬰兒身體下面的毯子或猛然抖動，也會引起嬰兒猛烈地震動而大哭起來、呼吸急促、雙手亂抓，即使嘴裡含有奶嘴，也不能安撫他此時的情緒。

其二是怒。如果限制嬰兒的活動，會使他被激怒，例如：實驗者用雙手溫和地、堅定地按住嬰兒的頭部，不准動彈，此時嬰兒會發怒，把身體挺得僵直，一邊哭叫，一邊拳打腳踢。

其三是愛。如果成人撫摸嬰兒的皮膚或是抱他，嬰兒會產生愛的情緒，特別是撫摸他的唇、耳、頸背、乳頭、性器官等皮膚敏感區域，嬰兒都會有安靜的反應。

二、兒童基本情緒的分化

(一) 布里奇思的觀點

加拿大的心理學家布里奇思（Bridges, 1932）根據對一百多名嬰兒進行觀察的結果，提出兒童情緒分化比較完整的理論。她指出：初生嬰兒只會皺眉和哭泣，這種反應是沒有分化的一般性激動，只是由於強烈的刺激，引起內臟和肌肉的反應；三個月以後，嬰兒的情緒已分化為快樂和痛苦；六個月之後，才分化為憤怒、厭惡和恐懼，例如：見了陌生人或是到了新環境，表露出害怕、眼睛睜大、肌肉緊張，就是恐懼情緒的反應。十二個月以後，快樂的情緒又分化成高興和喜愛，表現為嬰兒漸漸主動地向成人表示親愛；十八個月之後，又分化為喜悅和妒忌。布里奇思的情緒

分化模式如圖 6-1 。

圖 6-1

M. K. Bridges **情緒分化模式**（1932）

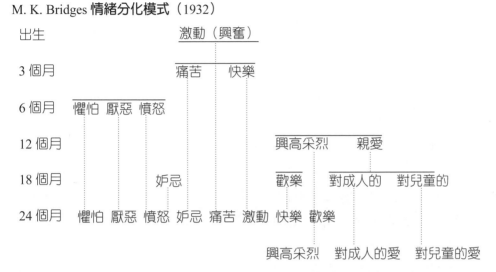

布里奇思的情緒分化理論，已被較多的學者所接受，但也有人認為布氏劃分的情緒分化階段缺乏具體指標，難以鑑別每一種情緒是如何區分出來的；而且，也沒有說清楚形成分化的機制。

在布氏理論提出之後，斯皮茲（R. Spitz）也有類似的實驗研究，並提出嬰兒情緒分化的兩個明顯表現：

一是二至三個月的嬰兒，開始發生社會性微笑；二至六個月，嬰兒對於人們的表情，如微笑、做鬼臉或者戴面具，會有微笑的反應；對於小寵物，如小貓、小狗，也產生微笑的反應；而對於非動物，如手電筒光、鈴、積木、球等，都沒有反應。

二是七至八個月的嬰兒，開始認生，如果陌生人靠近他，或者媽媽離開他的時候，他會產生焦慮情緒。

(二)林傳鼎理論

1947 至 1948 年間，林傳鼎對照五百多個嬰兒，觀察其出生後一至十天所反應的五十四種動作，認爲新生兒已有兩種可以分辨清楚的情緒反應，即愉快和不愉快，此兩者都有與生理需要是否得到滿足有關。不愉快反應是自然動作的簡單相加，是所有不利於個體安全的刺激所引起；而愉快的反應和不愉快的表現顯然不同，它是一種積極生動的反應，增加了某些自然動作，特別是四肢末端的自由動作，這種動作也能在嬰兒洗澡後觀察到，它是一些有利於個體安全的刺激所引起。因此，他提出從嬰兒出生後第一個月的後半個月起，到第三個月末，相繼出現六種情緒，可稱爲慾求、喜悅、厭惡、煩悶、忿急、驚駭。這些情緒不是高度分化的，只是在愉快與不愉快的輪廓上附加了一些東西，那就是面部表情；驚駭是其強烈的特殊體態反應。四至六個月大時，已經出現由社會性需要引起的喜悅、忿急，逐漸擺脫與生理需要的聯繫，如對友伴、玩具的情感；從三歲到入學之前，陸續產生親愛、同情、尊敬、羨慕等二十多種情感。

(三)伊扎德理論

伊扎德（Izard, 1977）的情緒分化理論認爲：隨著兒童年齡的增長和腦的發育，情緒也逐漸增長和分化，形成了人類九種基本情緒的格局：即愉快、驚奇、悲傷、憤怒、厭惡、懼怕、興趣、輕蔑、痛苦，每一種情緒都有相對應的面部表情模式。他將人的面部分成三個區域：額—眉、眼—鼻—頰、嘴唇—下巴，並提出了區分面部運動的編碼手冊。

心理學家孟昭蘭（1984，1985）對嬰兒情緒的研究，支持了伊扎德的觀點。她指出：只有當嬰兒面部各部分肌肉運動達到足夠的程度時，面部模式才是典型的。她的研究發現興趣和痛苦也是最早發生的情緒，輕蔑和害羞在一至一歲半時也已經發生。

總而言之，初生嬰兒的情緒是籠統不分化的，一歲之後逐漸分化，在兩歲左右，出現各種基本情緒。

三、兒童情緒的發展

兒童情緒發展的主要趨勢表現在三個方面：情緒的社會化、情緒的深刻化和情緒的自我調節化。

(一) 情緒的社會化

兒童的情緒更多和生理需要密切聯繫，隨著兒童的成長，情緒與社會性的聯繫越來越緊密。例如：微笑是兒童的一種基本情緒，是愉快的表現。最初，微笑只是一種生理滿足的表現，是自發性的，或稱內源性的。出生一至兩個月的嬰兒，在睡眠中或困倦時會出現微笑，這種微笑是由身體內部刺激引起的，可以說是一種面部無意識的表情，被人認為是微笑；這種微笑通常是突然出現的，只有捲嘴角的活動，即嘴周圍的肌肉活動，沒有日後微笑的眼周圍肌肉活動。出生後不久的新生兒，在清醒時間，吃飽或聽到柔和的聲音時，也會發出反射性的微笑，這種微笑也是生理性的。

嬰兒受到撫摸或被成人抱起，通常會發出微笑。這種微笑是誘發性的，不同於最初自發性的笑；這種微笑往往使成人高興，是屬於社會性的微笑，但本質上仍是反射性的，不是互動的方法，嚴格說來仍不是社會性的微笑。當嬰兒開始出現有差別的微笑，即對母親或親近的人笑時，是社會性微笑的最初表現。

一歲左右，仍常有自我滿足的微笑，情緒愉快時往往自己笑，不是對別人笑。以後，孩子對他人的微笑逐漸增加，成為一種互動的手段。

同樣地，哭也是一種基本情緒，也有一個向社會化發展的過程。嬰兒最初只是在身體不適的時候啼哭。隨著孩子長大，哭常常成為達到滿足自己要求的手段。

情緒的社會化還表現在形式的變化。例如：三、四歲幼兒還是很喜歡以直接的接近表示友好，他們願意讓成人牽著自己的手，從老師摸摸頭頂感到情緒的滿足，而這些形式已不能引起較大兒童的滿足感，他們需要

的是成人的目光，或其他表情所傳達的關心和鼓勵，有時成人輕微的表情，都可以使他們感到快慰或不安。

(二)情緒的深刻化

　　幼小兒童的情緒常常因事物的表面刺激而產生或消失，就如孩子哭著要成人來陪伴，人一來，他就不哭了。此外，幼小孩子的情緒特別容易轉移，剛剛大哭過，臉上還掛著淚水，就可以被逗得哈哈大笑，「破涕爲笑」是他們身上常見的事。較大的兒童情緒逐漸深刻化，他們的情緒主要不再是由表面的現象引起，而更多指向事物的內部特點，例如：一些孩子不計較是否得到糖果，而因受到批評感到不快；又如他們可以把玩具遞給別人，卻又抓住玩具不鬆手；遇到委屈的事情，在幼兒園沒有表示，等到一見家門，看見親人，就放聲大哭；而五、六歲兒童也常常會發「無名火」，就是由於內心的壓抑，不能說出或說不清楚而出現的情緒反應。

(三)情緒的自我調節化

　　兒童情緒的另一發展趨勢是對自我調節越來越強。幼小兒童易因外來刺激而引起過分興奮、情緒激動，有時甚至完全不能控制自己，短時間平靜不下來，成人勸說也無效；這時只有用毛巾給他擦擦臉，用溫柔的口吻對他說話，撫摸他的頭、臉頰，使他的情緒漸漸平復。幼小兒童還容易受周圍人的情緒感染，譬如：在新學期開學之初，孩子常常因不習慣離開親人而哭，一個孩子哭了，其他本來已經不哭的孩子也會哭起來；又如：周圍的成人在談笑，大家笑起來時，幼兒也會跟著笑，他並不知道笑什麼。成人看見幼兒這種莫名其妙的笑，覺得很好玩，針對他的笑又笑了起來，孩子更加大笑。由於兒童極易受成人情緒的感染，家長和老師的情緒常常會影響到兒童，具有積極或消極的作用。

　　其次，兒童逐漸可以用語言控制自己的情緒。有些初入園的新生，一邊抽泣著要找媽媽，一邊說：「我不哭了，我不哭了。」稍大的兒童能夠控制自己的情緒，在不同的場合作出不同的情緒表現，例如：在媽媽面前

哭鬧，而在老師面前則不哭，隨著情緒自我調節能力的增強，五至六歲左右及以後，兒童情緒出現了內隱性，這時需要成人細心觀察和了解其內心的情緒。

第三節　兒童情緒發展的影響因素

影響兒童情緒發展的因素很多，有兒童自身的因素，也有外在環境的因素。

一、兒童身體健康與生理因素

幼小兒童的情緒主要是生理狀態的反應，是由於兒童的生理需要得到滿足與否而引起的。兒童最早出現的微笑或皺眉都是生理的反射性反應。二至三個月大的嬰兒，在吃飽睡足時會發出手舞足蹈的「天真快樂反應」；而當身心不適時，就會出現哭鬧或不愉快情緒，像是飢餓或睡眠不足時會哭鬧；寒冷或因衣著過多、被褥過厚引起煩躁，也會哭鬧，一旦這些刺激物被消除之後，哭鬧就會自然停止。

兒童身體的健康狀態，對情緒的影響比成人明顯得多。撫育者往往可以藉由兒童的情緒反應，判斷兒童身體的健康狀態。當孩子精神飽滿，是身體健康的表現；反之，情緒低落精神不振，則常常是不健康的表現。因此，有經驗的家長可以從嬰兒的啼哭，發現嬰兒患病的早期症狀。例如：急性喉炎可使嬰兒哭泣聲嘶啞；喉頭和氣管黏膜炎，造成上呼吸道梗阻，會使啼哭中伴有哮喘、咳嗽和呼吸困難；肺炎、支氣管炎會使哭泣聲急促，伴有喘鳴、鼻翼扇動和口周圍青紫等；腹瀉、消化不良或腸道蛔蟲症導致的腸痙攣，會引起兒童陣發性大聲哭鬧、四肢蜷縮，餵奶或愛撫都不能解除。此外，糞便乾結造成不易排便，肛裂使排便時疼痛，都會引起排便時或排便前啼哭；口腔或咽部發炎帶來口舌或咽部疼痛，影響吸吮或吞嚥，導致進食時啼哭；呼吸道感染引起鼻塞，影響呼吸和喝奶，也使嬰兒

喝奶時啼哭或拒絕喝奶；蟯蟲病可導致夜啼；還有患中耳炎或外耳道癤腫的兒童，啼哭時搖頭或用手抓耳朵。

長期身體不健康的兒童，情緒發展也受到不良影響，失去正常兒童活潑愉快的情緒狀態。

生理的成熟，影響著兒童情緒的發展，因爲兒童的情緒發展和神經系統及內分泌系統的活動具有密切的關系，例如：神經系統的成熟，爲可控制情緒提供了發展的可能性。

二、兒童認知的發展

情緒的發展和認知的發展有密切的關系。認知的發展可以促進情緒的發展，例如：記憶發展促進兒童情緒的發展。當嬰兒還不能辨別陌生人和熟悉的人時，陌生人對他作出友好的表情，可以引起他的微笑，而當嬰兒的這種辨別力發展起來時，即他已經記起熟悉的人臉時，對陌生人的微笑情緒不再發生，而代之以驚奇或恐懼的情緒；被火燒灼過手指的孩子，對火產生害怕的情緒，沒有被火燒灼過的孩子，對火不產生害怕情緒；打過針的孩子，不喜歡穿白衣的人，因爲他們頭腦中醫護人員給他們打針的印象，仍然對情緒有著某種程度的作用。

想像的發展帶來新的情緒體驗。嬰兒不會產生怕鬼的情緒，而隨著想像的發展，聽過成人講鬼故事的兒童，就會產生怕鬼的情緒，如果成人對孩子說：「你不好好睡覺，狼就要來咬你！」此時，孩子就不敢單獨躺在床上睡，因爲他怕狼眞的會來。同情這樣的複雜情緒，也是隨著想像的發展而來的，因爲只有當兒童能夠把自己記憶中有關痛苦的情緒表象和別人聯繫起來，想像到別人的痛苦，才會產生同情感。

前述已知，情緒發展的趨勢之一是情緒逐漸深刻化，而情緒發展的深刻化與認知發展有密切關係，和感知相聯繫的情緒是較淺的，和思維相聯繫的情緒則較深刻。思維促使情緒深刻化，當兒童思維發展起來後，情緒的內容也發生變化，譬如：五至六歲兒童的恐懼情緒已不是無來由的突然失控，當兒童理解到病菌能使人生病，就會產生害怕病菌的情緒；當他

們理解到蒼蠅身上帶有病菌，就會產生厭惡蒼蠅的情緒；又如幽默感是較深刻的而不是簡單的、表面的情緒體驗。當兒童看見不正常的面孔，如一個鼻子很長的人，或眼睛在頭後面的娃娃，或是椅子的腳穿上了鞋子等等，都會產生幽默感，這就是他們已經理解到故意歪曲正常現象的可笑。同樣地，孩子產生開玩笑的樂趣，也是由於他已經能夠分辨真假，能夠在頭腦中把真假兩種表象進行對比，這都與思維發展有關。

三、兒童自我控制能力的發展

自我調節機制的發展，對兒童情緒的發展有重要作用。兒童情緒發展的趨勢之一，是情緒越來越多地受自我意識的控制和調節，其發展主要可分為三個階段。

最初，兒童對自己情緒的控制和調節是被動的，是根據成人對他的命令或禁止而進行的，例如：起初兒童要想抓某件生活用品，如果得不到滿足就哭鬧；但是，如果成人的態度很堅決，每當孩子伸手去抓時，會聽到成人厲聲禁止甚至小手被打，兒童就逐漸學會控制自己的情緒，不再哭鬧。

然後，兒童對自己情緒的控制有一個過渡階段，即既想要控制，又不能完全控制的階段。例如：新入園的兒童常常會哭著要找媽媽，卻又一邊說：「我不哭！」一邊還在抽泣，他既知道自己不應該哭，又無力完全控制自己。

最後，是能初步控制自己的情緒反應，使情緒從外露變為內隱。例如：幼兒園四歲的女孩渴望參加演出，當她沒有被推薦參加演出，而看見演出的隊伍出發時，她擋住別人的去路，放聲大哭；但同一女孩到了六歲時，她的反應就只是悶悶不樂，沒有明顯的不愉快表現；就像六歲多的孩子在打針時含淚作出笑容，即用理智上的「勇敢」抑制住身體肌肉疼痛帶來的痛苦情緒。

四、經驗

(一)直接經驗

　　直接經驗會引起兒童的情緒反應，最明顯的是兒童對一些事物的懼怕情緒，往往是由於經驗中這些事物曾給他帶來不良印象；例如：菸灰缸裡一支點燃著的香菸，嬰兒伸手去抓，被燙傷了，從此他再也不敢去摸香菸；又如許多三歲前的孩子都怕打針，那是由於他們受過打針的痛苦造成的恐懼心理。

(二)條件化（制約）情緒反應

　　經驗帶來情緒反應，不同於天生的、本能的情緒反應，用行為主義的觀點來說，它主要是條件化（制約）情緒反應。華生研究指出：當一個嬰兒接近大白鼠時，突然聽到大聲音，於是哭喊並離去，從此，對白鼠產生害怕情緒；再如上述，打針刺痛引起的恐懼以及尖銳刺耳的高聲，突然出現的大聲響等等所引起的恐懼是本能的恐懼，而對白袍的恐懼則是一種條件反射、後天習得的恐懼。打針的經驗給孩子帶來的是直接的痛苦，但是孩子往往懼怕穿白袍的醫生或護士，就是因為在孩子對打針刺痛發出非條件反射的同時，穿白袍的醫生或護士則是代表著條件刺激物而出現。

(三)泛化作用

　　條件化（制約）情緒反應的基本模式是：條件刺激—無條件刺激，條件刺激在開始時是中性的，在條件刺激與無條件刺激之間有一個短時間距；建立條件反射的初期，類似的刺激物也會引起同樣的情緒。例如：幼小的孩子不僅懼怕穿白袍的醫生或護士，他的恐懼情緒泛化到一切穿白衣的人。有個剛從醫院出來的嬰兒，甚至懼怕穿白襯衫的人，在經過多次泛化（係指與條件刺激相似的刺激，所引起類似條件反射的現象）後，孩子漸漸只對手拿注射器的穿白衣的護士產生恐懼情緒，而不再對其他穿白衣的人產生類似情緒，這時孩子的情緒反應已形成了分化抑制，所形成的防

禦性條件反射已從泛化階段發展到分化階段。

五、成人的暗示

　　兒童的情緒在很大程度上受成人暗示而產生，而日常生活中這種情況往往被撫育者所忽視。譬如：許多兒童都喜歡小動物、小蟲，但有些兒童則有相反的情緒，其原因往往出於成人的影響，這種影響往往又不是直接用語言傳授的，而常是經由暗示而來的。在多愁善感的母親或老人身邊生活，兒童容易也變得情緒憂鬱；父母喜歡小動物的，孩子也喜歡，父母（特別是母親）害怕小蟲子的，孩子（特別是女孩）連螞蟻都害怕；又如：孩子對飲食的偏好，也往往是受成人暗示的影響，在一個家庭裡，往往是家庭成員都喜歡吃同類的食品，有同樣的品味與愛好。

六、家庭氣氛

　　家庭中情緒環境，對兒童情緒有極大的感染作用。在一個壓抑的家庭裡生活的孩子，其情緒往往是不愉快的，甚至形成情緒障礙。導致孩子不良情緒的家庭情況有多種。例如：

　　父母的情緒經常不愉快，家庭成員之間不和睦，對孩子的情緒也會有不良影響，即使很小的嬰兒，也會受感染，出現如夜間哭泣、厭奶、厭食等現象；父母和家中成員的情緒對三至四歲以後孩子的影響更為明顯，例如：有一名四歲女孩，她深受母親和祖母的寵愛，但是她的母親和祖母之間存在嚴重的婆媳不和，她們都對這位小女孩進行情緒爭奪，孩子在這樣的家庭裡，感受到的並不是寵愛，而是經常處於情緒不安之中。

　　其次，父母由於對孩子過分疼愛，對孩子保護過多，為了怕孩子在外面受到欺侮，受疾病感染等，經常把孩子關在家裡，孩子缺乏和小朋友交往的機會，更談不到和同齡夥伴一起遊戲，因而情緒也總是不愉快。

　　再者，父母對孩子期望過高、過分焦慮，對孩子的要求過多、過嚴，雖然他們非常熱愛孩子，但孩子感到壓力過大，總是處於挫折狀態，體驗不到成功的喜悅，情緒也總是不好。

又如，父母經常在孩子面前表示對幼兒園或學校老師的不滿，甚至與幼兒園老師發生明顯的衝突，也都會給孩子的情緒帶來不良影響。

七、教育機構的環境

當兒童進入幼兒園或學校以後，這些教育機構對其情緒發展有重要的影響作用。就物質環境言，教育機構的室內空間過於狹窄，平均每人的活動空間過小，室外缺乏活動空間，兒童長時間處於擁擠和被拘束的狀態，會因此產生壓抑感。就心理環境言，老師對兒童的態度、老師之間的和諧關係、老師和家長的合作關係都會對兒童的情緒產生影響。

第四節　兒童情緒發展的輔導

為確保兒童能夠得到健康的發展，家長和老師應注意下列事項：

一、營造良好的情緒環境

由前述的分析可知：兒童的情緒及其發展在很大程度上受周圍環境氣氛的感染，這些潛在因素使兒童無形中受到影響，其作用比理性的說教要大得多。因此，具體的輔導策略有二：

(一) 保持家庭中的和諧氣氛

現代社會的急劇變化和競爭的環境，使人容易處於緊張與焦慮之中，成人的這種心理狀態很容易影響到兒童，使兒童長期地處於緊張、焦慮與恐懼狀態，這對兒童的情緒發展非常不利。因此，家長必須有意識地保持家庭良好的情緒氣氛，例如：在家庭居室的布置中，要安排一個有利於情緒放鬆，使人得到休息的環境，避免髒、亂、嘈雜；成人之間要互敬互愛，即使在家庭中，也要注意使用禮貌用語，如「謝謝」、「再見」等，並努力避免成人間的劇烈衝突。

(二) 建立良好的親子感情

母愛是兒童的基本需要之一，依戀是其本能特點，因此親人（特別是母親）正確對待依戀，對兒童的情緒發展有重要意義。

母親的愛撫動作，如撫摸、抱起、貼臉等，是建立最初感情關係的過程，其中又以目光的接觸，對建立親子感情有重要作用；因此，母親從給孩子餵奶起，就要注意在餵奶過程中和孩子的感情接觸。有的母親認為孩子小，不懂事，把餵奶過程當作一種事務性動作，另一些母親十分注意這個過程中的感情接觸，前者孩子的情感發展遠遠不如後者。

親子關係是雙向影響的，新生兒哭泣的時候，母親乳房的微循環血流量增加。母親對孩子說話，嬰兒雖然聽不懂，但母親語調和停頓，說話時的嘴、眼及全身動作，都會被嬰兒接受；母親的聲音最容易引起嬰兒的笑，也易使嬰兒停止哭泣；嬰兒常常藉由嗅覺來尋找和發現母親，由此得到安慰，在黑夜裡睡眠時尤其明顯。由此可見，母子間的情感交流，是透過多種訊息管道進行的，有聽覺的、嗅覺的、觸覺的等。

嬰兒六個月大以後，依戀情緒明顯發展。在依戀對象（一般是母親）消失時，分離焦慮明顯出現，從這個年齡開始，母親更要重視建立親子之間的關係。如果孩子從母親那裡得到的愛不能滿足需要，可能導致嬰兒情緒方面發生障礙，其影響甚至可能延及日後的發展。

初次上幼兒園時，是分離焦慮最容易發生和加劇的時期。這時，兒童不但較長時間離開了親人，而且離開了熟悉的環境，哭泣和不安是經常發生的，因此此時父母的態度有著非常重要的作用。

親子依戀是雙向的，分離焦慮也是雙向的，亦即孩子不願意離開父母，父母也不願意離開孩子。例如：有的母親在分離時，看見孩子在哭泣，自己也哭泣；有的母親在孩子還沒有哭泣時，自己先抹眼淚；有的母親在早上送孩子分手後，偷偷地又從窗邊或門邊窺看，孩子本來已經平靜下來，並且興致勃勃地玩起來，但是一看見母親，立即又啼哭；有的父母不忍心孩子在上幼兒園時哭泣，送入園幾天又不再送去，說是過幾天或幾

個月再送，但當孩子第二次離家入園時，其困難程度往往比第一次更大。

親子感情的建立主要來自後天而非先天，後天的撫養親情比先天的血緣關係更爲重要。例如：許多非親生母子，由於母親對孩子從小的撫養，所產生的感情如同骨肉；而有些父母把孩子從小交給祖父母或其他人，到孩子上學時才領回，其感情關係時時出現障礙，往往由於父母的要求和習慣與孩子已形成的行爲習慣，在許多細微之處不協調所致。

二、成人的情緒自控

要使兒童情緒得到健康發展，成人的情緒示範十分重要。成人愉快的情緒，對孩子的情緒是良好的示範和感染；更重要的是，成人要做到善於控制自己的情緒。

愛是兒童情緒發展的必要因素。父母的愛應是天性，但是愛也需要有「限度」，也就是說父母對孩子的愛也應得到理智的控制。過分溺愛，對孩子的情緒以致整個身心發展都是不利的；而過分吝惜的愛，使孩子在父母面前過於拘謹，也不利其發展。

成人的情緒和生理因素也有密切關系，各種體內因素會影響情緒的發生，如果不加控制，不僅對個人行爲有所不利，對孩子的影響更是不利。父母在孩子面前喜怒無常，使孩子無所適從，例如：有的家長在自己情緒好時，看見孩子更感到喜悅和寬慰，即使孩子做錯了事，也處之泰然；而當自己因爲工作或生活中的某些原因引起不愉快的情緒狀態時，則事事感到心煩、不如意，這時容易向孩子發「無名火」，使孩子產生莫名其妙的不良情緒；又如孩子由於不小心打碎了一個碗，本已感到內疚，這時家長把心裡的怒火一下向孩子發出，大喊：「又是你！都是你！」這將使孩子的情緒大受打擊，由此產生壓抑和懼怕感，長此以往，在父母面前表現異常膽怯，做事心慌意亂，甚至形成自卑性格，或則產生厭煩或反抗的情緒，如果家長能夠自覺地控制自己的情緒，則情況大爲不同。有一個媽媽敘述自己在兒時所留下的深刻印象：當她五歲時，某一天，自己一個人玩弄媽媽的小鏡子，不料掉在地上摔壞了，她非常內疚，也很害怕，準

備接受責罵和懲罰；可是當媽媽回家發現後，平靜地對她說：「以後小心就是了！」這種出乎意料的態度，使她終身難忘，她和媽媽的感情也更親密了。

為人師者，也要學會控制自己的情緒。優秀的老師都有這樣的經驗和體認，要把自己的一切悲傷和煩惱都留在教室之外，情緒良好地進入教室，才能引發學生的積極性，使他們保持良好的情緒狀態；如果老師因為個人的因素而在學生面前表現情緒不高或浮躁，整個教室的情緒氣氛也會受到不良影響。

此外，老師還要理智地對待每個學生的情緒態度。一般說來，聰明伶俐、外貌可愛、主動和老師親近的孩子，容易引起老師的良好的情緒態度；反之，反應較慢、調皮搗蛋或衣冠不整的孩子，則不易引起老師的好感。特別是在幼兒園，老師對某個或某些兒童態度好，常常委派他們任務，其積極性便更高，能力增長更快，使老師更有好感；而那些不受老師喜愛，甚至經常受苛責的兒童，其學習積極性會降低，能力也顯得更加低下，和老師的情感關係日趨緊張、不協調。試舉兩個例子：

小梅剛到班上就吸引了老師的注意，她長得圓圓的臉，常常面帶笑容，衣著整潔，見了老師主動問好，一下子就使老師對她產生了好感。她還常常圍在老師身旁轉，老師需要到教具室拿點什麼東西時，她不但積極地去拿，而且為幫助老師做點事表現出非常自豪和快樂，老師也就越來越喜歡她，她也很愛老師，師生之間的感情越來越親密。小祥給老師的第一印象是不願意到幼兒園，他愛哭鬧、不聽勸說，也不喜歡參加體育活動，老師講故事時他不專心聽，有時還推推旁邊的小朋友，老師因此對他沒有好感，很少招呼他，也不和他個別談話，或向他單獨提問，在他干擾團體活動時，還常常對他提出批評，小祥對老師也沒有好感，他和老師疏遠，不愛學習，在班上表現為情緒不好。

以上兩種情況，在師生感情關係上，前者表現為良性循環，而後者則為惡性循環，關鍵在於老師是否能夠自覺控制自己的情緒態度。某些孩子自然地使人喜愛，某些則不然，人之常情，老師也不例外。但是，老師

不能被動地隨著自發的情緒走,而應理智地控制自己的情緒,特別是在師生關係的惡性循環中,老師應該自覺地改變這種狀況,並且切斷循環。當老師理智地分析和了解孩子的情況後,他會發現孩子那些不令人喜歡的表現是有其原因的,當老師找到那些原因後,他會發現不應怪罪於孩子,孩子是無辜的,甚至是受害者,理智的分析可以幫助老師改變對孩子的態度,主動地親近和關心孩子遲早會改變對老師的態度。

三、減少兒童的精神壓力

當今的兒童常常受到過多的精神壓力,因為競爭社會對社會成員時常帶來較多的壓力,該等壓力主要有三:

(一)學習壓力

許多父母認為要使孩子將來能夠在社會中生存競爭,必須從小培養實力,這些父母對孩子要求極高,從幼兒園時期開始,參加各種補習班、學彈琴、學外語、學舞蹈等,放學後還忙於東奔西跑,聽課練習,因此幾乎得不到課後放鬆和遊戲的時間,且學習的緊張程度,還超過了在幼兒園的活動。

(二)行為壓力

許多父母要求過高,使孩子的一言一行都必須按規範行事,容不得半點差錯,對行為中的一些細節,也管得很嚴,稍有不合乎要求,動輒斥責,甚至打罵。

(三)安全壓力

隨著社會發展,兒童安全發生不少問題。許多父母擔心孩子的安全,經常對孩子灌輸有礙孩子安全的訊息,例如:「你不要單獨出門,否則壞人會把你騙走!」、「大哥哥會欺負你的」、「馬路上有危險」等,而這些訊息,使孩子幾乎還沒有接觸到社會,就對家門外的種種產生恐懼

感，也是一種精神壓力。

此外，家庭成員遭遇不幸，如有嚴重疾病、事故等，或家庭成員不和，對孩子也造成精神壓力。因此，為了孩子情緒的健康發展，必須努力減輕的孩子精神壓力。

四、採取積極的管教態度

(一) 多鼓勵少打擊

培養孩子健康愉快的情緒，需要多鼓勵；鼓勵使孩子情緒昂揚，有信心地前進。但是，有些父母和教師不善於說鼓勵的話，只會說打擊的話，致使孩子情緒低落，以致缺乏上進心。有一位母親敘述自身的經驗說：她原先對兒子總是說些批評性的話，甚至打擊性的語言，例如：孩子高高興興地畫了一幅圖畫，拿來給媽媽看，這位媽媽一看，就說：「你畫什麼呀，不行，撕了重畫！」在這樣的情況下，孩子再也沒有畫畫的積極性了。當這位媽媽經過學習以後，再次遇到類似上述情況，她改變了態度。她對孩子說：「太好了，你畫了一張這樣的畫，你如果把小人的手畫短一點，就更好了。」孩子高興地說：「媽媽，我再畫一張。」經驗說明：多用「太好了！」這樣的語句，使孩子養成說：「我可以！」對孩子的發展大有好處。

(二) 傾聽孩子說話

孩子從幼兒園回家，總是喜歡向親人說自己一天的所見所聞，孩子感到和老師親近，對老師信任，也願意把自己腦子裡裝著的事情向老師說，可是成人常常覺得自己太忙，沒有時間聽孩子說話；有時成人認為孩子說的是幼稚可笑的話，不屑一聽。有位媽媽曾記錄她的孩子說的話，孩子說在山上看見太陽落下去時，擔心太陽掉到河裡，後來知道山下面沒有河，是一條路，他就放心了。這位媽媽非但沒有笑話孩子的幼稚，反而讚賞五歲的兒子擔心太陽會掉到河裡，心地多麼善良！這個孩子因此覺得和

媽媽的關係像是朋友，因此什麼知心話都會對媽媽說。成人認真傾聽孩子說話，孩子也感到受尊重，他的情緒就得到健康發展；如果孩子心裡有話不能對親人訴說，他會感到壓抑或孤獨，也會感到不受尊重，這樣的孩子會出現反抗心理，有時會故意做出一些明知故犯的錯誤行為，引起成人的注意。

(三) 正確運用暗示和強化

兒童的情緒反應在很大程度上受成人的暗示。例如：一個孩子覺得小蟲子好玩，把它裝在衣服口袋裡，但當媽媽發現後，媽媽害怕的樣子，使孩子以後再也不敢去碰小蟲子了；又如：對食物的好惡也是孩子從小受暗示的結果，一位母親很愛吃滷肉，她邊吃得津津有味，一邊還讚不絕口地說：「好吃！好吃！」她的孩子也喜愛吃滷肉，同樣許多人不喜歡吃滷肉，也是受家人暗示的結果。在某幼兒園的一個班上，午餐剛剛送到班上，老師看一眼就說：「又是胡蘿蔔！」臉上顯示厭惡的表情，很明顯地在這餐飯裡，孩子們都不喜歡吃胡蘿蔔了。因此，要有意識地、正面地藉由日常生活的暗示帶給孩子良好的影響。

孩子的品德行為往往也是藉由暗示逐漸養成的。例如：有的家長在外人面前總是對自己的孩子加以肯定，說：「我們的孩子很喜歡和小朋友玩的！」、「我們小妹摔倒了從來不哭！」等，在這樣的家裡，孩子會養成積極愉快的情緒；另外一些家長常常當著外人說自己孩子的缺點，像是「我們的孩子就是愛哭」、「她體質不好，很容易累！」等，這樣的暗示就容易使孩子養成消極的情緒。

孩子的情緒發展也常受成人強化的影響。很小的孩子就常用哭作為威脅成人的手段，以達到自己追求的目的，其形成的過程往往是這樣的：當媽媽要去上班，嬰兒因分離焦慮而大哭，媽媽為了解決當時的矛盾，給孩子吃糖果或滿足孩子的其他要求，孩子的情緒平靜下來了，甚至破涕為笑，但這正是對哭鬧的一種強化；多次之後，孩子便學會了以此作為手段。另一種情況是，當孩子摔倒要哭時，成人說：「不怕！男子漢跌倒了

自己爬起來！」孩子雖然淚水在眼眶裡轉，卻眞的自己站起來了。類似這樣的強化，有助孩子學會抵禦挫折，減少不安。

五、幫助孩子控制情緒

幼小兒童不會控制自己的情緒，對此，成人要用一些方法協助他控制情緒。

(一) 轉移法

當嬰兒處於過分激動的狀態時，可以用轉移注意的方法，用兒童感興趣的事物，使他擺脫原來的情緒誘因。例如：初入幼兒園的孩子，正在被分離焦慮所困擾，這時利用新奇有趣的玩具，可使其轉移。又如，對四歲以後的孩子，可以用開玩笑的方法轉移其傷心的情緒，當孩子哭泣時對他說：「看這裡有這麼多的淚水，我們正缺水呢，快來接住吧。」這時如果眞拿來一個杯子，孩子也就笑了。有個幼兒總是愛哭，成人對他說：「你眼睛裡大概有小哭蟲吧，他老是讓你哭，來！咱們一起捉小蟲吧！」孩子的情緒也就轉移了。

(二) 冷卻法

低強度的情緒刺激，可以使過分激動的情緒冷卻下來。例如：當嬰兒大哭大鬧時，拿溼毛巾幫他擦擦臉，用輕聲的撫慰語言和他說話，就是使用冷卻法，使他的情緒平靜下來。在孩子處於情緒激動時，切忌火上加油，如當孩子正大聲哭喊，成人通常會被哭鬧聲激怒而不能自控，因而對孩子大聲喊叫：「你再哭，我打你！」或邊打邊喊：「你哭什麼，不准哭，閉上嘴！」之類的話，這樣做不但不能使孩子情緒平靜下來，反而使他越來越興奮。

(三) 消退法

對孩子的消極情緒可採制約反射消退法。例如：有個孩子要母親陪伴

著才能入睡，否則就大哭，母親只好每晚陪伴，有時長達一個小時，直到他熟睡。後來，其父親採用消退法，對他的哭鬧不予理睬，孩子第一天晚上整整哭了五十分鐘，哭累後也睡著了；第二天只哭了十五分鐘，以後逐漸哭鬧時間減少，最後不哭也能安然入睡。但如果在這個過程中母親「心軟」，又來陪伴，問題就不能解決了。

六、教導孩子調節情緒的技術

兒童的情緒表現是天生的，但是隨著情緒的發展，兒童可以調節自己的情緒。兒童在生活中逐漸學會根據社會的習俗和要求來調節自己表現情緒的方式；例如：兒童在自己的要求得不到滿足時，大發脾氣、跺腳，甚至在地上打滾。但是，如果成人逐漸使兒童知道發脾氣並不能達到滿足要求的目的，他就會放棄這種表現手段。

此外，成人還可以教給孩子一些調節自己情緒的技術。例如：

1. 思考法

讓孩子想一想自己的情緒表現是否適當。例如：在自己的要求不能得到滿足時，想想自己的要求是否合理；又如：和小朋友發生爭執時，想一想是否錯怪了對方。

2. 自我說服法

在初入園時要找媽媽、傷心地哭泣時，自己大聲說：「好孩子不哭。」起先是邊說邊抽泣，以後漸漸地不哭了；和小朋友打架時，要求孩子停下來講講打架發生的過程，孩子會越講越平靜。

3. 想像法

遇到困難或挫折，想像自己是「大姊姊」、「大哥哥」、「男子漢」或某個英雄人物等。

隨著兒童年齡的增長，在正確的引導和培養下，兒童能學會正確地處理自己的情緒和情緒表現方式。

兒童社會行為的發
展與輔導

⋯⋯ 第一節　社會行為及其在兒童發展中的意義 ⋯⋯

一、社會行為的意涵

　　社會行為是人與人之間相互作用、相互適應所產生的行為模式。一個
人透過與周圍環境的相互作用，形成了諸如誠實、合作、自我控制、利他
等社會行為，這些被稱為「利社會行為」；也可能形成諸如自私、依賴、
侵犯性等所謂「反社會行為」。衡量或劃分利社會行為還是反社會行為的
標準，是兒童的行為是否符合社會文化和行為準則、價值觀。社會行為的
標準往往是把兒童引向利社會方向而制止反社會行為。

　　社會行為是相對於生物行為而言的。社會行為是在生物行為的基礎
上逐漸在後天的生活中獲得的，並在一定的社會情境下表現出來的交互行

為。社會行為是以交往活動為主的行為，其中包括與物的交往，和與人的交互作用。例如：嬰兒的哭泣是生物行為，它一開始就是一種「不安的訊號」；後來的「哭泣」具有了兩方面的適應功能：一是保證嬰兒的基本需要得到滿足；二是保證嬰兒有充分的機會與成人接觸，以形成基本的社會和情感關係。

從發展心理學的角度來說，個體的發展是從「自然的人」向「社會的人」發展的過程。在這一發展過程中，個體的社會性程度在逐漸發展，其重要表現是：個體的社會性行為的不斷增加，並透過社會行為，在周圍環境中確立自己的社會角色和地位。例如：一個學步兒用手把桌子上的一串鑰匙推到地上，成人把它拾起後，他又把它推到地上，如此多次反覆，每重複一次，孩子同時會發出開心的笑聲。在成人看來，兒童的動作是無意義的，但對於兒童來說，這是他與人交往的一種形式。

兒童的社會行為是在與其周圍環境相互作用的過程中產生，例如：社會性交往在嬰兒時期就出現了，兩個月大的嬰兒能夠把頭轉向同儕；四個月大時，早期的社會性手勢出現；六個月大時，指向他人的微笑和聲音出現了。隨著年齡的增長，兒童產生大量的社會行為，從簡單的情緒活動，到模仿、遊戲等交流活動中，兒童的社會行為從被動到主動，從簡單到複雜，並逐漸掌握了一系列社會行為技巧，形成了相對穩定的人格特徵。

二、社會行為在兒童發展中的意義

(一)影響兒童在同儕關係中的地位

兒童的社會行為的發展，會影響他在同儕關係中的地位，例如：一個對同儕友好、合作、懂得分享、合群、容易接納別人的兒童，在同儕中就會享有較高的評價，被同儕接納的程度就高；而一個攻擊性強、任性、自私的兒童，同儕的接納程度就低。也就是說，兒童社會行為的發展會影響他的同儕關係。

(二)影響社會評價

　　兒童社會行為發展得如何，還直接影響到外界對他的評價。一般情況下，社會評價來自同儕和成人。同儕的評價雖然不那麼有效力，但直接影響被評價者在同儕中的地位；成人的評價一般比較有效力，對被評價兒童有較大的影響，此種社會評價反過來對兒童的行為起一種強化的作用。當兒童的行為表現為利社會行為時，得到的往往是積極的、肯定的評價，而當兒童的行為表現為反社會行為時，得到的是消極的、否定的評價，這些不同的評價又進一步影響兒童的社會行為。

(三)影響人格的發展

　　社會行為是人格結構中的重要部分，兒童人格的發展在很大程度上反映在其社會行為的表現上。一般來說，兒童的社會行為發展良好，或者有較多的利社會行為，可以推斷其人格一般比較健全；而如果兒童的社會行為發展得不好，或者有較多的反社會行為，那麼可以肯定其人格發展存在著缺陷。

········ 第二節　兒童社會行為發展的階段與特徵 ········

　　與其他心理活動、心理過程一樣，兒童社會行為的發展也呈現不同的發展階段和特徵。

一、兒童從出生到一歲社會行為的發展

(一)情緒溝通

　　兒童有哭、有笑、有恐懼、有憤怒，也有愛戀。這些表現有什麼作用呢？首先，它們可以作為兒童與他人溝通的一種形式，用來與他人溝通有關他們的情感、需要和願望的訊息。例如：透過微笑，一個嬰兒可以向他

人表示他喜愛的事物或物體；而皺皺眉頭，則表示他不高興。其次，可以調節社會距離；微笑可以幫助嬰兒維持與看護人的聯繫，而憤怒也可以使陌生人不敢靠近，悲傷和哭泣可以引來成人的照料。

一歲前兒童的社會行為模式主要表現在與周圍人的溝通，而這種溝通由於受到語言發展和動作發展的限制，常只是一種情緒性的溝通；例如：兩個月大的嬰兒能夠把頭轉向成人；三至四個月大時，早期的社會性手勢就出現了；六個月左右，出現了對成人的社會依戀和對陌生人和事物的社會性恐懼。在出生的第一年間，嬰兒產生了大量的社會行為，並對同儕進行一系列的活動，例如：對同儕的微笑、分享、動作模仿等。但是，在一歲以前，兒童的社會行為主要以情緒性溝通為主，這主要體現在母子或親子之間的情感性溝通活動上。而由於嬰兒的溝通能力較低，特別是新生兒，在溝通時主要以哭泣、吸吮、探尋、抓握等本能反射為手段，所以最初主要是父母對嬰兒的各種本能反射做出反應。但是，嬰兒的這些行為，客觀上構成了溝通的訊號，這些訊號使母親以擁抱、撫摸、哺乳等行為對嬰兒做出反應。

一歲以前，當母親給孩子哺乳時，母子之間不僅進行著身體上的接觸，而且不斷進行著情緒上的溝通。在母親給孩子餵奶前，特別是當乳頭進入口中之前，兒童顯得異常激動；餵奶後，母子之間常常有一段愉快的交流活動，儘管嬰兒聽不懂母親對他講的話，但嬰兒的反應常常是愉快的情緒。在母子的互動作用中，不僅使嬰兒的生理需要得到滿足，而且嬰兒與母親的身體接觸使嬰兒獲得一種安全感。

(二)社會性依戀

依戀是嬰兒尋求並企圖保持與另一個人親密的身體和情感聯繫的一種傾向，也指人與人之間一種密不可分的情感聯繫。

1.社會性依戀的建立

隨著嬰兒認知能力的發展，與母親交流活動的增加，嬰兒獲得了最基本的社會反應，如注視、微笑和哭泣等。在生活的頭六個月中，嬰兒的

注視、微笑和哭泣逐漸獲得了社會意義，變得與他人的出現有所關聯。由於再認能力的發展，這些行為發生了一些變化，嬰兒開始偏愛照顧他的人，尤其是母親，對母親給予更多的微笑和注視。當照顧他的人或母親離開時，他會變得不安，開始哭泣；哭泣的時候，照顧他的人和母親的安慰比其他人更為有效，此時，可以看作是社會性依戀的開始。

2. 社會性依戀的發展

進入第一年的後半年，嬰兒的哭和笑不再是取得並保持與母親或照顧者接觸的基本方式，許多嬰兒開始用聲音吸引母親的注意。他們開始爬行，能主動接近和跟隨母親；大約在六個月以後，嬰兒與父母建立了一種穩定的親子關係。許多的研究顯示，多數嬰兒特定依戀開始於六至九個月大時，在依戀形成一個月後，嬰兒開始對陌生人產生恐懼感，這表示嬰兒的依戀已經相當穩定。一歲以後，兒童對新形象產生依戀較為困難，不易與陌生人建立聯繫了。

一旦依戀形成，嬰兒就以各種方式對待依戀對象，例如：經常接觸他們，一起玩耍、玩遊戲。更為重要的是，依戀對象能給嬰兒提供一種安全感，當嬰兒哭叫時，母親把他抱起來後，通常情況下他會安靜下來。

兒童的依戀包括依戀關係和依戀行為兩種。所謂依戀關係表現為「對誰依戀」，而依戀行為則是指「怎樣依戀」，這些行為包括探尋、吸吮、注視、跟隨、傾聽、微笑、發出聲音、哭泣、依偎等。

3. 影響依戀的因素

兒童的依戀是在人際交往過程中發展的，尤其是母子溝通的情形對依戀有著至關重要的作用。此外，依戀的發展還受到其他一些因素的影響：

(1)嬰兒的氣質和智力程度：兒童依戀模式的差別，可能不僅反映親子關係的好壞，而且也反映出兒童對環境中各種變化的敏感性，這種反應的敏感性是兒童氣質類型的反映。在「人格」一章中，我們談到兒童最初的氣質類型有三種：第一種是「容易護理的兒童」，第二種是「慢慢活躍起來的兒童」，第三種是「困難的兒童」。一般來說，容易照顧的兒童與母親有較好的、融洽的依戀關係，而且這種依戀方式主要是注視和交

談，而不是大量的身體接觸。這樣的兒童，不僅容易與母親建立良好的依戀關係，也容易與其周圍熟悉的人建立正常的交往關係。難照顧的兒童經常哭泣、糾纏母親、和母親的關係不融洽，同時，由於情緒比較壞，對母親的依賴性較強，與母親身體接觸的機會多，容易與母親形成特定的依戀關係，但不易與周圍的人建立良好的溝通關係。

其次，智力也影響著依戀的發展。研究發現：大多數智力遲鈍的兒童在與母親的溝通中往往消極、被動，溝通的主動權在母親一方；而正常的兒童通常能夠把握主動權。智力正常兒童比遲鈍兒童更愛注視母親，這種注視常常與喚起母親的反應有關。

(2)**母親的照顧方式**：由於嬰兒接觸母親的機會較多，所以，在兒童依戀的發展中，母親的特點，尤其是母親照顧嬰兒的方式，有著極為重要的作用。如果母親照顧嬰兒的方式是敏感的、合作的、接受的和易接近的，就容易形成兒童的安全性依戀；如果母親照顧嬰兒的方式是不敏感的、拒絕的，往往使兒童形成不安全性依戀，即對母親不十分信任。

(3)**對嬰兒照顧的環境**：兒童與母親的互動是一個雙向的過程，在這個過程中，兒童的特性將部分地決定了母親對兒童的照顧方式，而母親的反應方式又影響兒童依戀的模式或性質。

所謂「照顧環境」，主要是指對兒童的照顧者和照顧的場所。傳統的照顧場所一般是在家庭中，這種情況一直持續到兒童能夠獨立活動。現在，大多數的婦女面臨工作的需要，嬰兒的照顧採取替代照顧的形式，如入托嬰中心、請保姆或委託親友照顧，而這種在照顧場所的變化和多重照顧，造成了母子分離，從而可能影響兒童依戀模式的形成和發展。

另外，有些研究認為兒童的性別、健康狀況、出生次序等因素對依戀的發展有影響。

4. 依戀的作用

嬰兒期的依戀情形關係到兒童的同儕關係。為了弄清依戀與同儕關係的聯繫，斯魯夫（Srowfe, 1983）對四十名兒童從幾個月追蹤到三歲半，在十二個月時被測定為安全型和不安全型依戀的兒童，以後各自發展了相

當不同的社會行為。安全型依戀的兒童自尊、同情、積極性高，而消極性少，尤其是安全型依戀的兒童更以積極的行為來發動、響應和維持與他人的相互作用，他們牢騷少，攻擊性低，朋友多，具有社會競爭能力和社會技能。

人們發現：男孩六歲時的適應不良和行為問題與一歲時的不安全依戀有關係。也有研究發現安全性依戀的兒童傾向於成為「社會領導者」，主要表現在他們常常是活動的發起人，是兒童喜歡選擇的夥伴，當其他兒童有困難或緊張時，他們常常顯露出同情心。

一些研究指出：在生活早期，一旦未能建立正常的依戀或形成了不良的依戀，將會產生許多不良的行為後果，即使環境改變也難以矯正，例如：過早離開父母而未建立正常依戀的嬰兒，不能很好地與人相處，怕玩遊戲、怕冒險、怕探險。

二、一至三歲兒童社會行為的發展

一至三歲的兒童，隨著動作和語言的發展，運思活動和互動行為無論從形式上還是從內容上，都得到了豐富和發展，而藉由運思和互動行為，兒童逐漸發展了更多的社會性行為。

(一) 社會模仿

模仿在一歲以前就早已開始，如模仿動作、語言、表情等，一歲以後的模仿活動則越來越豐富。兒童不僅模仿別人的動作、語言和其他一些行為，而且模仿帶有一定的社會價值取向和判斷。也就是說，這時的模仿是一種選擇性模仿，模仿什麼是根據兒童自己的價值判斷來進行的。例如：為了得到表揚，兒童往往模仿他人受表揚的行為，一旦這種行為在自己身上出現並受到了表揚，那麼，這種表揚就成為一種強化。社會性模仿的範圍比較廣，除了模仿同儕的行為，還模仿老師、親人的行為。

一歲以後的社會性模仿不僅是一種簡單的仿效，其中包含著自己的認知能力，以及一定的價值取向和價值判斷，這種模仿對兒童社會行為的

發展帶來進步。大約在三歲左右，兒童透過自己的認知和價值判斷，特別是行為之後所帶來的實際後果，知道什麼是對的，可以學的，什麼是不對的，什麼是不可以學的。

(二)同儕交往

一歲以後，同儕之間的互動情形則越來越頻繁，到了三歲左右，兒童發展了比較穩定的同儕關係。這時的同儕交往具有下述五項特徵：

1. 以物體為中介

三歲以前所從事的主要活動是對實物的擺弄和操作，兒童對各種物體充滿了興趣，此與本時期的兒童思維特點有關，這個時期的兒童思維處於直覺行動思維，或叫「動作思維」。也就是說，其思維是以動作或行動的方式表現出來，而動作或行動總是有一定的對象，其對象就是各種可以接觸到的實物，如玩具、各種用品、材料、工具等。

這個時期兒童的互動，也是動作性的。當幾個孩子在一起玩耍時，多數是透過動作來進行交流的，動作的對象是幾個孩子能夠共同運用的實物，如玩具或各種用品、工具等。也就是說，最初由於兒童之間還不能開展遊戲，他們無法透過遊戲的方式共同參與一種活動，之所以能夠共同在一起活動，是因為有共同活動的對象；這時，兒童活動的對象是實物而不是同儕，是透過對實物的操作為目的。同儕間的互動，是由於各種物體的吸引而不是同儕的吸引，是以物體為中介實現的互動，即同儕之間是透過對各種實物的操作、擺弄、共享來實現互動，合作是透過對物體的操作達到協調，而互動中的衝突則可能是因為對物體的占有、損壞或其中一方失去了對物體操作的機會和自由。一旦失去了對物體操作的共同機會，實質互動也就實際地結束了。總之，這個時期的兒童能否在一起互動或溝通，過程中的合作與衝突，都與物體有關。

2. 關係不穩定

由於各同儕互動時以物體為中介，加上這個階段兒童情緒的不穩定性，同儕之間的關係也是不穩定的。例如：兩個孩子剛剛湊在一起時，彼

此關係融洽，合作也可能是愉快的，可是當一方企圖占有玩具，或者阻止對方的行動，雙方的關係便出現了障礙。對於多數兒童來說，同儕之間的關係只是玩伴的關係，而這種關係在玩的過程中時好時壞。

3. 自我中心

皮亞傑認爲：從兒童的智力發展來說，這個時期的兒童具有「自我中心主義」的表現。例如：兒童認爲自己所看到的東西，就是別人所看到的東西，自己看不見，別人也看不見。這個時期的兒童，在互動的過程中，也表現出「自我中心」，當然這與智力發展的自我中心表現是不大相同的。互動過程中的自我中心，主要表現爲「以我爲主」，也就是說讓別人聽自己的，而不是相反；如果自己聽別人的支配，大多數情況下是迫不得已的。

4. 缺乏道德意識

由於互動時的自我中心性，此時期的兒童在與同儕交往當中並沒有關於互動規則的義務感，他們只是根據自我中心的準則進行活動，而不能理解別人的看法，也認爲別人想的和自己一樣，不考慮別人的感受和自己有沒有什麼區別，所以自己怎樣想，就怎樣做，並認爲是理當如此。因此，在互動的過程中就不免會出現一些不符合道德要求的行爲，或者破壞互動的規則，例如：對玩具生奪硬搶，或者對同儕施以暴力等。

5. 最初的友誼

一些研究者認爲：兒童早期的發展是不會形成友誼的，因爲「眞正」的友誼尚未出現。然而，近來關於兒童同儕關係本質的研究，對前述觀點持相反的意見。

由於同儕的熟悉、同儕間社會互動的一致性以及雙方特別行爲的出現，例如：相互間積極的情感表現、分享和簡單的遊戲，這個階段的兒童常常表現出「友誼」的關係。研究指出（Howes, 1983）：兩歲兒童間的互動過程中，有一種「情感聯繫」，這種情感聯繫有三個主要特徵：相互喜歡、相互欣賞和熟練的互動技能，而這些特徵便是友誼的最初表現。

有時在互動的過程中，兩個玩伴都傾向於調整行爲以適應對方，交往

的方式也是與對待其他兒童所不同的。而這說明了一些玩伴之間的友誼是存在的。但是，這種友誼是初步的，也是不穩定的，一旦不交往的時候這種友誼就不會存在了。

三、三至七歲兒童社會行為的發展

三至七歲兒童社會行為的發展，主要表現在其遊戲活動中，同時也表現在日常生活的其他活動中，如初步的學習和簡單的勞動活動。

(一) 遊戲中的社會行為

這時期以遊戲為主導活動，遊戲本身就具有一定的社會性。遊戲在兒童身心發展過程有著重要作用，其中之一就是透過遊戲，使兒童的社會行為得到良好的發展。

兒童的遊戲類型是多樣的，從參與遊戲人數的多少及遊戲中的同儕關係來看，可以分為獨自（個人）遊戲、平行遊戲和聯合遊戲等。不同的遊戲，反映不同的人際關係，發展不同的社會行為。獨自遊戲和平行遊戲雖然在遊戲的過程中不反映複雜的人際關係，但也能夠反映出社會行為的發展，如遊戲中的獨立性、不干擾他人的活動等。聯合遊戲或合作遊戲，在遊戲過程中反映複雜的人際關係，如角色分配、分工與合作、制定和遵守遊戲規則等。

此外，遊戲的內容也是多樣的，從遊戲中兒童從事的活動來看，有智力遊戲、角色遊戲、體育遊戲等。角色遊戲是兒童社會行為發展的重要途徑，一般是由數名兒童圍繞同一個主題進行遊戲，兒童藉由擔任不同的角色來實現遊戲的意義，因此遊戲規則、角色分工、角色任務及其關係等的執行情況對遊戲的進行是至關重要的。體育遊戲不僅有規則，而且在遊戲中表現出合作與競爭，也是重要的社會行為。

(二) 日常生活中的社會行為

人處在社會中，社會行為的發展不僅表現在特定的活動，而且大多數

情況下是在日常生活中表現出來，兒童社會行為的發展更多是在日常生活中進行。在日常生活中，兒童要接觸各種各樣的人、事、物，在學會如何與不同的人交往，處理不同的事物中掌握各種社會行為，例如：如何對待長輩、如何對待幼者、知道什麼樣的人有困難、什麼樣的人需要幫助等。

(三) 其他活動中的社會行為

除了遊戲活動和日常生活外，兒童還可能從事其他一些活動，例如：到大自然中郊遊，到社區的一些設施（如公園、博物館等）中參觀，參與簡單的公益活動，進行初步的學習等。在這些活動中，兒童會獲得不同的體驗，形成不同的認識，可以發展不同的社會行為。例如：到大自然中郊遊時，能夠認識到環境與人類的關係，從而發展愛護自然，保護環境的社會行為；到社區的一些設施中參觀時，不僅能夠增長知識，而且要求兒童要遵守公共場所的規則和秩序，有可能發展兒童的社會公德和規則意識；參與簡單的公益服務，可以使兒童認識到勞動服務的意義，發展兒童熱愛公共服務、尊重他人勞動等社會情感和行為。

第三節　兒童的社會行為模式

社會行為是在社會生活中表現出來的，人們以一定的社會標準或價值取向來判斷某種社會行為是否利他或對社會有益，從而區分出行為的不同社會模式，大體上可以區別為利社會行為和反社會行為等兩種模式。利社會行為等兩種模式，表現為人們在共同的社會生活中能夠謙讓、互助、協作和共用等，這種行為模式在處理人與人關係的過程中，是以互利互惠、平等互利、友善為原則的，既有利於自己，也有利於他人，所以又稱為「利他行為模式」。反社會行為模式若是表現在處理人與人之間關係或各種事務時，只考慮個人利益，甚至不擇手段損害他人利益。

社會的發展與進步，要求個體與所屬群體的協調一致，內化社會規

範，維護社會秩序，服從法律，恪守道德標準，承擔公民義務，發揮個體在社會生活中的積極性，與周圍的人形成良好的人際關係，正確處理生活的各種事務。而在這樣的要求下表現出來的行為都屬於利社會行為，如同情、友善、合作、分享等，反之便屬於反社會行為，如攻擊、自私、任性等。

兒童的利社會行為和反社會行為何時出現？又是如何發展的？新行為是如何獲得的？對兒童人格發展的影響？等疑問，都受到國內外專家的關注。茲就前述兩種社會行為模式的發展說明如後。

一、兒童利社會行為模式

(一) 兒童利社會行為的出現

利社會行為的本質在於不期望任何外來的報答，如老師、父母、同儕的表揚和獎勵等。利社會行為是友善行為，它有兩個主要特徵，一是自願性，友善是一種「付出」，而這種「付出」完全是出於自願的；二是內部獎勵性，即作出友善行為的人是為了他人而不是自己的利益。若以這個標準來衡量，兒童是否具有利社會行為呢？

認知心理學認為：處於前運思階段（二至七歲）的兒童，他們的認識是自我中心的，他們只能站在自己的立場上來看待周圍的事物。

行為主義心理學認為：兒童良知並沒有價值標準，他們不受道德標準的制約。兒童對於對和錯的評價，是以行動所得到的快樂或痛苦來決定的，而不是根據對團體好壞的影響來決定的。兒童對行為的評價往往是根據行為對自己的影響，而不是對別人的影響，例如：兒童並不認為拿了別人的東西是不對的，因為他沒有所有權的標準和概念。

利社會行為的出現與兒童的自我意識發展、社會認知能力的發展密切相關。當兒童的自我意識還停留在生理自我，還沒有轉向社會的自我時，真正的利社會行為是不可能出現的。三歲前的兒童自我意識正處於生理自我的階段，那些對他人情緒的敏感性而做出的外在反應（例如：

當感受到他人的痛苦、悲傷、恐懼時，作出同情的情緒反應或援助的行為），雖然都是兒童對外界社會刺激所作出的社會性情緒或社會行為，也是兒童利社會行為發生的心理基礎，但還不能稱之為真正的利社會行為。一些研究認為，兒童前述行為的產生並沒有一貫性，而且具有模仿的性質。

(二) 兒童利社會行為發展的程度

為了研究兒童利社會行為的發展程度，許多研究者自二十世紀 80 年代末開始，採用設計的情境進行研究，例如：設計分配物品的情境，觀察兒童利社會行為的表現，食物以圖片的形式出現，結果發現兒童自願的利他行為水準不高；至於以實際情境的實驗研究客觀的兒童，利他行為的水準更低。

一項《兒童利他行為發展的實驗研究》結果顯示：兒童在分配物品時，無論在假設情境（物品為圖片中的食物）還是在實際情境（物品為實物玩具）中，將自己認為最不好吃的、最不好玩的留給自己的利他行為比例都不高，中班分別為 10% 和 5%，大班也只有 20% 和 30%；而將自己認為最好吃的或最好玩的留給自己的利己行為則比較普遍，中班分別為 45% 和 95%，大班都是 55%（李丹、李伯黍，1989）。

另一項《兒童利他行為發展研究》，所用的材料和方法與前述研究類同，結果也證實中班兒童基本上沒有出現利他行為，尤其在實際情境中，他們把好的、自己喜歡的分給自己，儘管同桌還有兩個同儕投以渴望的目光，他們也視而不見。大班的兒童有利他行為的表現，在分配物品的過程中，不少兒童不是馬上就把最好的東西分給自己或別人，而是經過思索後分給別人（鄭健成等，1990）。

前述研究顯示：兒童時期利社會行為的發展程度還不高，主要原因是利社會行為程度的高低取決於人的行為內在動機的強弱。研究者認為：兒童時期利社會行為的內在動機還沒有完全形成，到七歲以後，其利社會行為的內部動機才逐漸達到成人的程度。

(三)兒童利社會行為表現

1.分享

　　分享是利社會行為的一種表現，是指兒童在有他人存在的場合，能公正地與他人分享物品、活動等，而它的對立面是獨占、多占。

　　兒童分享行為的發展可以分為慷慨、平均分配、分給自己和不會分配等幾種情況。以對物品的分享研究為例，四至六歲的兒童在分享反應中，平均分配的最高，慷慨的其次，分給自己的最少，而且隨著年齡的增長，平均分配和慷慨兩種反應的比例有上升的趨勢，作出分給自己和不會分配的兩種反應有下降的趨勢（周敏，1989）。說明兒童時期在對物品的分配上，平均分配的觀念已占主導地位，其中四至五歲時分享觀念增多，表現為由不會平均分配到會平均分配；五至六歲時分享觀念提高，表現為慷慨的增多。

　　兒童分享行為的發展程度，除了年齡因素外，還受以下因素的影響：

　　(1)**分享物品的數量**：當分享物品與分享人數相等時，幾乎所有兒童都做出平均分配的反應。當分享物品數量達不到每人一件時，慷慨的反應則漸次下降，滿足自我的反應漸次增高。

　　在分享行為中，平均分配和分給自己屬分享層次不同的兩個等級，但這兩者之間具有共同點，即在物品的分配上，不論是平均分配，還是分給自己，都不能少給「我」，從「為我」還是「為他」來劃分，它們屬於「為我」範疇。而慷慨則屬於「為他」範疇，即在物品的分配上是利他原則，如果所分的物品求少於人數，可能沒有自己的份。

　　(2)**參與分享的人與物品的關係**：當分享人物中出現「需要者」時，他們給予較多的注意，較多的兒童傾向於把物品分給「需要者」，特別當物品數量超過每人一份時，「需要者」得到物品的數量比兒童分給自己或分給不需要者的他人多，即當物品有剩餘時，兒童傾向於將多餘的分給「需要者」，而不需要者則不被重視。

　　(3)**分享對象的地位**：當分享對象的地位不同時，兒童的分享反應也

不同。當分享對象有教師或家長，並且物品數量較分享人數少時，兒童傾向於「慷慨」，當物品的數量超過分享人數時，兒童則傾向於分給自己。

(4) **分享物品的用途和性質**：分享物品的用途和性質不同，兒童的分享行為也不同，一般的兒童較趨向於得到「對自己有用」的東西。

(5) **兒童家庭背景和教養方式**：兒童分享行為受父母社經水準和教養方式的影響，父母社經水準較高的兒童傾向於平均分配，「慷慨」行為高於父母社經水準較低的兒童，「自我」行為低於父母社經水準較低的兒童。

從前述影響因素的分析可見：兒童分享行為受分享物品多寡、分享物品性質和用途、分享者地位等的影響，說明兒童利社會行為還沒有真正形成，是沒有擺脫自我的一種反應，但兒童把物品分給「需要者」的行為，是兒童利社會行為發展的表現。也就是說，兒童在利社會行為的發展中，正處在從考慮自己的角度逐漸轉向考慮他人的階段。

2. 謙讓

根據研究發現：兒童的謙讓行為發展水準較低，包括對物品的謙讓和行動秩序的謙讓等，這可能與平時向兒童強調要公正、平等有關。謙讓是一種典型的利他行為，特別是在自己的利益可能因「謙讓」而受到一些損失時，兒童有時很難做到。

我們平時對兒童強化的是公正、平等的概念，教育兒童不要損害他人利益，譬如不影響他人的活動、不隨便拿別人的東西等，這對於樹立兒童公正、平等的觀念是十分必要的，但進一步培養謙讓的行為就遇到了困難，因為公正、平等與謙讓是兩個不同層次的利社會行為。

實驗顯示：謙讓行為是可以藉由教育進行培養的，而且可由特定的訓練在短時間內使兒童產生謙讓觀念，但是個別差異很大。這是因為兒童來自不同的家庭，接受家庭的影響，家長的思想意識、行為準則是否利社會，直接影響著他們的孩子。有的孩子甚至認為別人的謙讓行為是「傻子」，當老師要求兒童要互相謙讓，而且大多數兒童都按照老師的要求做時，有的孩子卻說：「你們都讓吧，把你們的棒棒糖給我好了。」還說：

「小紅花貼紙有什麼了不起的，紙做的，是假的，一下子就壞了，棒棒糖才是真的！」可見，並不是每個兒童都能做到謙讓的，要讓兒童學會謙讓還需要父母及老師的耐心指導。

3. 提供幫助

所謂「幫助」就是在他人遇到困難的時候，提供他人援助，例如：孩子看到媽媽雙手拿了好多東西，就主動跑在前面為媽媽開門；小朋友因個子矮，拿不到書架上的書，主動幫助小朋友把書取下來；奶奶縫衣服時幫奶奶穿針等。由此可見，幫助就是協助別人達到一定的目的。

幫助作為一種利社會行為，在兒童時期的發展情形如何呢？一般來說，兒童知道別人有困難時需要幫助，而且能夠主動、熱情地幫助別人，但年齡較小的兒童還不知道如何幫助別人，例如：老師不小心把筆掉在地上，離老師較遠的一個座位的孩子馬上跑過去幫老師拾起來，給了老師之後自己又回到座位上去，而實際上老師根本用不著別人幫忙，自己很容易就拾起來了，有的時候還不是一個兒童來「幫忙」。有的兒童不知道怎樣幫助別人，有的時候越幫越忙，譬如有的兒童聽老師的話，回家時幫媽媽做家事，當媽媽洗衣服時，他就來幫媽媽洗衣服，結果倒了許多洗衣粉，而且把水弄得滿地都是。另外，兒童有時不知道應何時幫助別人，例如：一個兒童回答不出來老師所提的問題，結果許多小朋友幫他，實際上是代他回答了老師提出的問題。

可見，兒童雖然有了幫助的觀念，但對幫助行為的理解還不深刻，對於如何幫助別人、什麼時候幫助別人，以及幫助什麼等的認識還不十分清楚，所以有時會出現「幫倒忙」的現象。

另外，並不是所有的孩子都能自動幫助他人，有時候你真需要他，他卻不願意，或者故意不幫忙。不過，透過教育，教導兒童幫助他人是一種美德或觀念，也是好孩子的表現，一般的兒童都能對他人提供力所能及的協助。

4. 合作

「合作行為」是表現與他人相互關係的利社會行為，它是與衝突或攻

擊、破壞行為相對立的。合作的目的是透過各方的共同力量，實現各方的共同利益。在合作的過程中，可能合作的各方或多或少地暫時犧牲一些個人的利益，但最終會獲得個人的更大利益。兒童合作行為的特點如下：

(1)兒童的合作行為體現在彼此互動過程中。也就是說，是活動把兒童聯繫在一起，活動作為兒童合作的中介，在共同的利益和興趣的條件下，使他們在活動中實現正常的交往。

(2)多數兒童是善於合作和樂於合作的，但是對於兒童來講，合作與衝突是並存的，合作不僅是活動的過程，同時也是解決衝突的過程。

(3)兒童合作行為的順利進行，有時是以一方的妥協為條件的，如果各方都堅持自己的做法，合作是難以實現的。

(4)兒童的合作行為是以直接興趣為基礎的，他們幾乎不存在為了間接的興趣而維繫合作關係的可能。

(5)兒童的合作關係是不穩定的，他們的合作只限於「此情此景」，只限於某一具體的活動，今天是合作的關係，明天這種合作關係可能就不復存在。

5. 同情

「同情」是對一個遭遇痛苦和困難的人給予精神或感情上的援助。例如：當一個人遭遇不幸，其周圍的人常常透過各種形式給予安慰；而與同情相對的是冷漠，甚至幸災樂禍。

在兒童行為當中，同情是一種比較普遍的利社會行為，這也許是兒童善於動感情，情緒容易受感染的緣故。當兒童遇到一位同儕遭受不幸的時候，如受到別人的欺侮、不小心受傷，或者受到家長或老師的批評，多會投以同情的目光，或者透過其他一些動作進行安撫；又如：一個兒童由於弄壞了家裡新買的玩具，受到爸媽的責罵而傷心地哭泣，在他身邊的兒童說：「你別哭了，別難過了，明天我請爸爸再給你買個新的。」又如一個兒童的爸爸媽媽因為家裡的事吵架，媽媽哭了，她輕輕地走到媽媽身邊，幫助媽媽擦眼淚，逗媽媽開心。以上這些行為都是兒童的同情行為。

同情行為的產生，必須要有同情之心，否則便不會引起同情行為；

而同情心的形成，與日常生活中的教育、影響有關。一個兒童若是生活在一個溫馨、和諧、充滿憐愛之心的家庭裡，那麼兒童就容易產生同情心；反之，如果兒童生活在一個缺少家庭溫暖、家庭矛盾不斷、父母感情不和、對子女無憐愛之心的家庭裡，就較難產生同情之心。

另外，同情行為也有性別差異。一般而言，女孩要比男孩更富有同情心，同一件事，可能會引起女孩的同情，但不一定會引起男孩的同情。女孩一般對各種人和事比較敏感，與他人的情感容易產生共鳴，或者容易受他人情感的影響。

6. 讚許

「讚許」是對他人的一種肯定，是以心理或精神方面的支持，激發他人的良好意識和幸福感的一種利社會行為。一般來說，讚許行為是由他人的成功、成就、貢獻等而起。讚許行為有許多表現，像是語言或口頭上的讚許、表情或眼神的讚許、動作或行動上的讚許等。兒童在表達自己對他人的好感時，以語言或口頭上的讚許居多。

由於他人的出色表現，周圍的人往往對他的出色表現給予積極的評價和肯定，使他意識到自己做出值得大家為之高興的事。但兒童對他人的出色表現能否給予讚許，常受到以下幾種因素影響：

(1)語言表達能力：兒童的讚許行為比較單一，以語言或口頭上的讚許為主，所以，語言表達能力如何，將會影響兒童的讚許行為。有的兒童由於語言表達能力差，心裡有話但說不出來，或者說出來的和心裡想說的不一致，不能表示自己內心想說的。

(2)對他人行為的認知：即他人的行為到底有何值得讚許之處，他人的行為給某個人或大家或大家所屬的群體帶來什麼利益或好處，雖然可能是存在的事實，但每個人的認知是不同的。有的兒童可能認為非常值得讚揚，有的兒童可能覺得比較平常，沒有必要那麼激動。例如：在遊戲中，一個兒童幫助大家解決了一個難題，其中一個同儕說：「呀！你真棒，你總是能想出好主意來」，但在其他兒童看來，可能認為「我也能！不過如此而已」，就不會有讚許的行為。

(3)**人際關係**：如果兩個人之間的關係較好，那麼兒童就比較傾向於或容易產生對同儕的讚許，而如果兩個人的關係不好，即使他人做了十分出色的事情，他可能也無動於衷，有時甚至會出現嫉妒之心。

以上是兒童利社會行為模式中常見的利社會行為。

二、兒童反社會行為模式

反社會行為是兒童經常出現的問題行為，常常表現為違背社會文化、道德標準、傷害他人等。

(一) 攻擊

「攻擊」常常表現為一種對抗，是在自我肯定和自我堅持下都不能實現自己目的而出現的一種反社會行為。攻擊行為是非正常的解決問題的方式，但有的時候，兒童也會把他人無意的行為看作是攻擊，如無意中踩了別人一腳。兒童的攻擊行為發生頻率在兒童所有的反社會行為中出現得最多。

兒童的攻擊主要有兩種方式，一種是藉由身體動作所實施的攻擊，如對他人進行打、推、抓、挖、踢等的動作；另一種是藉由語言所實施的攻擊，表現為對他人說髒話、罵人、挖苦人，以及以尖刻的語言激怒他人的行為，一般情況下以前種攻擊方式為多。茲就兒童攻擊行為的特點說明如後：

1. 非意識性攻擊

這是一種偶然發生的、非故意和非敵意的、對他人造成傷害，例如：無意中撞倒他人、遊戲中拿玩具碰了別人的頭，或吃飯時無意打翻了別人的杯子等。行為主體多無意的，在攻擊者和被攻擊者都沒有任何準備或衝突的情況下發生，因此嚴格地說，這不是一種攻擊行為，但客觀上對他人造成了傷害，而且兒童在「現實邏輯」的原則下，常常認為這是一種攻擊行為，特別是年齡較小的孩子往往把他人無意的過失看作是一種惡意的攻擊而引發衝突。

　　兒童之所以會發生這種非意識性攻擊，常常是由於兒童動作發展不協調所致，或者意識不到自己的動作可能會傷及他人，例如：一個兒童在堆積木，意識不到自己搬積木的動作可能會碰到旁邊玩拼板者的頭。這種非意識性的攻擊，除非對他人造成嚴重的後果，一般情況下可以由動作主體的不安、道歉、內疚等行為化解。

2. 手段性攻擊

　　所謂「手段性攻擊」，是攻擊者為了達到一定的目的而對他人實施有目的性的攻擊，例如：一個兒童為了想得到一件新玩具，推擠別人或從別人的手裡硬奪，這種攻擊的目的很明確，攻擊只是實現目的的手段。另外，這種攻擊並沒有傷害他人的意思，只是想藉由這種手段達到目的。

　　兒童的手段性攻擊也頗為常見，特別是年齡小的孩子，常常採取這種手段來達到自己的目的。主要是因為兒童互動的技能有限，在無計可施的情況下，只好採取強硬的措施。

3. 表現性攻擊

　　「表現性攻擊」是以干擾、破壞他人的活動或行為為樂的攻擊，其攻擊的目的不在於能夠從中獲得什麼物質利益，而在於以攻擊行為本身為目的，從攻擊中得到樂趣，這種攻擊行為就是我們平時所說的「惡作劇」，又叫「挑釁性攻擊」。例如：一個兒童可能會認為把同儕打倒才能顯示出自己是一個勝利者，於是在遊戲中總愛玩打仗、摔跤的遊戲，把別人摔倒在地上，自己就非常高興；也有的兒童藉由干擾、破壞別人的活動，故意惹他人不高興，看到他人不高興的時候自己卻很開心；又如：一個兒童破壞別人已經搭好的積木，別人放好一塊積木，他就給拿下來，如此反覆，別人越生氣，他就越高興。

4. 虐待性攻擊

　　「虐待性攻擊」是兒童自覺或不自覺地對他人在身體上或心理上的損害，以造成他人的痛苦而獲得滿足的攻擊行為。例如：一個兒童故意把別人推倒在地，然後站在一旁得意地看著別人哭，自己卻在笑。這種攻擊行為是兒童時期特有的攻擊行為，是所有攻擊行為中對他人、對自己危害最

大的攻擊行為。

5. 防衛性攻擊

「防衛性攻擊」是在意識到自己可能被攻擊的情況下，出於自我保護而進行的攻擊。這種攻擊是在他人攻擊在先的情況下採取的保護性攻擊，例如：一個兒童對向他進行挑釁的兒童發起攻擊，以便平息他的攻擊或把他趕走。雖然防衛性攻擊具有保護自己的性質，但同樣是攻擊他人的手段，因此，也是一種非正常互動，是一種反社會行為。因為受到他人挑釁的兒童也可以採取其他正當方式制止別人的挑釁。

在一項研究中，研究者要求兒童評價兩種不同的攻擊行為，一種是為了自己得到糖果而攻擊別人，另一種是為了把被別人搶走的糖果奪回來而攻擊別人。結果顯示：不管多大年齡的兒童，都認為被人攻擊而還擊比為了自己的利益而攻擊他人更合法，這說明兒童對攻擊行為的意圖是有所認識的。一般來說，兒童採用「以牙還牙」的方式解決衝突問題，一方面可能是從成人那裡或夥伴那裡學來的，就如一個抱怨自己的孩子受了別人欺侮的家長，可能會讓自己的孩子去反擊攻擊或欺侮他的人；另一方面是受兒童自己思維影響，一些兒童在自己受到攻擊之後，會認為反擊才能在相互關係中建立一種新的平衡，即「他以後就再也不敢欺侮我了」。但不幸的是，這種「以牙還牙」的作法只會使衝突擴大。

(二) 自我中心

兒童不僅在認知方面有自我中心的特點，而且在社會行為發展也存在自我中心的現象。社會行為的自我中心是指在人際交往中，以個人為中心，從個人的利益出發來處理人際關係；自我中心的行為包括自私、唯我獨尊、任性等反社會行為。

1. 自私

「自私」是與「分享行為」相對立的反社會行為。自私是以自己的利益為最高利益，忽視或不考慮他人的利益，即所謂的自私自利，是自我中心的表現之一。

　　兒童的自私行為主要表現在不能與同儕分享玩具或其他物品，拒絕他人參與活動等。在活動中，常因企圖獨占玩具或擔任重要角色而與同儕發生衝突，而衝突的解決往往是他人的妥協，否則就有可能發生更大的衝突。

2. 任性

　　自我中心的又一表現是「任性」。一般來說，兒童的任性是有目的、有意識的，他們常常以任性的行為來達到自己的目的。任性行為的外在表現有生氣、哭鬧、拒絕勸說，甚至在地上打滾，當他的要求得到滿足後，這些行為便頓時消失。例如：一個兒童想要得到某件玩具，要求父母買給他，父母拒絕他的要求時，他就生氣，然後坐在地上不起來，當父母因勸說無效而妥協他的要求後，他馬上就沒事了。任性屬自我中心行為，它常常被一些兒童用來作為達到某種目的的手段。

3. 唯我獨尊

　　「唯我獨尊」是自我中心行為的極端表現。具有唯我獨尊意識的兒童常常只從自己的要求和願望出發，要求「所有的人都必須圍著我轉」，稍有不順心就發脾氣，周圍的人都必須聽他的話。一般來說，這類兒童相對較少，只有長期嬌生慣養的兒童才會有如此表現，而且常常是在特定的環境下才表現出來，像是在家裡、祖父母、外祖父母等面前才表現出來，而在同儕面前或在學校會有所收斂的。

　　此外，兒童的自我中心行為還有偏見、執拗等。總之，兒童行為的自我中心性是常見的反社會行為，雖然形態各不相同，但所反映的實質都是「以我為主」。

(三) 過度依賴

　　所謂「過度依賴」就是兒童在社會生活和社會互動過程中，由於社會互動能力低下或在互動中畏縮、缺乏自信等原因差於互動，而把互動活動的主體推給他人的一種行為。雖然這種行為不像自我中心行為那樣損害互動的對方，但它同樣對正常互動造成困難。

　　過度依賴有的表現主要有三：

1. 在與同儕互動中常常不離父母左右，或在互動中左顧右盼，或無主見等。大多數兒童樂群，喜歡與同儕互動，他們在一起遊戲、玩耍、談笑、打鬧，但也有的兒童在與同儕互動的過程中興致不高，如果有父母在場，他常常不離父母的左右，即使在與同儕遊戲的時候，也經常回過頭來看一看父母，給人一種心神不定的感覺。

2. 在與成人的互動中，常常緊張、害怕，羞於與外人（即便是比較熟悉的人）交談，有時甚至緊張得有些口吃，有的兒童在回答成人的問話時，不知如何是好，有的甚至一句話也講不出來。這樣的兒童在一些生活條件比較落後、日常互動範圍比較小的地方尤其多見。

3. 在被要求單獨處理一些事情或指定完成任務的時候，這樣的兒童常常說「我不行」、「我不會」或者「我不敢」，在日常互動中缺少積極性。

　　兒童過度依賴主要有以下四種原因：一是缺乏社會互動的機會和經驗，不知如何與人互動；二是社會互動能力比較低，因此在過程中不可能取得積極主動；三是人格特點使其對周圍環境的變化反應不敏感，適應能力差；四是缺乏社會成就感。

………… 第四節　兒童社會行為發展的影響因素 ………

一、個體因素

(一) 性格特點

　　所謂「性格」，是一個人對不同的人、事物相對穩定的態度和行為方式。人的性格特點不同，對人、事物的態度和行為方式也不一樣，形成各自的特點。不同性格特點的人，在社會生活中具有不同於他人的獨特態度傾向和行為方式。在兒童時期，其性格既有共同之處，又有個別差異。例如：幾乎所有正常的兒童都喜歡活動，好動是其性格特徵之一，但每個兒

童的活動方式卻不盡相同，有的兒童喜歡拿著「刀」、「槍」到處亂跑，有的兒童喜歡玩各種小汽車；男孩喜歡運動型動作，而女孩則喜歡一些操作性動作；又如：在兒童時期，好奇、好問是其性格特徵之一，但好奇、好問的程度不同，有的兒童既好奇又好問，但有的兒童好奇但不好問。兒童這些不同的性格特徵，影響其社會行為的發展和方式。

(二) 社會技能

兒童的社會技能是兒童社會交往和社會適應的一種重要能力。兒童社會行為的實質，就是與他人的交往，而其社會技能的高低，直接影響著社會行為的效果。兒童社會技能的內容非常廣泛，僅從與社會行為有關的內容來看，包括人際互動、環境適應、自我控制和自我管理以及完成特定任務等技能。兒童的社會行為是兒童社會技能發展的重要表現，社會技能是社會行為的基礎，例如：社會行為中的人際互動行為，受兒童人際互動技巧的影響，有較好的人際互動技巧，同儕人際關係就能處理得好。

(三) 情感

人的情感是人們自身對事物看法的結果，是一種心理體驗。它就像一把尺或是晴雨表，代表人們對事物的不同態度，每個人都會對不同的事物有不同的態度或情感，以及在情感支配下的行為，即使是同一個事物，不同的人也會有不同的情感和態度，從而可能採取不同的行動。

兒童情感的發展特點，決定了情感在兒童社會行為發展中的特殊作用和影響。兒童的情感容易外露，例如：如果一個兒童在活動中生氣了，那就意味著他感到自己受到了挫折或遭到了攻擊，在這種情況下，他會採取與之前不同的行為，如脫離正在從事的活動，轉而進行別的活動，或者使正在進行的活動遭到破壞等。兒童的情緒、情感不穩定，意味著他們對事物的態度亦不穩定，因此可能會採取不同的行為。

(四)認知

　　兒童對事物的認識不同，也會產生不同的行為，在社會行為中，認知的影響也是十分重要，例如：兒童遇到了一個新同伴，有的兒童可能會想：「我不認識他，不知道他是什麼樣的人，我還是躲著點吧！」有的兒童可能會認為：「他看起來比我小，我才不怕他呢！」兒童的認知不同，會使他們產生不同的行為。

二、家庭因素

(一)家庭關係

　　家庭關係主要是指家庭中的人際關係或人與人之間的情感氣氛。家庭關係，尤其是父母之間的關係及親子關係，會在兒童的一般行為中表現出來。如果兒童生活在家庭氣氛愉快、安全，受到關心且感到溫暖，那麼兒童就會發展良好的社會行為；反之，如果家庭關係經常緊張、不和，兒童感到不安全，整天提心吊膽，就可能產生一些行為問題。

(二)父母的期望與教育

　　父母對兒童的期望不同，教育方式也就不一樣，其中反映了父母對兒童發展的態度。例如：有的父母對兒童期望較高，要求較嚴格，讓兒童做有其規，行有其道，兒童社會行為就會得到較好的發展。如果父母對兒童要求不嚴格，甚至放縱兒童的一些不良行為，如霸道、任性、自私等行為，兒童的社會行為可能就會出現問題。

(三)父母的行為

　　父母是兒童的老師，是兒童的榜樣及模仿對象，因此，父母的行為直接影響兒童的社會行為發展。一般來說，如果父母善待他人、熱情、友好，就會為兒童對待同儕提供一個良好的榜樣；如果父母對待工作或日常事務非常細心、有熱情，那麼兒童也會從小受到影響。

三、學校因素

(一) 老師的態度與教育方法

老師對待兒童的態度及其教育方法，常常使兒童體會到其行為是否恰當。如果老師對兒童好的社會行為加以肯定和表揚，就會引導兒童有良好的社會行為；如果老師能及時發現兒童社會行為中的問題並加以糾正，就會使兒童意識到自己所做的是不對的，為了避免受到責備或批評，兒童會有所收斂。

另外，老師對兒童行為的輔導方法不同，對兒童社會行為發展的影響也不同。例如：有一個兒童摘了幼兒園種植園裡的四季豆送給老師，並對老師說：「這些四季豆已經成熟了，再不摘就不能吃了。」這位老師把這個兒童責備了一番：「誰叫你到種植園去的？誰叫你摘四季豆的？以後不准你再這樣做！」這個兒童心裡覺得非常委屈，四季豆明明已經熟了，為什麼不能摘？但又的確知道自己有不對的地方，因為老師沒准許去摘四季豆。如果這位老師不是採取這種責備的態度，不是用這種禁止的方式，而是把這件事當作一次鼓勵兒童觀察的機會，向全體兒童介紹四季豆成熟的樣子（裡面的豆子鼓起來，顏色的變化等），並提出不應自作主張把它摘下來，要先告訴老師，這樣做是對兒童社會行為的正確引導。可見老師的教育方法不同，對兒童社會行為的影響也不相同。

(二) 同儕關係

同儕關係是年齡相同或相近兒童之間的一種共同活動並相互協作的關係。家庭中的親子關係是一種血緣關係，一種撫育關係和教養關係，因而親子間在心理上是不平等的，父母往往處於權威、主動狀態，而兒童處於服從、被動狀態；但同儕關係中，由於他們在生理和心理方面處於近乎相同地位，因而他們是平等的、互惠的，這種人際關係為兒童社會行為的發展提供一個廣闊的空間。

同儕關係的功能在於發展社會認知和社會技能，吸取同儕的經驗，培

養社會責任感，增強兒童間的情感支持，從而使兒童的社會行為在同儕關係中得到發展。在同儕關係中，兒童逐漸認識到他人的特點以及自己在他人心目中的形象和地位，學會參加共同活動，如何相互合作和如何處理與其他人的矛盾，以及如何堅持自己的主張或放棄自己的意見等。

　　同儕關係提供給兒童的經驗，通常容易被兒童接受。因此，同儕關係是兒童吸取間接經驗的重要途徑，它提供兒童大量的經驗，包括遊戲規則、物理經驗、學習方法等。同時，同儕關係體現在共同活動和相互協作上，兒童會掌握一些社會準則，如遵守規則、服從權威、承擔責任、完成任務等，社會行為就是在這種同儕互動發展起來的。

四、社會因素

　　對兒童來說，影響社會行為發展的社會因素主要有社區環境和大眾傳媒。

(一) 社區環境

　　不同的社區風氣各異，即所謂的「社會風氣」，是社會環境的重要組成部分，也是影響兒童社會行為發展的社會因素。例如：城市和鄉村是不同的社會環境，對兒童社會行為的發展帶來不同的影響。城市兒童身居鬧區，現代化生活方式和現代化的生活設備，必然對兒童的社會行為產生影響，更重要的是城市居民對事物的看法、人際關係等，以及由此形成的社會風氣，對兒童的影響更大。鄉村兒童生活在鄉村，自然的味道濃厚，人際關係簡單且純樸，該社會風氣必然對兒童的社會行為產生影響。

(二) 大眾傳媒

　　人的行為往往受一些大眾傳播媒介影響。在現代生活中，影響人類行為的傳播媒介越來越多，如廣播、電視、書籍、報紙、雜誌、各種海報、DM、宣傳標語等，隨著生活的現代化，電腦資訊業的發達，尤其是近年來快速發展的網際網路正是目前最具影響力的大眾傳媒，而這些傳

媒，以其特有的方式，向人們傳播各種生活方式、價值觀念、理想、信仰等。

影響成人的大眾傳播媒介，幾乎也同樣地作用於兒童，只是由於兒童的年齡特點等因素，對兒童的影響與對成人的影響不同而已。但是，各種視聽媒介幾乎都有針對兒童的，如廣播、電視節目、各種兒童讀物、兒童電腦及軟體等，兒童不僅從這些媒體中獲得很多訊息和知識經驗，而且對兒童的行為確定形成影響。有些傳播媒體對兒童具有強烈的吸引力和感染力，兒童受電視節目中人物的影響，學習各種社交語言和行為，以及透過兒童讀物學習做人的道理等。

值得注意的是，傳播媒體對兒童有正面影響，也會產生負面的影響。例如：看電視的時間過長，不僅會影響兒童身體的發育和健康，而且會占去兒童戶外活動和與同儕交往的時間。另外，如果傳播媒體所傳播的內容與兒童的年齡特點不相符合甚或有害，問題就更為嚴重了。

第五節　兒童社會行為的輔導

兒童的社會行為是在社會生活中發展起來的，不是先天就有的；良好的社會行為需要良好的教育進行培養，而不良的行為也需要良好的教育來糾正。兒童社會行為的輔導，就是要培養兒童的利社會行為，如幫助、分享、謙讓、合作等，避免兒童產生反社會行為，如攻擊、自私、偏見、自我中心等。

在兒童時期，兒童由家庭進入社會這個更廣泛的生活空間，使兒童比以往任何一個時期與社會有更多地接觸，並與家庭以外的人進行互動，為兒童社會行為的發展提供了環境條件。兒童社會行為的發展，關鍵是在這個時期所接受的教育，以及與外界互動所形成的對社會、同儕、成人的態度。這些因素不僅決定兒童社會行為的方向和性質，且影響到今後社會行為的方向和性質。

一、兒童社會行為輔導的原則

(一) 由近而遠，循序漸進

　　不同的兒童，其社會行為的動機是不同的。因此，對兒童社會行為的輔導要從兒童本身出發，由近而遠，循序漸進。例如：幼兒還沒有擺脫自我中心，其利社會行為的動機可能還處於為了得到物質獎賞，這時可以逐步減少物質獎勵的次數，並由實際的物質獎勵，如小貼紙，然後過渡到精神獎勵，如當兒童出現利社會行為時，成人可對兒童進行口頭讚揚，或撫摸一下兒童的頭，並說：「真是個好孩子！」以這樣的方式逐步培養其利社會行為的自覺。又如：當兒童只習慣于考慮自己時，要教育他們想到別人，幫助兒童設想他人的處境，體驗他人的心情，認識別人的困難和要求，學會與別人分享，最後達到厚人薄己的謙讓。

(二) 在生活當中實踐

　　對兒童來說，其利社會行為的表現主要反映在他們日常生活中。同時，兒童的思維是依賴具體的，離開了具體事物，只靠抽象的說教是兒童難以接受和理解的；即使兒童口頭上說知道了，也不會運用到實際生活。因此，兒童利社會行為的培養，必須貫徹在他們日常生活的實踐中，在他們的學習、遊戲，以及日常生活的各個環節，使兒童懂得什麼是利社會行為，並藉由反覆實踐累積經驗，養成自覺的行為習慣。

(三) 同步教育

　　所謂「同步教育」，也稱「一致性教育」，即幼兒園、幼兒園和家庭之間、家庭成員之間對兒童進行一致的或同步的教育。兒童社會行為更為明顯出現的問題，許多情況是由於教育的不一致所造成的，尤其是家庭教育問題更為明顯。一些兒童在幼兒園的生活表現自私自利，他們在家庭和社會生活中講實惠、占便宜，家庭成員對事物的認識和行為著實影響著兒童。其次，由於兒童在社會道德認識方面還處於尊重權威的階段，對於家

長的言行是全面接受的，所以極容易受到家長不良言行的影響。因此，幼兒園在教育兒童的同時，不可忽視尋求家長合作。

另一方面，幼兒園的成員對兒童社會行為的要求也要一致。不同的工作人員，在兒童面前都是老師，只是分工不同。所以，在兒童看來，不論是家長、老師、教保員或其他人，只要是成人都是他們的長輩，兒童會尊重他們，他們說的話、做的事，兒童都看在眼裡，記在心裡。因此，成人對兒童的教育要一致，而且言教和身教也要一致，以自身的行為影響兒童。

二、兒童社會行為輔導的方法

幫助兒童認識不宜行為所造成的後果，如隨便打斷別人的講話或遊戲，會使人感到你討厭、沒禮貌，於是不願意理你；故意搗蛋、侵犯他人，會使人認為你是一個壞孩子，沒人願意和你玩；打人、罵人會傷害別人，使人覺得疼、生氣、不高興。讓兒童知道這些行為不僅不能解決問題，而且所有的人都討厭這種行為。在遊戲中遵守規則，懂得分享與合作，大家才能和睦共處。

(一) 移情訓練法

所謂「移情」，是對他人所處某一情景中情緒的理解與分享，亦即「設身處地理解他人的感情並產生共鳴」。移情訓練能使兒童善於體察他人的情緒，理解他人的情感，從而與之共鳴，這是改善兒童社會行為的重要方法。

首先，幫助兒童理解自己的情緒，然後改善對他人情感的理解，例如：在講故事時，在要求兒童說出故事中人物的情緒感受之前，先要求兒童嘗試理解自己的情緒反應，體驗自己在某種場合中的感受後，兒童才能逐步地理解別人在不同場合中可能產生的感受。如此一來，對他人的內心體驗的理解才會所有改善。一旦兒童能夠站在別人的角度上看問題，他們的自我中心傾向便趨於削弱或消退，對他人的關心和理解才趨於增強。

有些兒童不能很好地與人相處，是由於認識不到自己的行為的後果以及自己的行為對別人有什麼不好的影響。對於這樣的兒童，要幫助他們設身處地為別人考慮一下：「如果他們是你，會怎樣想？」、「如果他們這樣對待你，你有什麼感受？」這樣能使這些兒童逐漸改善自己的行為。

(二) 生活鍛鍊法

這裡所說的生活鍛鍊，是藉由安排一些教育活動和情境，在實際生活中進行行為訓練。研究顯示：幼兒園中，大班的兒童對假設的和真實的情境能夠加以區別，在一切並不真正涉及個人利益的假設情境中，和在實際生活中的行為表現有很大的差異。在假設的情境中，兒童的利他行為較多，而在實際生活中，利他行為則幾乎很少出現。因此，那種脫離兒童實際生活的假設情境（如教育教學中的情境）是不能單獨用來進行行為訓練的。另外，兒童有言行不一的現象，口頭說的與實際做的差別很大。當你問兒童：「在遊戲的時候，玩具不夠每人一份，怎麼辦？」從兒童的口頭報告看，幾乎所有的兒童都會說先讓別人玩，自己後玩，可是在實際活動中卻是另外一種情境，大家爭著、搶著去拿玩具。由此可見，只有在實際生活或活動中，才能真正表現社會行為或發展狀況，也必須藉由實際生活的鍛鍊，才能使兒童落實各項行為。

(三) 同儕互動法

兒童良好的社會行為是在社會生活中，特別是在同儕間的社會互動發展起來的。因此，提供同儕之間社會互動的機會，幫助兒童建立良好的同儕關係，是良好社會行為發展的重要途徑。

老師或家長要對兒童同儕關係的作用有正確的認識，重視同儕關係在兒童社會行為發展中的作用。在現實生活中，成人往往會自覺或不自覺地干擾兒童間的正常互動，甚至為兒童的同儕關係設置障礙。例如：有的家長為了不使房間被弄亂，對孩子帶回來的小朋友持不歡迎的態度。在一些公共場所，家長總是站在兒童之間「保護」自己的孩子，實際上也妨礙

兒童交往。在幼兒園中，有的老師怕兒童間的互動影響秩序或自己的計畫，往往過分干涉兒童的交往活動。事實上，兒童身為社會成員之一，社會互動是正當而且必要的，兒童有與他人互動的需要。而且，良好的社會技能和社會行為只有在實際交往活動中才能形成和改善，例如：透過交往活動，兒童學會如何抑制自己的攻擊或侵犯的衝動等行為，學會在何時、怎樣適當地堅持自己的權利和願望等。這些技能的形成只有在同儕互動中才能實現，在與成人的關係中是不可能充分發展的。

另外，成人要為兒童發展同儕關係創造有利條件。兒童的社會行為是在生活以及同儕關係中逐漸形成的，而同儕關係是兒童在共同活動中逐漸建立起來的。所以，提供兒童之間共同活動的機會，促進兒童的正常互動，發展兒童的同儕關係，是兒童社會行為發展的重要條件。

(四) 榜樣影響法

榜樣的作用在形成利社會行為方面比訓誡更重要。在社會行為發展中，兒童總是透過對他人的觀察來學習社會行為的；透過對他人（榜樣）行為的觀察，兒童獲得了有關行為正確與否的判斷。例如：在觀察中，兒童認識到幫助別人是好的行為，會受到老師的贊同和好評；獨占玩具是錯誤的，會受到老師的批評等等。

透過榜樣來影響兒童是有說服力的，但到底什麼樣的人能夠成為兒童的榜樣呢？一般來說，兒童的榜樣是他尊重的、有權威的成人，如父母、老師等，也可以是他經常接觸的同儕或玩伴。成人的榜樣作用重在以身作則，身教重於言教；同儕的榜樣作用則在於同儕的行為受到稱讚後的喜悅心情對兒童的影響。不論哪種榜樣，都應該使兒童從榜樣的行為中認識到，好的行為不僅對別人有益，對自己也有益，例如：幫助別人，不僅受到幫助的人因解決困難和問題而高興起來，助人也會受到人們的好評和讚揚，並因自己做了好事而覺得愉快。

兒童人格的發展及
其輔導

一、人格的意義

(一)「人格」一詞的來源

　　「人格」一詞來自拉丁文「面具」（*persona*）；面具是在戲臺上扮演角色時所佩戴的道具，它表現劇中人物的身分。在演戲時，不同的角色戴不同的面具，因此戴面具的人一出場，觀眾就能夠知道這是一個什麼樣的人，如「高傲的人」、「狡猾奸詐的人」等。「人格面具」就是生活舞臺上活生生的人的形象，它是表現於外的、在公眾場合上的自我。總之，戲劇與生活，演員與角色，假定的和真實的性格，是關係緊密、

難免混淆的。所以，在古代，角色一詞經過一系列的擴充和改造，使這個具體的名詞變成一個抽象的和意義眾多的名詞，如在西賽羅（Cicero, 106～43 B. C.）的文章中，至少就有四種不同的意義：

第一，一個人表現在別人眼中的印象，它不是一個人真正的樣子，即人格作為假面殼的第一邏輯引申是「外表的樣子」，不是真正的自我。它是作為虛構的、冒充的、假託的自我。這個意義還保存在精神分析學家榮格的學說和人格的某些定義中。

第二，某人在生活中扮演的角色，譬如：一個科學家、哲學家等，他是演員在戲劇中充當的人物性格或角色。

第三，使一個人適合於工作的個人特質總和，是一個具有優異品質的人。這種意義對於心理學中各種人格定義的發展有重大的作用。

第四，優越和尊嚴，也就是聲望和尊嚴。這個意義很快就被吸收到羅馬的社會階級制度中。

根據前述人格的表述，人格意指假定的、虛構的東西，也意指極其重要的、內在的和本質的東西。

(二)人格的心理學意義

西方心理學中關於人格的意義，是由他們對人格內涵的不同理解所決定的。人格的內涵也就是人格的本質，主要有以下幾種觀點：

1. 人格是由無意識的生物本能所決定的典型心理學特徵。如精神分析學家佛洛依德認為：本能是人格的決定因素，由於本能在人生早期的表現不同，從而形成不同類型的人格。

2. 人格是由環境所決定的，是轉化於外的行為方式。如行為主義者華生認為：環境是人類行為的決定因素，行為習慣是人格的最基本構成物，由於人們所受的環境影響不同，便形成了不同的行為習慣，從而形成了不同的人格。

3. 人格是由人的基本潛能所決定的特殊心理特徵。人本主義學者認為：人的潛能對不同的人有不同的表現形式，所以形成了各異的人格，但他

們認爲潛能是天生的。

4. 人格是認知、環境交互作用而形成的典型心理學特徵。認知社會學習
理論學者認爲：內在的認知因素和環境的交互作用是人格的決定因素，
由於這種交互作用的經驗不同，人們便形成了不同的人格特徵。

　　這四個主要觀點歸納起來，有兩種相同的看法：一是人格是由一定的
力量決定的，無論這種力量是什麼；二是人格是指人所特有的典型心理特
徵。

(三) 現代人格的定義

　　現代對人格的概念仍有分歧，但透過對各種定義的總結，人格概念可
能具備以下幾方面的內容：

1. 總體性，即人格是行爲的總體。
2. 整合性，重視人格的組織機制，它具有中心，並根據一定的原則組合
並構築起來。
3. 層次性，強調心理機能的層次作爲人格的特點來看待。
4. 人的適應行爲。
5. 人的差別。
6. 人格的社會性。

　　可以說，人格的主要結構就是人的表裡統一。

二、人格的特徵

　　俗話說：「人心不同，各如其面。」世界上任何地方沒有兩個完全相
同的人，即使是同卵雙生子也是有差別的。這說明每個人的人格有不同的
具體特徵。但是，人格又有其總體的、一般的特徵。

(一) 整體性

　　人格的整體性特徵表現出一個人的「生活風格」。譬如：如果一個人
身上存在一種「幽默」的特點，無論他在何時何地以及與何人相處，都表

現出一種「幽默」的風格。

(二)滲透性

人格的滲透性表現，爲一個人的人格特徵會對其心理各個方面產生影響，使其心理的各個方面都表現出一定的內在傾向。例如：說某人伶俐、賢慧、踏實、穩重、吃苦耐勞等，藉由這些重要的特點，可以使人們對他有個概括性的了解。

(三)穩定性

俗話說：「江山易改，本性難移。」人格一旦形成，就具有相對的穩定性。譬如：一個人容易激動、心直口快，到老的時候也還是具有這些特點的。

(四)差異性

人與人之間的人格存在著明顯的個別差異，譬如：有的人性情溫和、容易交往和接觸；有的人則個性火爆，較難相處。對於同一事物，不同人格的人有不同的反應，正如「同樣的火候使黃油融化，使雞蛋變硬。」

第二節　佛洛依德的人格發展論

佛洛依德（S. Freud, 1856～1939）是十九世紀末奧地利精神科醫生，他在治療和研究精神病患者的基礎上，創造了精神分析學派。他用心理分析法（精神分析）來治療精神病，並且獲得一定的療效，在這一基礎上進一步提出了他的人格學說。

一、三種人格系統

在佛洛依德的人格發展理論中，有三種人格系統，即「本我」

（id）、「自我」（ego）和「超我」（super ego）。這三種人格系統只是理論或概念上的描述，並不是可以從生理上加以區別的大腦結構。

(一)本我

「本我」是兒童人格系統中本能行為的部分；「本我」是以一種衝動的、非理性的方式直接尋求快感或直接避開痛苦的本能。例如：當幼小嬰兒感到飢餓時，會引起衝動性的大聲哭叫，以此來獲得吃的東西，或得到成人的關照，雖然這種行為不一定就能獲得吃的東西，甚至還可能招來一頓責罵，但是他仍會不顧一切地繼續大叫。佛洛依德認為：「本我」所有的本能都受「快感原則」（pleasure principle）控制的，而在本能或快感原則的支配下，兒童會不顧外在環境，以一種非理性和衝動的方式來達到自己的目的。

(二)自我

「自我」是人格中理性的和適應的部分，表現在能夠分清是非，知道什麼是對的、好的，什麼是錯的、不好的。當本我的本能衝動無法給予適當的滿足時，就促進了自我的發展。例如：年齡稍長的兒童，如果他們的需要不能像他們幼小時候那樣得到滿足，甚至一些不當的要求可能引來懲罰；這時，在他們的經驗當中，想像和現實便有所區分，不是自己想怎樣就能怎樣的。因此，本我的本能衝動受到了挫折，從而提供了形成自我的動力。

自我的發展能使兒童對自己的需要進行現實的分析，從而知道社會讚譽什麼、獎賞什麼，也知道譴責什麼和懲罰什麼，以客觀要求來決定自己的行動。例如：幼兒在幼兒園活動中，常常透過助人、合作等適當的行為來表示自己是友好的，以便能夠使自己為同儕所接納。佛洛依德認為：自我拋棄了本我的快感原則，而改為現實原則。

(三) 超我

盲目衝動性和尋求快感是「本我」的主要特徵；而現實性和適應性是「自我」的主要特徵；「超我」則以道德性和理想主義占支配地位為特徵。「超我」是在五至七歲之間開始發展的。佛洛依德認為：「超我」的發展以性器官階段結束時產生的兩項事實為先決條件；一是兒童能夠壓抑自己對父母中異性一方的依賴情感，同時也能壓抑自己對父母同性一方的敵對情感；二是兒童能夠把自己和父母中同性一方的行為納入認知體系中，是作為發展的依據，如兒童能夠把父母的觀點內化並作為自己的良心和道德準則的基礎。當超我發展起來之後，兒童開始掌握了一種內在獎賞和內在懲罰系統，例如：當自己的想法和行為符合于良心和道德準則時，兒童會體驗到自豪、自尊和自愛等愉快的情感；而當自己的想法和行為不符合道德準則或違背了良心時，就會體驗到內疚、羞愧和自責等痛苦的情感。

二、人格發展階段

佛洛依德的人格發展理論是建立在他的性發展理論。他認為：人發展的基本動力是「本能」，尤其是「性本能」的驅動；所謂的「性」，一方面包括與生殖活動有關的活動，另一方面還包括吸吮、大小便、皮膚觸摸等凡是能直接或間接引起機體快感的一切活動，所以，他的理論又叫「心理性需求發展理論」。他認為：人在出生後就有性的驅力，並且身體上有許多的敏感區，在人們使用或操作此區域時，就有一種快樂的體驗，稱之為「性滿足區」。隨著年齡的不斷增長，人們所使用的敏感區也不同，如兒童時期，就有口腔、肛門和性器三個最重要的區域，在不同的時期，敏感區也不同，可以分為口腔期、肛門期和性器期等，這就是佛洛依德提出的人格發展不同階段。

在佛洛依德看來，人格（心理性慾）發展的每個階段都有三個一般特徵：一是每個階段都有不同的性感帶（erogenous zone），並集中著「力

比多能量」（libidinal energy）；二是每個階段都有某些對象或活動可以引起快感，譬如：在口腔期，把東西放進嘴裡的活動是一種快感；在肛門期，排出或忍住大小便；三是在每個階段中，如果需要得不到滿足或過度滿足，都會引起「力比多固著作用」（libidinal fixation）。也就是說，某一階段的慾望和行為，可以變得固著不變和永久存在，而且個人會產生某些象徵固著慾望和行為的人格特性。例如：在出生後的最初幾個月中，如果嬰兒的口腔慾望不能充分滿足時，可能導致那些本是口腔階段最初幾個月特徵的口腔被動性和依賴性的永久存在。

佛洛依德認為：人格發展的每個階段都可能產生人格固著問題。所謂「人格固著」，就是在人格發展的某個階段，如果存在了阻礙其發展的因素，就無法順利地過渡到下一個階段，那麼就會產生人格問題，並影響到後來的人格特徵。

茲將佛洛依德的人格發展階段列述如後：

(一) 口腔期：○至一或一歲半

1. 口腔期的涵義

口腔期出現在從出生到一歲或一歲半。這個階段，兒童處於哺乳的過程，生活中使用最多的是口腔，如吸吮、吞嚥活動、咿呀學語，甚至對一些物體的認識也是透過口腔來進行的。孩子手一拿到東西，總是喜歡往嘴裡放，所以口腔被認為是孩子認識物體的最初器官。

口腔期的孩子處於藉由吸吮、吞嚥活動來獲得生存所需營養，口腔是他生存的重要器官。在透過口腔獲得營養的同時，吸吮活動本身也是使孩子感到快樂的行為，能夠引起口腔期快感的對象包括食物及任何可以往嘴裡送的東西，如奶瓶、湯匙、手指等。因此，我們常常看到當手指或乳頭等物碰到新生兒的臉部時，他就會主動去尋找，並試圖吸吮。嬰兒總是喜歡把東西放進嘴裡，凡是可以放進嘴裡的東西都可能成為口腔活動的對象。

2. 口腔活動的主要形式

口腔活動的主要形式，一般是吸吮；此外，還包括幾種特殊的活動，如含住、吐出、咬等。

3. 口腔期人格

佛洛依德認爲：幼時的一些經驗，會影響到以後人格的形成，口腔期也是如此。口腔期人格可能有以下幾種：

(1)吸吮型：在人格上屬於接納型。這種類型的人大都有一種過分的需要，想把各種東西放進嘴裡，形成一些嗜好。譬如：有的孩子沒病也願意吃藥，吸吮手指，長大後吸菸、喜歡飲酒等，在人格上常常表現爲一種被動性或他控性。

反映在社會生活中，這種類型的人對「獲取」事物有較強的需要，他們更喜歡從環境中索取。譬如：對物品、財富的占有，權力慾望，重視榮譽，獲得朋友、知識等的慾望較爲強烈。

(2)含著型：在人格上屬於固執型。這種類型的人往往比較固執、堅持己見；對活動的注意力比較容易集中，堅持性強等。

(3)吐出型：在人格上屬於拒絕型。這種類型的人往往表現出將錯誤推諉於他人，拒絕別人的指責和批評，聽不進對他不利的話。

(4)咬嚙型：在人格上屬於攻擊型。這種類型的人傾向於愛用語言攻擊他人，挖苦和諷刺，或愛咬文嚼字。

(5)緊閉型：在人格上屬於防守型。這種類型的人往往對各種事物採取懷疑的態度，疑心較重，常常有一種心理上的防範。

(二)肛門期：一或一歲半至三歲

1. 肛門期的涵義

肛門階段出現在生命的第二年，肛門一帶成爲快感的中心。在這一時期，兒童必須學會控制生理上的排泄，以使他們符合社會的要求。

在肛門階段的初期，快感來自糞便的排出，它可能形成一種肛門排泄的人格特徵，例如：表現爲邋遢、浪費、無條理和放肆，或表現爲慷慨大

方，願意把他擁有的一切贈與別人。到肛門階段的晚期，快感來自於對糞便的克制，它可形成肛門便祕型的人格特徵，如過分乾淨，過分地注意條理和小節、吝嗇和小氣等。因此，佛洛依德特別建議父母對兒童大小便的訓練不宜過早、過嚴。

2. 肛門期的主要活動形式

肛門期的主要活動形式是對大、小便的排除與保持。

3. 肛門期人格

(1)排除型人格：這種類型的人在大小便上不加控制，在人格方面的表現普遍是缺乏自我控制，衝動性的行為較多，例如：生活和生活環境比較凌亂、說話時容易帶「髒」話或罵人的話、對權威人物不屑一顧，對要求公眾控制自身行為的社會權力機構反感、蔑視等。

(2)保持型人格：由於兒童時期大小便受到嚴格的控制，所以形成了一種肛門保持性格。這種類型的人，反映一種過度的控制需要的行為，個人的生活極端地有秩序，自我控制過分嚴格，生活環境極端地整潔；對權威人物和社會權力機構過分地尊重和服從。在自己的生活中，表現出來的被動性、強迫性的行為較多；在人與物的關係上，表現為過度地吝嗇，對自己的財物比較小心謹慎，譬如愛錢如命等。

(三)性器期：三至五、六歲

1. 性器期的涵義

性本能集中在性器上，性器成為兒童獲得快感的主要來源。這個時期的兒童喜歡撫摸生殖器或顯露生殖器，在行為上也開始出現了性別之分。

2. 性器期的主要活動形式

這個時期的主要活動表現為「戀母情結」和「戀父情結」。按照佛洛依德的說法：這個時期的男孩十分愛戀自己的母親，而十分忌恨自己的父親，但又害怕父親的懲罰，因而把對父親的恨轉為模仿父親的行為和態度，以博得母親對他的愛，這就是所謂的「戀母情結」；女孩的情況則相反，稱為「戀父情結」。

3. 性器期人格

(1)「戀母情結」人格：這一階段的男孩十分愛戀自己的母親，把母親（從而又引申到女性）看作自己快樂的源泉和目標，然而他卻憎恨父親，又怕父親的懲罰，從而產生了「閹割焦慮」。為了解決這一問題，一方面以抑制的方式來解決戀母情結，即由於孩子有對母親的可怕的慾望，但又有對父親的憎恨，因此不敢表現出來，像是藉由作夢和藝術創造，使他們被迫進入無意識狀態；另一方面是以父親自居，把對父親的恨轉化為模仿父親的行為和態度，以博得母親對他的愛。

在此階段如果出現固著現象，就會出現不同的人格特徵，即戀母情結人格。他們做事往往不考慮後果，非常自信，對自己的能力和價值評價過高，他們常常自負、自誇，力求證明自己「是一個真正的男子漢」。

(2)「戀父情結」人格：與男孩的戀母情結相對的是女孩的戀父情結，這一階段的女孩對父親十分愛戀，而對母親卻喪失情感。一方面，母親是她愛的第一個對象，當她注意到自己和男孩在性器方面的差異時，喪失對母親的感情，而轉到對父親的關注上；另一方面，她又為失去母愛而恐懼，因此她以自居為母親而成為父親的愛物，但後來她發現是不可能的，最後才使此情結被驅除掉。

在此階段如果出現固著，或者說如果女孩子沒有安全地解決好這個問題，性格上會產生女性的虛榮心，往往把自己的風韻評價得過高，具有嫉妒心，甚而看不起男人，也看不起同性。

(四) 潛伏期：五、六歲至十一、十二歲

兒童從五、六歲以後，性衝動暫時隱沒了，幾乎沒有明顯的性衝動表現。這個時期的最大特點是對性或與性有關的活動缺乏興趣，他們把能量集中在其他事情上，如學校功課、參加各種有益的團體活動、遊戲以及智力活動等，而且女孩把自己侷限於全部都是女性的群體，男孩把自己侷限於全部都是男性的群體裡。正因如此，佛洛依德才把它稱為「潛伏階段」，他認為這一階段在兒童人格的形成中是極為重要的，以後的人格發

展基本上是由這一階段決定的。

(五) 生殖期：十一、十二歲至二十歲

　　這是發展的最後階段，發生在青春期，女孩約從十一歲，男孩約從十三歲就開始了青春期。佛洛依德認為：口腔、肛門、性器三個階段是前性階段，在潛伏期之後，隨著青春期的到來，孩子們又開始了第二次性慾衝動，但與前性階段不同的是，兒童已從一個追求肉體快感（直接目標）的孩子轉化到追求更有價值的目標上，如配偶或撫養子女等。因此，佛洛依德認為：青春期最重要的任務是從父母那裡擺脫自己，建立起自己的生活，尋找同齡的夥伴，考慮建立穩固的、長期的性關係。

　　前述佛洛依德的人格發展階段論對人格解釋提供重要的參考。佛氏理論有創新之處，但所提出的部分理論假定亦受到不少人批評。茲就佛氏理論的貢獻及其所受的批評歸結如後：

1. 佛洛依德人格發展理論中，特別強調人格形成與兒童早期經驗有關，與父母對兒童的教養態度有關，對於推動人們認識兒童早期經驗的研究有重要意義。

2. 佛洛依德把人格結構劃分為本我、自我和超我等三個部分，它們之間的矛盾在某種意義上反映了人的本能與現實環境和社會道德要求之間的矛盾；而透過對這些矛盾狀態的描述，使人們開始看到了動機、情緒在心理發展中的作用，並把人格的發展過程看作是動態變化的過程。這對於心理學中重理念輕意慾、重意識輕無意識的傾向的改變是一個重大貢獻。

3. 佛洛依德是性本能論者，他把人格發展的基本動因歸於性本能或力比多，認為性本能的滿足與否直接影響人格的發展。但是，他把性的作用直接與心理人格的發展聯繫起來，其關聯論述不強，缺少嚴謹的證據。

4. 佛洛依德的人格發展理論所依據的資料，主要是來自於佛洛依德個人的診斷經驗和他個人的分析，缺乏科學的實驗依據，純屬於邏輯推斷。他的理論曾提出的部分觀點，現在已經被一些研究所否定，例如：

佛洛依德認為兒童的超我是因為害怕父母的懲罰而形成的，但一般的研究認為：一個害怕懲罰的兒童是難以真正形成道德觀念的；又如佛洛依德關於兒童的「戀母情結」的說法，一些研究認為這種情結並非普遍存在所有的男孩身上。

5. 佛洛依德的人格發展理論是建立在對精神病人的研究基礎上，其理論在解釋精神病人的異常人格及心理治療方面有重要意義，但把他的人格發展理論用於說明和解釋健康個體的人格發展，顯然是不恰當的。

·········· 第三節　埃里克森的人格發展階段論 ··········

　　埃里克森（E. H. Erikson）是現代精神分析學派的代表人物之一。他受佛洛依德精神分析的影響，但後來他在自己的臨床觀察和實際經驗之後，對佛洛依德的理論提出了修正，建立了代表現代精神分析學派的人格發展理論。他的代表作《童年與社會》（*Childhood and Society*, 1950）有廣泛影響，他並提出人格發展八階段的理論。

一、基本觀點

　　埃里克森對人格發展階段的基本觀點有五，茲分述如後：

1. 心理發展是一個連續的、漸進的過程，可以分為八個社會心理階段。

2. 每個發展階段有一種新的主要衝突（社會心理危機），衝突是階段的代表。他用一個圖作說明（見圖 8-1），強調不要把圖上所列的時期當作量表，不要把它單純看作是一種成就，而要看到衝突的兩個方面。他用辯證動態的觀點，說明每個階段質的區別。

3. 每個階段發展順序是不變的，所表現的衝突是先天預定的，是生物性成熟的表現。但是，衝突的形成是漸進的，每個階段的主要衝突都在前面的階段發生，在關鍵時間到來之前已經以某種形式存在，並在特定階段變為主要衝突，在得到充分表現後，又合併到後來的階段中。

例如：從初生時就爭取自主的表現，當嬰兒的手臂被捆綁得很緊時，他會活動手臂去爭取自由，但是在正常情況下，二至四歲左右的兒童是自主性發展的典型階段，兩歲以後的兒童才開始體驗到作為一個自主的個體或依賴別人的個體這兩者之間的對立，這時他才作好與環境適應的準備。

圖 8-1
埃里克森的社會心理發展階段

	1	2	3	4	5	6	7	8
VIII　成熟期								完善對失望
VII　成年期							創造對停滯	
VI成年早期						親密對孤獨		
V青少年期					同一對角色混亂			
IV　潛伏期				勤奮對自卑				
III　移動——性器期			主動對內疚					
II　肌肉——肛門期		自主對羞怯、懷疑						
I　感覺口腔期	基本的信任對不信任							

4. 每個階段的衝突如果處理得好，兒童便能夠恰當地對付下一發展階段將會遇到的危機和問題；反之，則將產生危機或出現情緒障礙。例如：個性成熟的關鍵是「同一性」，它的形成過程是個性整合的過程，兒童整合周圍人物的個性而形成自己的個性，若母親是富有感情的，父親是安靜的，兒子取母親的富於感情和父親的安靜，變成外表能控制自己，內心是胸懷寬廣的人。青年期是發生個性整合的時期，是實際的整合過程的決定性階段，如果在這階段沒有完成整合過程，個體就會走向衝突的反面，要經歷「角色混亂」，並遭受缺乏完整個性的折磨。

5. 每個人達到每個階段的方式可能有所不同，原則上按預定的步驟發展，但從一個時期向另一個時期轉變的速度和道路可以不同。如圖 8-1，發展可以先向上再向橫，或者先向橫再向上；對角線以上是每種衝突的先兆出現之處，對角線以下是所形成人格的特點出現之處；空格因人而異。

由此可見，埃里克森發展了佛洛依德的人格發展階段論，他不像佛洛依德那樣以具體集中於身體的某個區域為階段的代表，而推廣到普遍性的問題，例如：他認為「口腔期」的關鍵在於與世界交往的方式，在於「接受」和對撫養者的信任感。

二、人格發展的八個階段

(一) 第一階段：信任與不信任（○至一或一歲半）

這個階段是發展社會信任感，嬰兒期的社會信任表現在胃口好、睡得深、大小便通暢。嬰兒出生後就有各種需求，要吃、要抱、要有人逗他說話等，在滿足這些需要之後，嬰兒就會對母親產生一種信任感，感到母親是可靠的，即使母親離開視線時，也沒有焦慮或憤怒。信任與不信任是透過母親的照料而形成的，並非依靠營養的數量，而在於母子關係的「質量」。母親對孩子的細心照顧，敏感地滿足他的需要，便形成了孩子的信任感，而建立了信任感的孩子，當母親離開自己的視線的時候，不會

產生焦慮和不安；沒有建立信任感的孩子，當他看不見母親的時候，就會表現出不安和焦慮。基本的信任和不信任感的衝突要保持終身，人總是要調適離別、被遺棄等感情衝突，但是，人在最初階段建立了信任感後，將來在社會上可以成爲易於信賴和滿足的人，否則容易成爲不信任別人和苛求、貪得無厭的人。

(二) 第二階段：自主對羞怯、懷疑（一、一歲半至三、四歲）

這個階段是發展自主性。在此之前，兒童的依賴性強，當兒童學會了說話、走路和做事後，他便開始要求獨立，渴望探索新世界，從而產生自主感。他們愛講「我」、「我自己來」之類的話，想自己吃飯、穿衣、走路，對成人的幫助總用「不」字來拒絕。兒童的這些想法和做法不僅擴展了自己的認識範圍，發展了兒童的能力，更重要的是使兒童感到了自己的力量，感到自己有影響環境的能力。另一方面，兒童又本能地覺得依賴過多而感到羞怯，同時擔心越出自身和環境的範圍，由此而感到疑慮。埃里克森指出：當環境要求兒童獨立時，要給予保護，否則將會產生羞怯和疑慮，而早期的表現就是想埋著臉或想鑽到地裡去。

要使兒童獲得自主感，首先要允許兒童去做力所能及的事，給他一定的自由。如果成人對兒童的行爲限制、批評、懲罰過多，往往會使兒童產生一種羞怯感，一種認爲自己無能的懷疑感。除了允許兒童、鼓勵兒童去做力所能及的事以外，父母對兒童的行爲也要有一定的控制和限制，只有這樣才能使兒童既學會獨立生活，又能服從一定的規定和要求。也就是說，父母對兒童的態度要掌握分寸，一方面要善用其信任感，在某些方面給予適度的自由，另一方面要加以適度的控制。

(三) 第三階段：主動對內疚（三、四歲至五、六歲）

這個階段是發展主動性和獲得性別角色。主動與內疚是自主與羞怯的進一步發展；主動意味著向前的運動，揭露新東西的傾向。主動性使自主地完成任務和計畫行動的水準得以提高，這時期兒童變得活躍，有更大

的能量，自己能作出判斷，並且提出很多問題；這時期又是好學的時期，渴望把事情做得更好，和小朋友結合起來進行計畫和遊戲，願意從老師那裡學到東西，願意趕上學習的榜樣。內疚是羞怯的發展，羞怯是怕別人看見，內疚則有如總是聽見一種聲音在說自己的壞話。例如：兒童向老師發問問題，如果老師不能耐心地給予回答，甚至嘲笑或討厭他，主動就變成內疚。如果這時期某些最美好的願望或幻想被壓抑，以後就會缺乏主動性；有時兒童在活動中也與別人的主動性發生衝突，甚至侵犯別人的自主，在這種情況下，也會產生內疚感。

這個時期的兒童開始意識到性別的差異，並建立起適當的性別角色。關於性別角色建立的問題，埃里克森認為：無論男孩還是女孩，在情緒上與母親更為親近，因為母親使他們始終一貫地得到安逸。但是兒童也會與父母產生衝突，父親作為男孩性別角色同一的對象，男孩與他爭奪母親的愛；女孩最初愛戀的是母親，在性別角色上同一的對象也是母親，但女孩也會與母親爭奪父親的愛。如果失敗，則導致內疚、服從、焦慮，沉迷於幻想之中；也有的兒童把從父母那裡獲得的性別角色，轉移到同儕中去，從而結束與父母在情感上的衝突。埃里克森相信：只有充分地發展基本的信任感和自主感的兒童，才能實現這種轉移。如果不能建立合適的性別角色，就會產生過度的內疚感。

這個時期是兒童的遊戲期，遊戲在解決各種矛盾中體現出自我治療和自我教育的作用。兒童透過遊戲來補償失敗、痛苦和挫折的體驗，在遊戲中緩和心理衝突，並且可以藉此解決先前遺留下來的問題。

(四) 第四階段：勤奮對自卑（六至十一歲）

這個階段已進入學齡期，在學習上如果得到鼓勵，則發展了勤奮感；反之，如果在學業上失敗，在日常活動中又常遭成人的批評，就會產生自卑感。勤奮和日後的學習和工作態度有關。

(五) 第五階段：同一對角色混亂（十二至十八歲）

「同一感」是指個人的內在和外在整合的適應感。同一性的混亂或角色混亂是指內外不平衡和不穩定之感；同一性的形成是個性的形成，即獲得一致的、良好的、完整的個性。

(六) 第六階段：親密對孤獨（成年早期）

把人格發展階段延伸到一生，是埃里克森人格發展理論的特色。第六階段指人們求愛或早期家庭生活階段。

(七) 第七階段：創造對停滯（成年期）

這時期的人格特徵顯示出創造力或一心專注自己而產生停滯之感。

(八) 第八階段：完善對失望（成熟期）

「完善」是指自己感到一生過得不錯，表現崇高的意願，包括長期鍛鍊出來的智慧感和人生哲學。「失望」則指後悔過去走錯了路，想重新開始又覺得太晚，恐懼死亡，對人生感到厭惡和失望。

三、對埃里克森人格發展理論的評述

不同於佛洛依德從單一的心理過程或聯繫來研究兒童人格發展，埃里克森把兒童作為一個整體，從情緒、道德和人與人關係的整體發展過程來研究人格的發展。這種把兒童當作一個社會的人、一個整體進行研究的觀點是值得重視的。

其次，埃里克森認為：人格的發展是一個既有階段又連續的過程。在人格發展的每個階段裡，都存在著一種自我和社會期望間的衝突所構成的矛盾或危機，而解決這種矛盾或危機始終存在著兩種可能性，一種可能是解決危機，形成積極、健康的人格品質；另一種可能是不能解決危機，形成消極、不良的人格品質。有些矛盾或危機不可能在發展的一個階段完全

解決，它將會影響以後的發展，而已經解決了的矛盾或危機在以後的發展中仍然面臨新的挑戰。

再者，埃里克森不僅重視自我補償和自我教育在解決人格衝突中的作用，同時也十分重視父母、同儕、老師和社會的教育作用。

最後，埃里克森的人格發展理論亦有受到批評之處，例如：在人格發展所經歷每個階段的社會要求與自我的衝突普遍性問題值得懷疑的，因為生活在不同時期、不同社會及家庭背景下的兒童，在相同的年齡階段，社會對於兒童提出的要求可能是不同的。因此，人格發展的每個階段的矛盾或危機不一定就是唯一的，有一些可能具有普遍的意義，而有些可能只有特殊的意義。

第四節　兒童人格發展的影響因素

影響兒童人格發展的因素很多，總括而言包括個體因素、家庭因素、學校因素和社會文化因素等。

一、個體因素

(一)最初的氣質

「氣質」被認為與人格發展有密切關係。研究發現：兒童在出生後的幾週內在氣質上表現出明顯的個別差異，而且似乎與教養方式無關（Thomas, Chess, & Birch, 1970）。研究認為，大部分兒童可以劃歸為三種氣質類型：

第一種是「容易（護理）的」兒童，他們的飲食、睡眠習慣和大小便都有一定的節律，喜歡探究新事物，對環境的變化很容易適應。

第二種是「慢慢活躍起來的」兒童，他們的生活節律多變，初遇到新事物或陌生人的時候，往往會退縮，對環境的適應較慢，心境帶有否定

性，但隨著對環境或人的接觸時間的延長，他會慢慢地適應起來。

第三種是「困難的」兒童，他們的活動沒有穩定的節律，對新生活很難適應，遇到新的事物或人容易產生退縮的行為，心境十分消極，容易表現出不尋常的緊張反應，如大哭、大叫、發脾氣，嚴重的時候臉會變色，甚至出現昏厥。

除前述三種類型外，還有一種混合型的特徵。兒童最初表現出來的這些不同的氣質特點，是兒童人格發展的基礎，並對兒童的人格發展產生一定的制約作用。

1. 它制約著父母或教養者與兒童相互作用的方式，例如：有的嬰兒生下來就是對事物和人的反應較「冷淡」，因此父母或教養者擁抱、親吻他的時候就少，關心、注視他的時候也少；而有的嬰兒就恰好相反，他特別喜歡周圍的人和事物，反應積極，所以父母或教養者就會給他更多、更親熱的行動，如擁抱、親吻、關心、注視等。成人的這些動作，不僅是對兒童人格表現的一種反應，同時也對兒童的人格發展起了進一步強化的作用。

2. 它制約著父母或教養者對兒童作用的效果。例如：喜歡成人注意的兒童，往往容易得到成人的注意，喜歡與成人親熱的孩子，往往會得到成人更多的親熱行為。因為在成人看來，這種對孩子的親熱行為會從孩子的積極反應中得到回報，和那些反應不積極的孩子相比之下，成人的親熱行為對孩子的發展更有效。與此相反地，那些反應不積極的孩子，成人常常要投注加倍的努力，才能使其產生情緒和行為上的變化。

值得注意地，喜歡成人注意的兒童，可能會形成較強的依賴性。

總之，兒童的人格從一開始就帶著已有的特點，這些特點在與周圍的人和環境發生的相互作用中發展起來。

(二) 身體外表

個人往往把自己的體貌、體格、姿態和其他人相比較，總希望自己比

別人有更好的條件，如果覺得自己體態不如他人，或遭受來自周圍的各種否定的評價，往往會引起對自己本身的期待或自卑感的體驗。

「體貌」是指一個人的容貌和體態。體貌本身並不直接影響一個人的人格，但當它成為社會注意的對象，並且被賦予了人為的社會價值時，它就會成為影響人格發展的一種重要因素。在兒童所處環境中的人物，特別是兒童心目中的權威人物，對兒童的外貌賦予一定的社會價值，或強調外貌的價值，或強調外貌以外的其他價值時，就影響著兒童的人格發展，使兒童表現出不同的人格特徵。例如：在生活中，可以看到有些長得漂亮的人，其表現常常比較自信，而有些長得比較不好看的人或身體有缺陷的人，往往為此苦惱，容易產生否定消極的情緒，缺少自信。

「體格」是指反映人體生長發育狀況、營養和鍛鍊程度的狀態，包括身高、體重等。同樣地，體格也不能直接決定一個人的人格發展，但兒童體格與人格的特徵還是存在著有意義的聯繫；例如：個子矮小、體質相對較弱兒童的人格特徵，與同齡中個子較高、較強壯兒童的人格特徵就有很大的不同。又如一個身材瘦小的孩子，在父母眼裡，還是個小小孩，在同儕眼裡像個處處讓人照顧的小弟弟；在他自己看來，和同齡夥伴不一樣（比別人瘦小），就感覺不自在，容易形成依賴和倔強的人格特徵。身體高大的兒童，常有一種「我長大了」的感覺，在其他人看來，認為他有大人樣了，因而會有較強的自信心，有較強的獨立性，可能成為同儕推崇的人物。

另外，兒童的體格特徵可能影響教養者或父母對他們的教養方法和態度，從而影響兒童的興趣、愛好和能力等發展。例如：身體健壯的兒童，由於無病或者少病，不怕冷不怕熱，所以父母對他比較放心，能給予更多的獨立性，從而容易養成兒童樂觀、開朗、生氣勃勃的人格特徵；而體弱多病的兒童，常常從父母那裡得到更多的關懷、體貼和照顧，久而久之，容易養成依賴、神經質、膽怯的人格特徵。

(三) 智力發展

　　智力的發展常常以其獨特的方式影響人格的形成與發展。皮亞傑認爲：成熟和經驗是兒童發展的先決條件，適應或兒童主體與其環境的互動，是兒童發展的推動力。在這種互動的過程中，兒童變得越來越聰明，智力不斷獲得增長。適應本身就是智力的發展，同時，透過適應兒童會吸收或同化一些新的經驗，而這種經驗不僅只是物理的，還包括社會的和人與人之間關係的經驗，不僅是一種認識活動的變化，也是一種觀念、情緒情感的變化。智力的發展，不僅使兒童改變了自己，也改變了對他人和對世界的觀點；改變了自我中心主義，也改變了道德品行的形式。

二、家庭因素

　　家庭是以婚姻和血緣關係爲基礎的一種社會生活組織形式。一般來說，家庭是由父母、祖父母、兄弟姊妹等成員構成的特定形式集團。家庭是人的第一個環境，是最早向兒童傳授社會經驗的場所；家庭是「製造人格的工廠」，對兒童人格形成的影響非常大。

(一) 兒童的出生序和所扮演的角色

　　有人做過調查發現：出生序與兒童的發展存在一定的依存關係，作爲長子和非長子的兒童在人格上存在差異。

1. 長子長女的人格特徵是：有較多的成人感，樂於助人，能控制自我，比較順從，但對事物能夠產生更多的焦慮；對工作勤懇、謹愼、認眞，但自信心差些。

2. 獨生子女的人格特徵是：自信、自尊心強、焦慮少、體質好、性格活潑、知識面較廣，智力較高；但依賴性較強、膽小怯弱、任性、愛撒嬌等。

3. 後生子女的人格特徵是：喜歡交往，比較幽默、愉快，但精力不集中、容易分心、注意力短暫、成績較差、有點兒反覆無常等。

4. 末生子女的人格特徵是：樂觀、自信、做事情較努力、有堅持性、有成
　就慾望、安全感較強、在群體中受人歡迎等。

　　總之，兒童出生序和所扮演的角色（如家庭中處的地位、受家人注意
的程度、父母的要求），會影響他們人格的形成。

(二) 親子互動對兒童人格發展的影響

　　兒童出生的最初教育場所是家庭，而家庭中以母親為中心的各種活動
對兒童人格的發展影響最大，如果沒有接受到母愛教育的兒童，其心理的
正常發展將受到很大影響。例如：在育幼院裡的兒童，由於他們沒有父母
的照顧，缺乏感覺刺激，生活環境變化較少且單調，不僅導致智力和言語
的發展較遲緩，而且情緒反應也不豐富，不僅表情呆板，也顯示出一些特
殊的癖性。所以，在兒童人格的形成和發展過程中，親子關係十分重要。

　　親子互動，不僅提供了家長教育孩子的機會，也為孩子提供了行動的
榜樣。孩子藉由親子互動，從父母那裡學習如何表達自己的意見，如何取
得別人的幫助，如何聽取他人的意見等。透過親子互動，還可以增進父母
與孩子之間的感情，促進家長對孩子人格發展的了解，從而有效地指導孩
子人格的發展。

(三) 家庭教育的態度

　　不同的家庭對孩子有不同的教育態度和教育方式，對兒童人格的形成
有著不同的影響。

　　比較典型的、對家庭教育類型的研究是從接受─拒絕、支配─服從
兩對因素的劃分來進行，而依其組合圖解為關心型、放任型、殘酷型、過
分保護型等四種類型。有的心理學家把父母對孩子的教育方式分為三種類
型，即民主的或寬容的、權威的或獨斷的、放縱的或溺愛的，並認為每一
種教育態度和教育方式都可使兒童形成不同的人格特徵。

1. 民主、寬容的教育態度：這種教育態度可以使兒童形成良好的人格特
　徵，譬如謙虛、有禮貌、待人親切誠懇、有較強的獨立性、樂於與人

交往等。

2. 權威、獨斷的教育態度：這種教育態度容易使兒童形成缺乏自信、怯懦膽小、不誠實、性情暴躁等不良的人格特質。

3. 放縱、溺愛的教育態度：這種教育態度容易使兒童形成膽小怯弱、依賴、缺乏獨立性、自私自利等不良的人格特質。

(四) 家庭氣氛

在不同的家庭氣氛中成長，孩子的思想、態度和一般行為會有不同的表現。例如：生活在父母及家庭其他成員之間互敬互愛、彬彬有禮、和睦、關係融洽的家庭氣氛中，兒童就會感到安全、愉快、活潑、可愛，學習情形也較好；如果生活在一個經常爭爭吵吵、言行粗魯的家庭氣氛中，兒童就會感到恐懼、不安、情緒緊張，在與外界交往時可能蠻橫不講理、出言不遜；對學業無興趣，不能很好地完成學業，甚至可能產生不良的情緒和行為問題。

(五) 家庭結構

家庭結構在其規模上，可區分為大家庭和小家庭。大家庭如三代或四代同堂的家庭，小家庭就是由父母和孩子組成的核心家庭。家庭結構在其完整性上，又可以分為常態家庭和非常態家庭。常態家庭是指親代與子代結構、關係健全的家庭；非常態家庭包括：(1) 離異家庭；(2) 父母或其中一方由於疾病、天災等自然原因過早去世的缺損家庭；(3) 或有繼父（母）及收養關係的家庭。

兒童生活的家庭結構不同，對兒童人格的形成和發展會產生不同的影響。例如：生活在單親家庭裡的兒童，常常表現出如缺乏自尊感、更容易衝動、缺少自我控制能力、倔強等。現代社會中，常態家庭占絕大多數，但有缺陷的家庭也越來越多，特別是在一些先進國家，由於離異等原因造成的單親家庭越來越多、其子女成為青少年罪犯的也較多，並且已經成為一種社會問題。另外，隨著社會的發展，小型的、核心家庭也越來

越多，這樣的家庭結構簡單、家庭人員少，兒童常常是家庭的中心，在兒童人格的形成和發展的過程中，比較容易形成一種「核心家庭的人格特徵」，如自我中心、任性、自私等。

三、學校

學校對兒童人格形成和發展的影響僅次於家庭。學校是有目的、有計畫、有組織地對兒童施加影響的場所，並且這種影響主要是透過各種各樣的活動來進行的，如遊戲活動、學習活動、日常生活的組織等。在活動中，同儕之間、師生之間又形成了不同的關係，兒童在不同的活動和不同的關係中發展自己的人格。

(一) 活動集體

學校是以同齡兒童的集體生活而區別於兒童的家庭生活的，班級對兒童人格的發展就具有一定的影響。

以「班」為單位的活動團體，是兒童活動的一種背景，也是兒童生活的一種組織。一般來說，作為活動團體，都有相應的活動規則和活動計畫、安排，為團體中的每個兒童提供共同活動的機會，也為他們提供活動的場所、對象和規則。由於活動團體所組織的活動是一種相對有組織、有計畫、有目的的活動，所以，容易形成兒童有規律的生活和活動。在團體中，每個成員都有一定的權利和義務，容易養成兒童的責任感和團體榮譽感。是否參與團體的活動，以及團體的特點、氣氛、對活動的規定性等，都對兒童人格的發展產生一定的影響。例如：在團體中生活的兒童，往往形成做事有條理、自控能力強等人格特徵，如果能夠根據兒童需要的特點組織活動，可以使兒童形成積極、主動、自尊、誠實、責任心強等人格。

(二) 師生關係

兒童在學校的生活和活動不僅離不開老師的組織和安排，而且在學校

中所形成的師生關係會對兒童人格的發展產生一定的影響。

　　融洽的師生關係，兒童對老師的信賴、老師對兒童充滿期待，兒童就容易形成活潑、積極進取、上進、聰慧、友好、敏捷等良好的人格特徵。另外，對兒童來說，老師是權威性人物，老師的一言一行、一舉一動，都是兒童的表率。對於大多數兒童來說，老師比父母更有權威，老師永遠是對的。所以，家長可能常常聽到：「這是老師說的！」、「這是老師讓我們這樣做的」等，兒童認為家長的話不一定全聽，但老師的話不能不聽。由此可見，老師在兒童人格發展過程中的影響作用。

(三) 同儕關係

　　兒童最初幾年主要透過家庭與父母互動作用，把父母作為社會化或人格發展的主要榜樣。隨著年齡的增長，特別是進入教育機構以後，使兒童接觸到更多的同儕，為兒童人格的發展提供了一個豐富的社會環境。

　　同儕是一種強化物。研究發現：兒童人格中一種特徵的出現，往往與他在同儕交往中所獲得的肯定或否定的支持有關。例如：當一個兒童以粗魯的方式去攻擊別人時，被攻擊的兒童如果作出哭泣、退縮或沉默的反應，那麼這個攻擊者以後還會用同樣的方式對付別的兒童。也就是說，消極的反應會強化兒童的攻擊性行為；相反地，如果這個受到攻擊的兒童立即給予反擊，或者老師立即制止攻擊者的行為，批評攻擊者並改正不恰當的行為，如把東西還給人家等，那麼這個攻擊者的攻擊行為就有可能要收斂一些，或改變這種行為，或另尋找攻擊的對象。也就是說，同儕或老師的反應會對兒童的某些人格特徵發揮一種肯定或否定的強化作用。

　　同儕不僅是一種強化物，而且可以作為一種社會榜樣，影響兒童人格的發展。例如：讓那些不擅於互動的兒童與那些積極、主動的兒童在一起，他就會變得活躍起來，這是因為他從同儕那裡學習到了如何與他人進行互動；又如：讓兒童與比他更為成熟的同儕在一起玩，他會變得更加合作，更多地採用建議或請求的方式來實現自己的想法，而不是採用強硬的行動；又如：讓比較自私的孩子與那些慷慨的兒童在一起，或經常看到同

儕的慷慨行為，他自己也會變得大方起來。前述例子都說明兒童在沒有正確評定自己的行為能力前，他常常把同儕的行為作為衡量自己行為的標準或榜樣。

總之，同儕關係及其影響已經成為兒童人格發展的重要因素之一；而且年齡越大，這種影響就越大。

第五節　兒童人格發展的輔導

要使兒童的人格得到健全、健康的發展，既要控制影響兒童人格發展的因素，使它們在兒童人格形成和發展的過程中發揮良好的作用，特別是家庭和社會因素（主要是教育機構）的影響，又要認識到人格是十分複雜的。正如俗語所說：「人心不同，各如其面」，健全人格的培養必須從多方面著手。

一、形成兒童良好的人格傾向

兒童已經初步形成了一定的人格傾向性，並表現出個別差異，老師和家長要針對兒童的特點進行教育，做到因材施教。一般來說，在良好的教育影響下，兒童能夠逐漸形成符合社會要求的良好人格傾向；但是，也有一些兒童由於教育上的疏忽、受到壞榜樣或其他一些不良因素的影響，可能形成了不良的人格傾向性，因而在行為上表現出許多問題來。所以，成人要透過日常的教育和引導，使兒童形成和發展良好的人格傾向。

兒童的人格傾向尚處於形成和發展時期，因此常常容易改變，表現在對某些事物的態度不能像成人那樣穩固，有時喜愛，有時又厭惡，對自己的願望和行為不能長期堅持或控制。成人應掌握並了解兒童人格易改變的特點，一方面使已經形成的不良傾向得到糾正，另一方面要積極教育兒童，使他們逐步形成社會所需要的穩固人格傾向。以下僅從需求此一因素，談談如何形成兒童良好的人格傾向。

「需求」是個體和社會的客觀需求在人腦中的反映；「需求」是人類行為和活動的原動力，也是人格積極性的源泉，它推動著人們在各個方面積極活動，以尋求一定的滿足。需求越強烈，由它所引起的活動也就越有力；沒有需求，也就沒有人的一切活動。

需求可以分為兩大類，一類是物質的或生理的需求，如對飲食、睡眠、排泄等需求，兒童要求吃喝、玩玩具等，是人的基本需求；另一類是社會性需求，如交往、遊戲、學習及成就等需求等。

就需求的程度而言，生理的或物質的需求被認為是初級需求，它表現為基本生存活動的實現、對物的占有、對金錢的追求等。社會或精神的需求被認為是高級需求，以豐富的社會和精神因素為主，以精神的滿足為代表，也表現為對心理活動的實現、生活準則的建立、實現個體價值的追求等。初級需求是人的基本需求，而高級需求是在初級需求的基礎上形成的。人的高級需求一旦形成，就對初級需求的內容與形式產生強烈的影響。

對初級需求特別是物質需求的無限度滿足，可導致兒童物質慾的膨脹，從而可能產生自私、任性、虛榮等不良人格特徵。當兒童的物質需要高於一切時，在兒童的身上就表現出任性、無紀律性、粗暴等人格特徵。當然，人的高級需求是建立在基本需求基礎之上的，只有基本的需求得到滿足後，才可能產生更高一級的需求。就如要培養兒童愛師長、愛同儕，必須從培養兒童愛父母、愛親友開始。一旦社會需求占主導地位時，就會養成兒童積極向上，喜歡遊戲、互動，樂於探索等良好的人格特徵。

所以，為輔導兒童獲得健全需求，應該：

(一) 了解兒童的需要

作為成人，應該充分了解兒童的需求，知道他們想做什麼，要做什麼。兒童與成人一樣，也有他們自己的需要，他們不僅有生理上的需要，也有心理上的需要。他們有遊戲的需要，有表達的需要，有交往的需

要，有愛和被愛的需要，有學習的需要等。如果兒童的需求不被成人所了解，其正常的、合理的需求往往被理解爲「搗蛋」、「破壞」等。例如：一個孩子在幼兒園經常推別的小朋友，被推的小朋友經常去老師那裡告狀，老師一直以爲這個孩子的行爲是攻擊行爲，所以總是批評他，後來經過老師的觀察和從家長那裡了解到的情況證明，這個孩子並無惡意，推別人只是要求與別人交往的一種方式，雖然這種方式是不可取的，但因他口吃，說話時怕被別人笑話，所以才採取這樣的方式。

(二)適當滿足物質需要

隨著生活的現代化，物質產品的極大豐富，爲人們的物質享受提供了必要的條件。對兒童來說，物質需求的滿足是以促進兒童的健康發育和成長爲前提，切不可無限度地滿足兒童對物質的需求，否則，久而久之會養成兒童貪圖享樂、不求進取的不良習氣。在獨生子女家庭，家長把孩子視爲掌上明珠，不恰當地滿足孩子的物質需求，致使一些孩子虛榮心不斷滋長。例如：在中小學生中出現的「超前」消費現象，同儕之間互相攀比身上穿的、生活中用的、嘴裡吃的，注意重心放在看誰的東西最「高級」。無限度地滿足孩子的物質需求對孩子來說是非常有害的。

(三)引導兒童形成健康的生活方式

兒童對於什麼樣的需要才是健康、合理的需要還沒有正確的認識，有待成人給予正確的引導，以使其人格得到健康的發展。對於不愛互動的兒童，要引導他樂群，使其在群體或與同儕互動中體驗到互動的樂趣；對於自私、對他人粗暴的兒童，要引導他善待同儕，在同儕中樹立自我形象；對於興致寡淡的兒童，要鼓勵他探索和思考一些問題，逐漸激發他的好奇心。

二、培養良好的性格

兒童的性格還未定型，處於正在形成時期，因此要特別重視兒童性格

的輔導，使兒童具有良好的性格。

總括來說，兒童性格特點是好動、好奇、好問、喜歡模仿、容易衝動。針對這些特點，在輔導時應注意：

(一) 為兒童提供充分活動的機會

兒童喜歡不停地活動，進行各種動作，特別是一些他們感興趣的活動，是他們生活中的重要事件。「好動」既是兒童的性格特點，也是兒童發展的需要，因此，成人應該為兒童提供各種各樣的活動機會，滿足兒童發展的需要。首先，要為兒童的活動提供相應的材料，也就是使他們的活動能夠有「器材」；其次，要為他們提供活動所需要的適合場所，既要確保兒童的安全，又能使其活動順利進行；再者要為兒童提供活動的時間，使他們能夠從容地進行活動，透過活動或遊戲，培養兒童活潑開朗的性格。

(二) 保護和激發兒童的好奇心

好奇、好問也是兒童性格的表現，如果一個孩子對事物不感興趣甚至死氣沉沉，表示這個孩子的性格有問題。因此，要注意保護兒童的好奇心，不要對兒童的提問產生厭煩和採取打擊的態度，譬如：不要對兒童說「你怎麼那麼多問題？」之類的話，或對兒童由於好奇而拆卸玩具加以嚴厲的批評。成人應努力引導兒童對事物的興趣。首先，要引導兒童觀察身邊的一些事物，並讓他描述這些事物；其次，向兒童提出一些問題，引起兒童的思考，並尋找問題的答案；再則，認真對待兒童提出的問題，並與其一起尋求解決問題的答案。

(三) 豐富兒童的經驗

喜歡模仿是兒童的性格特點之一，模仿本身是一種學習，但同時也說明了兒童知識經驗缺乏，頭腦中關於事物的印象匱乏。模仿雖然是一種學習，但總是跟隨他人而為之，缺乏創造和創新。因此，要豐富兒童的生活

經驗，尤其是關於自然界和社會的各種現象經驗，不僅可以使兒童開闊眼界、積累經驗，而且能夠使兒童根據已有的經驗解決一些問題，使兒童逐漸變得聰明起來。

(四) 培養兒童的自制能力

兒童大腦皮層的發育尚不完善，抑制和興奮機能發展不平衡，興奮過程仍然占優勢，他們很難像成人一樣約束自己的行動，但成人是可以對他們的自制能力進行培養；譬如：以商量的口吻交給他們一些任務，要求他們去完成。在日常生活中，為兒童安排合理的活動時間表，使兒童知道什麼時候該做什麼事情。同時，也可以為兒童制定一些合理的規則，並讓他理解規則，以及遵守日常生活的各種活動規則。

三、重視能力培養

能力是人格的重要特徵之一。能力有許多表現，如運動和操作、觀察、記憶、言語表達、思考、想像、適應等能力，概括來說就是運動能力和智力。兒童的能力是在參加各種活動的過程中以及在成人的積極輔導和培養下得到發展的。關於兒童能力的培養，要注意以下幾個方面：

(一) 了解兒童能力發展的實際情況

兒童能力是有差異的，而且這種差異是多方面的，不僅存在著不同年齡之間能力高低的差異，還有相同年齡兒童能力高低的差異以及能力的不同差異等等。了解兒童能力的差異，是因材施教的前提。

(二) 引導兒童參加多種活動

能力是在活動中形成和發展的，在活動中發展能力，在活動中表現能力。也就是說，活動是能力發展的基礎和必要的條件。因此，成人要組織和吸引兒童參與各種有益的活動，並使他們在活動中按照自己的方式去處理各種事務。

(三) 培養兒童的興趣

能力與興趣有密切關係，兒童對某項活動產生興趣，就會經常參與該項活動，逐漸獲得有關的知識、技能，如此一來，能力也就會得到進一步的發展。

四、根據兒童的氣質類型進行人格發展的輔導

氣質是人格中的重要組織部分，不同的人有不同的氣質類型。氣質類型是人格中較早表現出來的特徵，因此對兒童的人格發展進行輔導時，必須針對其氣質特點，採取適宜的教育措施，例如：對過於活潑好動、自律能力差的孩子，要讓他多從事一些需要安靜的活動，從而使他學會在一定情況下的自制，養成安靜守紀律的習慣；對抑鬱、消極的兒童，要多表揚他的表現，培養他的自信心，激發其活動的積極性，鼓勵他多參加團體活動，引導他多與同儕進行互動，同時教導他各種活動技能與活動的方法。也就是說，要使每個兒童的氣質在積極方面得到發展，消極方面得到改善，從而促進其人格的積極發展。

常見的兒童不良適
應行為及其輔導

　　兒童不良適應行為的涵蓋範圍非常廣泛，不良適應行為對兒童的成
長和發展有深遠的影響。造成兒童不良適應行為的因素也極為複雜，有的
與遺傳因素關係密切，有的與神經系統的發育有關，有的則與兒童心理發
展（如認知、情感、性格等）有關。不論是哪種不良適應行為，幾乎都與
早期的生活環境、親子關係、同儕關係、教育影響等有關係。了解兒童各
種不良適應行為的類型、表現、成因，有助於我們對兒童進行有計畫的輔
導。

……… 第一節　兒童不良適應行爲及其類型 ………

一、不良適應行爲的涵義

　　簡言之，兒童不良適應行爲就是行爲障礙，或者說是問題行爲、異常行爲。若從社會文化的角度來加以解釋，每一種社會都會選擇有價值的行爲規範制約其社會成員的相應行爲，不適應這種社會規範的行爲就是不良適應行爲。從兒童發展的角度來看，不良適應行爲是指兒童在發展的過程中，由於遺傳和環境、生理和心理、家庭和社會等各種因素的作用，在行爲發展上所出現的不良表現或障礙。

　　首先，不良適應行爲是「不良」的行爲，從兒童正常發展的角度來說，就是那些偏離正常發展標準的行爲，例如：一個孩子到了五歲的時候還經常尿床；孩子到了快上學的年齡，還不能與他人正常互動等。也就是說，兒童的不良適應行爲是多樣的，不能僅僅以社會文化爲標準，許多不良適應行爲反映的是兒童發展的障礙。

　　其次，不良適應行爲是兒童在成長或發展過程中表現出來的。如果說不良適應行爲的表現爲偏離正常發展的標準，那麼，不良適應行爲的「適應」，則主要表現爲兒童行爲與正常發展過程中的不適宜性。

　　再則，不良適應行爲主要是與環境相關的。幾乎任何一種不良適應行爲都與兒童生活的環境有關，與其家庭、同儕、社會、教育等環境有密切關聯。

二、不良適應行爲的類型

　　兒童由於某些原因，如生理功能障礙、生活環境問題、各種教育和環境刺激因素等，會出現各種行爲障礙或不良適應行爲，也可能產生影響健康發展的生理性障礙。這些不良適應行爲中，有的可能不太嚴重，只是小毛病；有的可能是一種暫時現象，隨著年齡的增長，往往會逐漸消失；有

的可能表現得比較嚴重而且持續過久，需要一些特殊的輔導或治療。爲了較準確地認識兒童的各種不良適應行爲，有必要對各種不良適應行爲進行分類。

茲以引起或產生兒童不良適應行爲的身心因素爲依據，將兒童的不良適應行爲分爲下述三類：

(一) 生理發展方面的不良適應行為

主要是指與兒童的生理活動有關的行爲問題，是由心理或情緒因素引起的身體器官功能障礙。兒童的生理活動主要是指吃、喝、拉、撒、睡等日常行爲。此方面的不良適應行爲主要包括與進食有關的厭食症、偏食症、異食癖和肥胖症；與排泄有關的遺尿、大便失禁；與睡眠有關的夢遊症和夜驚等。此外，還有口吃、吮拇指、咬指甲等。

(二) 品行發展方面的不良適應行為

是指在與他人進行互動過程中，違背社會文化標準的行爲，也叫「品行障礙」，如說謊、霸道、對抗、偷竊、欺騙、破壞等不良適應行爲。

(三) 心智發展方面的不良適應行為

心智發展方面的不良適應行爲，大多數是在心理發展的過程中出現與環境適應有關的行爲問題，如退縮症、孤獨症、恐懼性、幼兒園（學校）恐懼症、抑鬱症，以及與兒童神經系統發育有關的過動症、學習遲緩等不良適應行爲等。

第二節　常見的兒童不良適應
行為表現、成因及其輔導

一、生理不良適應行為

(一) 進食方面的不良適應行為

　　進食方面的不良適應行為在嬰幼兒時期都會出現。一些兒童在進食或餵養方面有不良的適應行為，有的是少食、吃得不多，頗令家長擔心，家長也總想讓孩子多吃一點；有的是厭食，對食物反感，一到進食的時間開始餵孩子的時候，孩子吃一會兒玩一會兒，沒有食慾；有的是偏食，不吃這個，也不吃那個，只愛吃幾種食物；還有的是貪食，其進食量之大，速度之快，著實嚇人；也有些兒童有異食行為，即喜歡吃一些不能作為食物的物品，如顏料、汙物、紙張、煤渣、頭髮等。進食方面的不良適應行為對兒童的生理健康影響頗大，並可能導致不同程度的心理與社會行為發展的不良後果。茲就幾種典型的進食不良適應行為列述如後。

1. 厭食症

　　厭食症表現為對食物不感興趣，缺乏食慾，吃得極少，經常迴避或拒絕進食，如果強迫進食，常常引起嘔吐。嬰兒較少有厭食表現，幼兒則比較多表現行為是不主動或不好好吃飯。

　　(1)成因：許多年輕的父母生了一個孩子後，都會把全部精力和感情都投注在孩子身上，有的家長為了不讓孩子哭鬧，百般嬌慣，要什麼給什麼，孩子要吃什麼就買什麼，而且無限量地讓他吃，導致孩子食慾不振，不好好吃飯。父母、祖父母只好邊哄、邊騙、邊餵，有時一頓飯要餵上一至二個小時。大人不耐煩的時候則威脅恐嚇，強迫孩子進食，這樣就容易造成孩子的厭食。還有的父母，不知如何是好，只要孩子一哭，就以為孩子餓了，所以馬上給孩子餵奶或餵飯，結果弄得孩子沒飽沒餓，時間一長，孩子進食沒有規律，也容易造成孩子的厭食。

　　另外，大人對兒童在進食方面的不一致教育，也可能導致孩子厭食。有一個孩子，每次吃飯時總要奶奶或母親邊哄邊餵，一口飯含在嘴裡半天不往下吞。奶奶和父親往往強迫威脅他吃飯，而爺爺和母親則袒護他，經常說：「他不餓，別勉強他吃，等他餓了可以吃點心嘛！」或者說：「好好吃飯，吃完了帶你上街買好吃的。」大人這種不一致的管教態度以及過分關注孩子的進食，逐漸使孩子學會把不吃飯當作威脅大人滿足自己某種要求的手段，或者把吃飯這件事用來換取大人對他的注意和關懷，由此產生了持久的厭食行為。

　　兒童長期厭食，不好好吃飯，可能導致體重下降、皮膚乾燥、貧血、體溫下降、低血糖、低血壓、精神萎靡等，影響兒童的發育和健康。

　　(2)輔導：孩子厭食就是不好好吃飯，若要糾正其厭食的不良行為，就要知道他為什麼不好好吃飯，在此基礎上進行教育輔導，具體方法如下：

　　① 與孩子實行「分餐制」。每次吃飯時，給孩子一份飯菜，並告訴他那是他自己的一份，要儘量吃完，不夠再要。平時要教育孩子，只有好好吃飯，才能長得好，才能健壯少得病，長大才能增加學習、工作效率。

　　② 吃飯時，大人可以當著孩子的面談論飯菜如何好吃，以引起孩子對飯菜的興趣，誘導孩子主動地吃。

　　③ 吃飯時，不要過分注意孩子。大人在吃飯時，可談論自己的事，儘量不要去注意孩子吃的事，不要問孩子這個菜吃不吃，那個菜吃不吃，更不要催促孩子快點兒吃。

　　④ 如果孩子吃飯有進步，要及時給予讚許。藉由讚許，使孩子認識到好好吃飯，大人會對他有另外一種態度，促進吃飯的主動性。

　　⑤ 如果孩子不好好吃飯，要進行「冷處理」。例如：當大人都吃飽了，而孩子還是不好好吃，這時可把飯菜收起來，並對他說：「我想你現在可能不餓，我先把飯菜收起來，你什麼時候餓了就自己去拿來吃。」既然已經把飯收起來了，就不要經常問他餓不餓，孩子真餓的時候必然會要求吃東西的。當他說自己餓了想吃東西的時候，千萬不要給他吃零

食，而是給他吃原來的飯菜。孩子如果想以不好好吃飯的手段來達到某種目的，最好的辦法就是冷淡他，不滿足他的任何要求；如果他發脾氣、哭鬧，更不能去哄他。這樣，孩子就會逐漸懂得不好好吃飯是得不到大人的關注的，好好吃飯反而會受到讚美，還能滿足自己的要求。

⑥態度一致。有一些孩子在母親面前不好好吃飯，而在父親面前卻吃得很好。原因是母親常常遷就孩子，跟母親在一起可能會得到零食吃，自己不願意吃的就可以不吃，母親不會爲此責罵自己。由此可見，家長對孩子的吃飯問題態度不一致，有一方比較偏袒孩子的話，就無法養成孩子良好的進食習慣。

⑦許多孩子不愛吃自己家裡的飯，卻覺得別人家的飯菜吃起來格外地香。一般認爲這樣的情形有兩個原因：一是因爲孩子能意識到是在別人家裡，所以對自己有所要求和約束；二是因爲別人家的飯菜與自己家裡經常吃的飯菜在色、香、味等方面都不一樣，孩子感到比較新鮮，所以願意多吃一些。也就是說，孩子喜歡飯菜多一些花樣，而不喜歡經常吃一種風味的飯菜。因此，家長做飯時，不僅要從營養的角度，還要從滿足孩子視覺和味覺的角度，多變換一下飯菜的花樣。

2. 偏食症

所謂「偏食症」是對一些食物比較偏好，而對另外一些食物拒絕的行爲表現，尤其是對一些食物表示拒絕；偏食症在兒童時期比較多見。

兒童常見的偏食症爲對甜食比較喜歡，而對一些蔬菜類食物則表示拒絕，有的不吃豆製品，有的不吃纖維較粗的蔬菜，有的則不吃魚類，有的不吃包餡類食品等等。長期偏食可導致體內某些營養素的缺乏，例如：維生素 C、A、D、B 缺乏，可能導致許多疾病的發生。

(1)成因：造成兒童偏食的原因，具體有以下幾種：

①兒童味覺上的偏好。幾乎所有的兒童都喜歡吃甜食，如糖果、蛋糕、餅乾等，而不太喜歡吃一些味覺上不太好的食品，如雞蛋、茄子等。

②成人對兒童的影響。有的母親在飲食上比較挑剔，特別是爲了保持身材和體重而避免吃一些食品（如肉類），這對兒童是有影響的；一般

來說，母親喜歡吃什麼，孩子就喜歡吃什麼，特別是母親不喜歡吃的東西，孩子也不喜歡吃。

(2)**輔導**：糾正兒童的偏食習慣，主要是為了均衡兒童的膳食，藉由進食，使兒童獲得健康成長所需要的各種營養素。平時少買零食吃；對孩子不喜歡的食品，要用多種方法烹飪，並給孩子介紹各項食物對身體的益處；對孩子偏愛的食品，要適當加以限制，因為孩子的進食量是有限的，某一種食品吃多了，自然就吃不下其他食品了。

3. 異食癖

「異食癖」是指吃一些不可食用的物品的習慣。在嬰兒期，多數兒童常常把不同的物品放在嘴裡，作為一種探索環境、認識物體的方式。一歲後，他們應該學會用其他方式學習和探索環境，並能區分可食用與不可食用的物品，所以如果一歲後還持續地吃一些不可食用的物品，可能為異食癖。

異食癖通常發生在二至三歲，表現為對一些不可食用物品的撕咬和吞咽，如紙張、煤渣、頭髮、顏料、泥土等。異食癖會導致個體的一系列損害，如牙齒損傷、腸梗阻，甚至中毒。

(1)**成因**：關於異食癖的原因，解釋不一，大概有以下幾種：一是兒童體內在缺乏某種營養素時會發生異食行為（如吃泥土的行為與體內缺鋅有關），但有關營養缺乏與異食癖之間的確切關係，還有待於進一步證實；二是父母對兒童的疏忽和缺乏對兒童的監護，即有的兒童以為可以引起父母的愛，或者由於缺乏父母的監護形成異食習慣；三是異食行為可以滿足兒童咀嚼的需要。有的孩子把東西放到嘴裡後不斷地咀嚼，然後再吐出來，滿足於口腔的咀嚼活動。一些研究指出：異食癖在低社經水準家庭的兒童中發生率最高，而且男性多於女性。

(2)**輔導**：發現兒童有異食現象，首先應檢查兒童是否缺乏何種微生素，及時提供一些相應的補給品，並給孩子多吃一些礦物質豐富的食品；其次，要對孩子加強照護，避免孩子把異物放進嘴裡。

4. 肥胖症

兒童肥胖症患者越來越多，這個問題已經受到社會的關注，理想體重男、女計算方式有異，一般男性探（身高－80）×0.7kg，女性以（身高－70）×0.6kg 計算。肥胖症患者的鑑別因測量方法與判別標準的不同而較難確認，常用下列公式來判斷肥胖程度：肥胖度＝（現有體重－按身高計算的標準體重）÷ 按身高計算的標準體重 ×100%。根據計算結果：體重超過正常標準的 20% ～ 30% 者，為輕度肥胖；超過 30% ～ 50% 者，為中度肥胖；大於 50% 者為重度肥胖。

研究顯示：肥胖症與許多健康問題有關，最直接的影響是導致體型障礙，同時還致使循環不通暢，引發晚期的心血管疾病等。肥胖兒童還會遭受同儕的歧視，也可能產生一些心理問題，如自我概念差、自卑等。

(1)**成因**：肥胖症的成因是多樣的，一是貪食，而一般認為體重增加的原因是由於過量的熱能攝入並積存於體內。一些肥胖兒童與正常兒童在飲食行為方面存在著明顯的差異，肥胖兒童吃得多而且快，單位時間內飲食很少中斷，咀嚼動作少，吞得快，當飽腹感還沒有出現的時候已經吃進了相當多的食物；二是缺乏運動，肥胖兒童大都運動量小，由於缺乏運動，所以體內熱量消耗太少。人們發現，肥胖兒童的活動少於正常兒童，主要原因是，肥胖兒童運動時由於體重的關係，所以要比正常兒童付出更大的力氣；三是遺傳方面的原因，研究發現：體重過重的父母似乎更有生育體重過重子女的傾向，子女是體重過重者，父母大多數情況下也是體重過重者；四是生活方式和飲食習慣，兒童肥胖的原因不僅是親子之間的遺傳因素，調查發現：在一起生活的父母和其養子女之間在肥胖上有很高的相關性，因此有理由相信這是相同的生活方式和飲食習慣所造成的；五是社會因素，最典型的是電視的影響。長時間觀看電視，除了影響身體活動外，還影響到飲食行為和消化功能。同時，電視中關於食品的廣告，對兒童飲食行為和對食品的選擇有重要影響。

(2)**輔導**：如果肥胖不是遺傳因素所致，則應與飲食和運動有關，所以要加強孩子的飲食調節和運動調節。首先，要控制孩子的飲食，特別是

要控制孩子對甜食和脂肪類食品的攝取；其次，要調節孩子進食的時間和次數，少量多餐可以減少脂肪的積累；再則，適當加強孩子的運動量。如果孩子已經出現一定程度的肥胖，要特別注意增加孩子的運動量和運動時間，每天給孩子安排一定的時間進行運動，可以減少脂肪。

(二)排泄

就如飲食與餵養的情況一樣，對兒童進行排泄訓練也是非常艱難的，它是父母們所面臨早期兒童教養的重要目標。與飲食訓練相比，排泄訓練似乎更困難一些，這主要是因為排泄訓練包括小便和大便兩種不同的控制機能，而且排泄訓練所遇到的問題常常發生於更小的兒童身上。以下就分別探討有關遺尿和大便失禁的問題。

1. 遺尿症

遺尿症是指在排尿訓練預期完成的年齡之後，還有不隨意的排尿現象，即尿床或尿褲子。正常情況下，一般 50% 的兩歲左右兒童能夠在白天控制排尿，三歲時達到 85%，四歲時達到 90% 或更多。夜間控制排尿的能力遲緩一些，67% 的三歲兒童，75% 的四歲兒童，80% 的五歲兒童和 90% 以上的八歲半兒童能夠在夜間控制排尿。

目前對遺尿症尚缺乏精確的定義和診斷，主要原因是對排尿控制的年齡的界定不一，有的說是三歲以後，有的說是五歲以後。另外，對兒童遺尿的頻率也有不同的看法，有的認為每週平均有三次以上的尿床現象為遺尿症，有的認為五至六歲兒童每月至少有兩次遺尿（尿床或尿褲子）就是不正常的，還有的提出更嚴格的標準，認為年齡較大的兒童如果每月有一次尿床，即診斷為不正常。這其中當然還有一個年齡問題，年齡大的兒童，其標準會定得更高一些。

(1)成因：遺尿症的成因比較複雜，常見的原因有以下幾種：

① 生活行為因素。許多孩子平時很少有尿床的時候，但偶爾也尿床。有的孩子白天玩累了，夜間睡得過沉，常常尿床，白天時玩得太專心了，來不及上廁所，結果也會尿褲子；還有的兒童晚上喝了過多的水，

夜間也容易尿床。這些情況雖然不是遺尿症，但如果處理不好，就可能成為病態。例如：有的家長在孩子偶爾尿床或尿褲子後，對孩子加以責罵，損傷孩子的自尊心，使孩子背上沉重的包袱，造成精神緊張，夜間時常尿床，逐漸誘發為遺尿症。

②原發性遺尿症。原發性遺尿症的表現是兒童從未有過排尿控制，經常性的小便失禁，什麼時候有尿，什麼時候就尿出來了，不分日間或夜間。這種不經意排尿現象常常是由於生理性障礙引起的，如神經性麻痺、糖尿病等。

③繼發性遺尿症。繼發性遺尿症是指泌尿控制期之後由於某種原因引起的遺尿現象，例如：一個孩子經過訓練已經學會了控制小便，但由於某些偶然因素的影響像疾病、受過驚嚇等，小便的控制機能被破壞，出現遺尿現象。

④遺尿症的家族史。研究發現：家族病史與遺尿症有一定的關係，52%患兒的家中，有一個以上的家庭成員患過遺尿症。在對雙胞胎遺尿症患兒的研究中發現：同卵雙胞胎中有68%，而異卵雙胞胎中只有36%。這顯示遺傳因素對遺尿症有所影響。

⑤訓練因素。有的孩子遺尿，可能是因為家長對孩子的訓練有問題。在夜間，有的家長在孩子該尿的時候不能及時叫醒孩子，孩子無法形成有規律的排尿習慣，長時間之下也容易形成遺尿症。

(2)**輔導**：如果發現孩子有遺尿現象，千萬不要大驚小怪，也不要譏笑孩子，更不要小題大作責怪和懲罰孩子，而應同情和關懷他，設法防止周圍的人給他施加壓力，減輕他由於尿床而產生的罪惡感和自卑感。

一些有遺尿症的孩子，可能是由於其膀胱較正常兒童的小。在這種情況下，要鼓勵孩子經常喝水，訓練他控制排尿，當他想尿時，要求他憋住一會再尿，並逐漸延長時間，直到能憋住30～40分鐘左右。經過這種訓練，一般兒童都能學會控制膀胱的收縮，消除或減少尿床的現象。當孩子的尿床現象有所好轉時，要及時給予鼓勵和表揚，使孩子增加自信心和勇氣。

2. 大便失禁

　　所謂「大便失禁」是指在沒有任何機體病理的情況下出現的大便失控現象，排便於衣褲內或其他不適宜的地方。常發生在二至四歲的兒童；一般認爲，有 50% 的兩歲左右兒童能控制大便，到四歲時達到 100%。

　　兒童大便失禁一般有兩種情況，一種是「原發性大便失禁」，另一種是「繼發性大便失禁」，或稱爲「固有性」和「非固有性」大便失禁。固有性或原發性大便失禁是指兒童有糞便滯留在腸道裡，導致直腸和結腸遭受糞塊的擴張，形成巨結腸，致使兒童不能建立正常的排便反射。非固有性或繼發性大便失禁是指兒童排便正常，但由於某種原因（如禁不住、來不及解褲帶或其他約束）將大便排於衣褲內或其他不適宜的地方。

　　(1)成因：醫學上認爲：兒童的大便失禁是由於腸道和肛門控制方面的生理結構、功能以及解剖機制發展不完善所造成的，而這種發展的不完善是一種暫時的現象，隨著兒童年齡的增長，將會逐漸趨於完善。

　　有人認爲兒童大便失禁是由於錯誤的排便訓練所造成的，例如：原發性大便失禁可能是因爲家長沒有能夠持續地對兒童排便採用適當的訓練方法，因而不能幫助兒童建立起排便的反射機制；繼發性大便失禁可能是因爲家長對兒童的失禁行爲沒有表現出不安的情緒，而對兒童適宜的排便行爲沒有給予強化，所以，兒童沒有認識到控制排便的必要性。另外，有研究顯示：兒童排便機制的不完善可能與缺乏父母的訓練有關。

　　(2)**輔導**：一旦發現孩子有大便失禁的現象，一般採取以下兩種措施：一是應用藥物，並配合飲食。醫學上經常使用灌腸劑使兒童排出糞便，並使用礦物油引起腸道的有規則的蠕動，此方法應依醫師診斷才可進行。根據兒童排便的情形，逐漸減少些藥物的使用，直到使兒童形成正常的排便習慣；二是對兒童適宜的排便行爲給予強化，當兒童能夠保持內褲的清潔時即給予鼓勵和獎勵。

(三) 睡眠

　　「睡眠」是兒童生活的重要內容，是保證兒童正常生長發育的重要

因素。兒童年紀越小，睡眠的時間就越長，即使到幼兒時期，其一日的睡眠時間也相對比成人的時間長。有人認為兒童只有在睡眠的時候身體才會增高；若是睡眠不好，會使兒童精神萎靡，注意力不集中，影響活動和飲食。一般常見的睡眠問題有：一歲的兒童有時整晚不能很好地安睡；兩歲的兒童常常不願意按時入睡，夜間有時做惡夢；三至五歲的兒童表現為入睡困難、夜驚、做惡夢等睡眠障礙。

1. 兒童常見的睡眠障礙

兒童常見的睡眠障礙主要包括「夢遊」和「夜驚」。

(1)**夢遊**：所謂「夢遊」就是在睡夢中突然起來行走。兒童的夢遊最初表現是夢中坐起於床上，兩眼呆視，但什麼也看不見。患兒有時離床四周行走，有時其夢遊症狀在實際行走前終止。夢遊完全是在無意識狀態下發生的，而且事後不能回憶。

在夢遊期間，患兒對向他進行的交談和對他的喚醒完全沒有反應，醒來之後仍然沒有意識，在恢復之前返回到床上。兒童夢遊的時候，需要家長的特別保護，因為這種睡眠障礙常常會給兒童帶來難以預料的後果。

(2)**夜驚**：所謂「夜驚」是指睡眠中發生的驚嚇反應。夜驚的發生是非常突然的，還處在睡眠中的兒童突然從床上坐起來，並同時伴有尖叫、呼吸加快，面部顯示出明顯的緊張不安和恐慌，還會伴隨一些無意義的動作等。夜驚兒童還常常表現出短暫的定向障礙，即不知道方位。與夢遊相似，夜驚的兒童也常常事後不能回憶夜裡所發生的事。

2. 成因

夢遊和夜驚都屬於睡眠障礙。目前對睡眠障礙的看法不一，而且都不十分肯定；有的認為是中樞神經系統發育方面的問題，如可能是中樞神經系統發育不成熟的原因，發育成熟後症狀會自然消失；有的認為兒童的睡眠障礙與日常生活中的焦慮有關，如白天受到驚嚇、與母親分離、責罵等不良因素的刺激，到晚上會出現夜驚等睡眠障礙；當然有些不屬於睡眠障礙，如兒童夜裡常哭鬧，可能說明是有其他疾病或不適，如身體內部的某部位疼痛、腸道寄生蟲等。

睡眠障礙的發生多半是由於兒童生活中忽然發生一些使他不安的變化，如離開親人等，也可能是兒童白天受父母或教師的責備。另外，孩子聽一些激動興奮的故事或睡前觀看緊張恐怖的電視引起恐懼、不安情緒，也可能造成睡眠障礙。

3. 輔導

針對這些情況，減少兒童的精神緊張、疲勞和不良的情緒，避免兒童過度興奮或恐懼，按時睡覺，都是消除兒童睡眠障礙的有效措施。

二、品行方面的不良適應行為

兒童經常會出現一些程度不同的敵對行為、惹事或攻擊行為（如毆打、以強欺弱）、破壞行為或違反社會法規的行為（如偷竊、說謊、犯罪行為），這些行為既侵犯他人的基本權利，也損害他人的利益，嚴重的則破壞社會秩序，影響兒童家庭之間的和睦。這些行為一般是在不良的環境教育影響下形成，應該受到家長和老師的重視，並及時給予幫助和教育。

兒童常見的品行障礙有說謊、欺騙、偷竊、霸道、破壞行為、對抗行為等。

(一) 說謊

說謊是常見的兒童問題行為。這裡所指的說謊與幼兒「想像與現實混淆」的現象不同，是指有意識地為達到一定的目的（如避免受懲罰）而說出與事實不相符合的話。

有的家長並不在意這個問題，他們自己經常有意無意地教兒童說謊，例如：家長不喜歡接待某位客人，於是對孩子說：「張叔叔來的時候，就告訴他說爸爸不在家。」又如：一位阿姨來找媽媽一起出去玩，媽媽怕爸爸知道後不高興，就對孩子說：「爸爸回來後，別告訴爸爸說我去玩了，媽媽回來時給你帶好吃的。」由於父母在兒童心目中有一定的威信，父母說的、做的，孩子會認為是對的，父母當著孩子的面說謊，孩子也逐漸學會說謊。

1. 成因

兒童的說謊行為除了對成人的模仿外，還有其他五項原因：

(1)避免懲罰：有的時候，孩子做錯了事，無論是有意還是無意，孩子還是如實地告訴家長，結果卻遭到家長的嚴厲責備；又如孩子無意中把茶杯碰落在地上打碎了，媽媽下班回來的時候，孩子主動地告訴了媽媽，但卻招來了嚴厲的責罵；又如媽媽因病請假在家休息，利用這個機會去商店買點東西，同事來探望時，孩子告訴媽媽的同事說：「媽媽去買東西了。」媽媽回來的時候，孩子告訴說：「叔叔、阿姨來看你，我告訴他們你去買東西了。」結果，媽媽使勁地打了孩子一下，生氣地說：「你真笨！為什麼不說我去看病了？」孩子在這些事情當中，逐漸體會到說真話會受到打罵，而說假話不僅免受批評，甚至還可能會贏得讚賞。

(2)家長對孩子的不信任：有些家長對孩子的努力不僅不給予肯定，還懷疑孩子是否真的那麼有出息。例如：一個孩子從幼兒園回家時高興地告訴媽媽：「媽媽，今天我得了一個乖寶寶印章！」但母親認為自己的孩子是個搗蛋鬼，老師才不會給他乖寶寶印章呢！就說：「一定是別人給你的，或是你撿來的。」這種對孩子的不信任，也容易造成孩子的說謊行為。

(3)說謊可以得到好處：一個孩子有一天因為肚子疼，父母沒有讓他上幼兒園，母親正好輪休，順便在家照顧孩子。奇怪的是，一到母親的休息日，這個孩子就說肚子疼。一開始，母親猜出他是不想去幼兒園，找藉口而已，但一想，反正自己休息，就讓他在家吧，正好能夠陪陪孩子。殊不知母親的這種做法，養成了孩子說謊的不良行為，孩子以後如果遇到不想上學，或者避免做自己不想做的事，或者想擺脫某種困境時，都可以「找藉口」。

(4)為了自己的願望：幼兒時期，兒童有時不能分辨幻想和現實，往往把希望發生的事說成正在或已經發生的事。例如：有個孩子從幼兒園回家時對父母說，他是班上的班長，小朋友都得聽他的；事實上，班上的老師還沒有決定選擇誰來當班長，只是與小朋友們說過要大家選一個人當班

長，可見他把自己的願望說成是現實的事。這樣的孩子平時的表現一般比較順從、敏感，並可能處於父母的溺愛之中，在團體生活中總想比別人強，所以有的時候就脫離實際地把自己的願望說成是現實。對兒童的這種表現，如果不加以正確引導，容易形成說謊的不良行為。

(5)**害怕承認錯誤**：有的時候兒童說謊是為了避免承擔責任，特別是在團體生活中，擔心自己承認了錯誤，將被小朋友們看不起，不與他玩。所以，為了避免損害自己的形象，避免受到孤立，犯了錯誤也不說實話。

2. 輔導

發現孩子有說謊行為，應該及時糾正。首先，最重要的是父母應了解到說謊是一種不良行為，絕對不能教孩子學說謊，也不能對孩子的說謊行為視而不見，聽而不聞，或者不加以批評指正。對於孩子的說謊行為，成人不能簡單地給予批評指責，而是要了解為什麼要說謊，然後針對兒童說謊的一些原因，幫助他了解不說真話、不承認錯誤是不對的，若是經常說謊，將會使得大家都不信任他，也就不願意跟他玩。

成人要正確引導兒童，使其懂得不應用虛偽的謊言來表現自己，而是透過實際行動來努力地做，只要認真、努力地去做了，就是好孩子。

此外，成人不要對孩子要求太高，以致孩子達不到成人的要求，只好用謊言來欺騙成人。

(二) 欺騙

兒童有時會表現出一些欺騙行為，有的欺騙行為是迫不得已的，也是符合邏輯的。例如：孩子在外面玩，一個陌生人要帶他去公園，他騙陌生人說：「我爸爸是警察，他馬上就回來了。」但是，對兒童的欺騙行為不加區別地進行鼓勵也是不對的，因為孩子會感到欺騙行為是被允許的，反而發展為嚴重的問題。

有些欺騙行為必須加以糾正，例如：孩子在考試中經常作弊；在成績單上私自塗改成績；推託自己有作業而不做家務等。一些孩子在考試或其

他活動中作弊，是因為想得個好成績，在同儕中有個好的形象，受到家長和老師的表揚；但這會使孩子以後養成投機取巧、欺騙他人的不良行為習慣。孩子在成績單上私自塗改成績，是因為自己的成績低，怕受到父母的責晰，如果父母看重的是成績而不是孩子的欺騙行為，那麼孩子將來就不僅僅是學習不好的問題了；如果孩子以欺騙的手段來逃避勞動，那麼他將來對待工作就可能用欺騙的手段混日子。

1. 成因

兒童一些善意的欺騙行為常常是幽默感的表現，但有的欺騙行為卻是另有目的的。兒童欺騙行為產生的原因主要有兩個，一是為了逃避某種懲罰、責任、困難，例如：一個孩子因為某種原因忘了老師交代的任務，為了逃避老師的指責，他謊稱自己當時沒聽見；二是為了受到表揚、獎勵。有一個家長老是在孩子前面說：「你看別的小朋友，得了那麼多乖寶寶貼紙，你到現在連一張也沒有，你要是哪天得了乖寶寶貼紙，媽媽一定好好獎勵你。」真有那麼一天，孩子拿了乖寶寶貼紙回家，媽媽非常高興，為了鼓勵孩子，她給孩子買了一件孩子喜歡的玩具。可是後來才從其他小朋友那裡聽到，乖寶寶貼紙是他從別的小朋友那裡要來的，並不是老師獎勵他的。

2. 輔導

當發現孩子有欺騙行為時，應耐心地了解孩子產生欺騙行為的原因，耐心幫助他改正這種缺點，使孩子懂得欺騙他人的行為不僅會失去他人的信任，而且欺騙行為終究會讓他人知道真相的。

當老師發現孩子有欺騙行為時，不要大驚小怪地當眾揭發他、批評他，應該對他進行個別教育，教導他承認自己的錯誤，認識到欺騙的害處；也不應該毫不考量地把這件事告訴可能懲罰他的父母或老師，反而會使孩子把你當作敵人，對你產生不信任感，甚至使孩子的欺騙行為嚴重地發展下去。

如果孩子的欺騙行為已經嚴重，採用鼓勵、說服的方法無效時，也可以採用懲罰的手段。當然，這種懲罰是對事不對人，即針對其欺騙行為採

取有效的懲罰手段。

(三) 偷竊

兒童的偷竊行為常常表現在事先沒有徵得他人同意的情況下，私自將他人的東西據為己有，但在有些時候，兒童的一些「私拿」行為，自己並不認為是偷竊。例如：有的幼兒園孩子把自己喜歡的玩具帶回家玩，在他看來，別人玩的東西自己也可以玩，自己喜歡而別人不玩的時候，他就可以帶回家裡玩。兒童在沒有「公有」和「私有」等所有權的概念下，並不認為這種行為是不道德的，更不知道這是偷竊行為。

也有一種情況是父母往往不在意地把錢亂放，當兒童發現後，未徵得父母的同意，拿了錢去買他喜歡的東西，事後並沒有受到譴責，他就認為這是允許的行為，並不是偷竊行為，由此逐漸發展到任意拿別人東西的習慣。

當兒童已經有了「公有」和「私有」等所有權的概念，並且知道某些東西（屬於他人的、公共的，及其他一些不可私拿的東西）是不可據為己有、私自占有的，但卻拿了，則屬於偷竊行為。例如：有的兒童私自拿了別人的東西，被別人發現了，但他卻不承認是自己私拿了別人的東西，而說是撿來的，或者說是自己的；實際上已經是偷竊行為，因為他知道這東西是別人的，他已經有所有權的概念，並知道自己的行為是不被允許。

1. 成因

(1)**證明自己能力**：兒童偷竊行為的產生，常與兒童的「逞能」心理有關。有的兒童認為，自己拿了他人的東西而沒有被別人發現，自己就是「英雄」、「聰明」；有的時候兒童還把偷來的東西送給同儕，讓同儕知道他「能幹」。

(2)**博取他人的注意**：許多有偷竊行為的兒童，家庭生活十分富有，而且自己並不需要那些偷來的東西，而是藉由偷竊行為讓他人來注意自己。這樣的孩子在生活中往往缺乏他人的關心和交往，缺乏感情和關注。

(3)**求得「公平」**：有的偷竊行為，實際上是兒童受到不公平待遇而

產生的反抗行為。例如：有的幼兒園老師往往偏愛某些兒童，讓他們玩這個、玩那個，而另外一些兒童則往往被冷落。被冷落的兒童感到不公平而產生反抗，如在幼兒園沒機會玩玩具，就把玩具拿回家玩個夠。

2. 輔導

成人要能辨明哪些是正常行為，哪些是偷竊行為。當發現兒童有偷竊行為時，不要立即嚴厲譴責或懲罰他，應讓兒童知道偷竊是損害他人利益的行為。偷竊對他人來說是損失，對自己來說也是不好的事情。

成人要了解兒童拿了別人的什麼東西，為什麼拿人家的東西。有的兒童真正需要的可能不是他拿來的東西，而是情感和關注；若真是如此，成人就應該多多給予關心，讓他感受到溫暖；而如果兒童的偷竊行為是因為物質的引誘，應該耐心教育他，任何一個人不可能得到自己希望的一切，日常生活中誰都不可能擁有一切。

(四) 霸道

霸道行為常見於那些父母過分溺愛、百依百順的孩子，也常見於那些缺乏父母感情和關注的兒童，他們的共同特點是：橫行霸道、恃強欺弱、想當「領袖」，讓別人聽他的話。

兒童在一起玩的時候，有些人（特別是男孩）想當領袖，要別人按照他的意圖做事，如果有人不聽他的話，他就欺侮他們。這種行為如果是偶然發生的，可不必大驚小怪，但要給予正確的引導，勸導儘量減少這種行為；但如果孩子經常惡劣地欺侮弱小兒童或同儕，則必須加以注意和糾正。

1. 成因

(1) **自以為是**：以自我為中心，處處要求別人按自己的意圖行事，這些現象在獨生子女的家庭中比較常見。他們在家裡是「中心」，只要不如意，就可以發脾氣，甚至打人。成人對這種現象不僅不以為意，反而發笑或者滿足他的要求，久而久之，兒童就形成了對其他人都採取橫行霸道的行為。

(2)**以強欺弱**：如果兒童攻擊其他人或搶他人的東西，被欺侮的兒童不敢反抗，也不敢告訴成人，下一次他會以同樣的方式對待弱小的兒童。因此，在生活中，藉由以強欺弱的手段，逐漸形成了霸道的行為；而被欺侮的孩子越是退縮、謙讓，就是越為霸道行為助長聲勢。

(3)**與家庭教育方式有關**：有的家長經常採用打罵的方式教育孩子，或者形成了家長一方的唯我獨尊，剝奪孩子的一切自由權利。這種情況下，孩子可能會模仿家長對自己的態度和行為，用同樣方式對待同儕。

2. 輔導

(1)**了解原因**：對於有橫行霸道行為的兒童，成人首先必須了解他為什麼威脅、恫嚇、欺侮其他的孩子。橫行霸道的行為成因各不相同的，有的可能是為了證明自己的強壯，有的可能是想在他人身上發洩不好的情緒，有的可能想從他人那兒強硬地得到東西，有的可能是想別人服從他。

(2)**對症下藥**：了解到兒童霸道的原因，就可以採取有計畫的措施。例如：知道了兒童霸道行為主要是為了強制別人按他的意圖做事，那麼應讓他懂得，為什麼不能要求別人按他的意圖行事。一個人如果強迫別人做不樂意的事，總是不好的，應該讓別人依他自己的意願去做事，教育兒童同理地從別人的角度去思考問題。

(3)**溫和教育**：面對兒童的霸道行為，如果成人以懲罰的方式教育之，不但不能糾正問題行為，往往還會加強兒童霸道行為的程度。所以，應對兒童耐心教育，溫和地幫助他改正錯誤。

(五) 破壞行為

故意損害公共或他人財物，或損害他人活動的行為，就是破壞行為。鑑別兒童的破壞行為比較困難，有的兒童行為表面上看來是具有破壞性的，但分析其行為的動機則不然。例如：兒童在幼兒園有時會拆卸玩具，想知道玩具裡是什麼樣子；有的兒童學成人的樣子，用鋸子鋸木頭，或用錘子敲釘子，當身邊沒有木塊的時候，可能會在家具上亂敲、亂鋸；有的女孩則拿著剪刀剪各種紙張，在沒有東西可剪的時候，可能剪衣

服、床單、窗簾等；較大一些的兒童還會把家裡的鐘錶拆開，想知道是什麼使鐘錶的指針不停地走動。兒童透過這些行為來認識事物，增長知識經驗，與其說是破壞行為，還不如說是探索行為。

還有一些帶有破壞性質的行為，如拿著布娃娃當皮球踢來踢去，每踢一腳，布娃娃就發出聲音，他越發感到有趣、好玩，結果把娃娃踢壞了。這是兒童尚未在活動中形成愛護東西的表現，並不能說成是蓄意的破壞行為。此時，對兒童的玩法要加以正確引導，讓他知道什麼樣的玩具如何玩，應該是有規矩的。

如果兒童經常故意在牆壁上刻畫，向別人家的窗戶投擲石塊，打別人家的玻璃等損壞公共或他人財物，擾亂他人的活動，這些行為就屬於破壞行為，必須及時教育加以制止。

1. 成因

孩子產生破壞行為的原因有三：

(1)敵對的情緒：如果孩子經常受到批評和懲罰，得不到鼓勵，他會產生敵對情緒，並用粗暴態度施以破壞行為。

(2)發洩不愉快的情緒：好生氣和愛發脾氣的孩子，當遇到不愉快的事情的時候，常常把不愉快發洩到身邊的事物，如甩門、撕衣服、破壞用具等。

(3)證明自己有能力：有的兒童覺得打碎玻璃、損壞用品或從事某種破壞活動能表示自己強大，是英雄。

2. 輔導

對於有破壞行為的兒童，要找出他產生這種行為的根源，了解問題所在；重要的是要引導孩子自己思考問題，幫助他分析自己的行為對他人、團體的害處。同時也應幫助他選擇好的行為，如與別人合作而不是破壞，可能會贏得別人的歡迎和支持；如果把自己的精力用於好的事情上，會得到人們的讚揚，自己會感到愉快和幸福；如果在行動前想到他人的利益，可能就會改變自己的行為。

總之，對有破壞行為的孩子，要幫助他認識到破壞行為的危害，幫助

他分清是非，儘量減少對孩子的壓制和懲罰。

(六) 對抗行為

　　所謂「對抗行為」是指兒童不聽家長或老師的話，以言行故意對抗，對抗行為是具有攻擊破壞性。我們應該承認：並不是所有的兒童都能聽從家長的話；有的孩子在高興的時候，什麼都聽，不高興的時候，說什麼也不聽。有的家長抱怨說：「我們那個孩子什麼都好，就是不聽說，你叫他往東，他偏往西，拿他一點辦法都沒有。」也有的父母說：「我的孩子很少聽我們的話，好像對他說什麼都沒有聽到似的，好一點是不理你，壞的時候就和你頂嘴。」

　　一般來說，隨著兒童年齡的增長，當他知道好壞、是非時，應會懂得成人的語意而不致有偏頗行為產生；但如果已有良好溝通能力的兒童老是不遵照父母或老師的要求或指示，可能是一種行為問題；此外，智力發展遲緩的、學習障礙的兒童有時也有不順從的行為表現。

1. 成因

　　對抗行為除與兒童的發展有關外，往往與成人的行為有密切聯繫。比如成人提出過多的要求和命令，處處限制兒童的行動，經常批評甚至辱罵兒童，或者是嘮嘮叨叨說個沒完沒了，這些行為容易使兒童產生反抗心理，產生對抗和不聽話的行為。

2. 輔導

　　對於兒童的對抗行為，成人首先應先從自己身上找原因，看看自己是不是對兒童的要求太多或太高了？態度太嚴厲了？果是如此，應該儘量減少對孩子的指示、命令、批評或懲罰，把孩子看作自己的朋友，與自己有平等的權利和人格；要教育孩子，首先應尊重孩子。

　　如果兒童不聽話、不合作、發脾氣、生氣、吵鬧等，最好的辦法是暫時不理睬他，或者停止他正在進行的活動，等他安靜下來再對他進行教育。不要在兒童情緒不穩定時與之爭執，反而讓兒童有了對抗的對象，無端加強兒童的對抗行為。

三、心智發展方面的不良適應行為

(一) 恐懼症

　　恐懼或害怕是兒童對某種事物或情境不適應的反應。當兒童遇到某種感到恐懼的事物或情境時，表現出緊張、恐慌等，甚至以哭來求助，並企圖迴避。

　　恐懼是正常兒童發展中普遍具有的一種體驗，是兒童對周圍環境、事物的一種必要反應。兒童恐懼的內容反映他所處的環境特點和發展階段。例如：九個月前的嬰兒害怕大的聲音和陌生人；一至三歲的幼兒害怕動物、黑暗、孤獨和想像的可怕人物；四至五歲的兒童害怕妖怪、鬼神和可怕的事物（如惡夢等）；小學生則害怕損傷（如摔傷、動手術或生病等），害怕離開父母，害怕考試、犯錯和受批評等。研究發現：大約40% 的二至十四歲兒童至少有一種恐懼或懼怕對象；43% 的六至十二歲兒童約有七種以上的懼怕對象；只有 5% 的兒童沒有懼怕對象，而女孩比男孩有更多的恐懼表現。

　　恐懼與兒童的身體大小和應付能力有關，隨著兒童體力與智力的發展，原來恐懼的事物陸續消失。所以，大部分兒童的恐懼是短暫的，當一種恐懼出現的時候，另一種恐懼也面臨著消失；但如果恐懼的表現較為嚴重而持久，而且在一般不再害怕某種事物的年齡時仍然對該事物表現出恐懼反應，如恐慌、緊張、呆立不動、哭著求助、出汗、呼吸困難、噁心等，甚至影響到兒童的正常生活，這就是適應不良的異常反應。

1. 成因

　　兒童的恐懼是對其所處的環境的一種行為反應，主要是由環境造成的，而父母或其他成人的行為和教育方式在兒童恐懼產生中有著重要的作用。

　　父母對孩子的過度保護或限制，往往使孩子產生對該行為的恐懼感，例如：當孩子爬到高處時，便驚訝地大聲制止說：「啊呀！你怎麼爬那麼高，摔下來就沒命啦！」有的家長經常嚇唬孩子，以便使他聽話，例

如：晚上哄孩子睡覺時說：「快點把眼睛閉上了，不然大野狼就來了。」當孩子哭的時候，說：「再哭大灰狼就來把你叼走。」這樣會使孩子逐漸產生怕高、怕黑、怕動物等。

在日常生活中發生的一些現象，也會使兒童產生本能的驚恐反應，例如：巨大的響聲、突然出現的小老鼠、突然掉在自己身上的小蟲等，而第一次經歷所產生的恐懼，該種恐懼經驗常會持續。

成人對一些事物和現象的恐懼態度也影響兒童恐懼的產生。例如：父母經常在孩子面前談論這個可怕，那個不能做，無形中使孩子學會了對這些事物的恐懼；又如對孩子說：「別靠近那隻狗，它會咬你的。」當偶然碰見了老鼠，驚慌叫起來：「啊呀！嚇死我了。」成人這種大驚小怪的行徑，也容易使孩子形成各種恐懼行為。

2. 輔導

恐懼是在環境中透過制約反應不斷獲得，也可以透過制約反應來矯正孩子的恐懼行為。例如：孩子怕黑，成人可以陪孩子在黑暗的屋子門口站一會，然後讓孩子進屋去看看，進而鼓勵他進屋裡去找他自己的玩具，對孩子的一點點進步都要給予肯定和鼓勵，逐步塑造孩子的行為。

(二) 憂鬱症

「憂鬱」是指個體長期受到不愉快的情緒困擾而產生的心理障礙。憂鬱症的主要症狀是情緒低落，對環境事物和活動失去興趣、食慾不振、睡眠不安，不是激動、躁動，就是呆板少動、注意力不集中、自尊感低下、有自卑和罪惡感、社會性退縮、迴避與人接觸等。

關於兒童憂鬱症的標準，說法不一。有的認為心境憂鬱至少持續兩週以上，有晨重夜輕的節律變化，並有下列四種以上的症狀：興趣喪失、自責或內疚、乏力、注意力減退、行為遲緩、睡眠障礙、食慾不振、體重減輕、有消極言行、社會適應能力差；也有的認為兒童憂鬱症的標準是情緒惡劣及自我評價過低，具有兩項以上的下列症狀並持續一週以上：侵犯行為、睡眠障礙、與他人接觸減少、不願上學、成績不佳、身體不適、精力

不足、食慾和體重改變等。

1. 成因

常見的憂鬱反應有兒童的情感依戀性憂鬱症，這是兒童突然離開母親或哺育者時所產生的一種生理和精神障礙。兒童開始是大哭，能說話的兒童則哀求成人抱或不要離開他，或表現出激動不安，以後則臉色蒼白、睜眼呆坐、面無表情；或者表現憂鬱沮喪，嗚咽啜泣，對周圍發生的事毫無興趣和反應、睡眠和飲食不佳、大便次數增多、體重減輕等。大部分兒童在以後的幾週中會慢慢恢復正常，如果母親或哺育者回到他的身邊，症狀立即會消失。

2. 輔導

處理兒童的憂鬱症主要是要找出原因，如調整父母與兒童之間的相互關係，解除兒童的分離焦慮等；另外，也可以透過讓兒童接觸新同儕，建立新的、能讓其依賴的人際關係，如師生關係、同儕關係，以減輕兒童的憂鬱症狀。

(三) 幼兒園恐懼症

幼兒園恐懼症是指兒童受強迫上幼兒園或者是不願意上幼兒園，表現出上學之前焦慮不安，或到幼兒園與母親離開時哭鬧不停，產生極度的分離焦慮。當母親離開後，逐漸趨於平靜，但情緒相對比較低落，缺乏活動的積極性。

1. 成因

幼兒園恐懼症比較流行的、廣泛的看法是一種分離焦慮，認為母親與兒童存在著共生和過度依賴的現象，兒童的強烈依戀，導致其害怕與母親分離。

家長方面的原因也是導致幼兒園恐懼症的重要因素。在兒童還沒有入幼兒園之前，母親對孩子偶爾表現出不當行為時，以「送你進幼兒園」的話相威脅。例如：當孩子不聽話時，母親就說：「你不聽我的話，過幾天我就把你送到幼兒園去，讓幼兒園的老師來管你。」在孩子看來，幼兒園

是個可怕的地方，那裡的老師更厲害。所以，一旦眞的送孩子入園，孩子對幼兒園的恐懼感就被激發起來了。

老師對兒童的態度也是一個原因。兒童在分離焦慮的情況下，情緒不安定，出現一些異常行爲，如哭鬧、發呆等，如果老師不加以安撫，不以溫和的態度對待兒童，讓兒童感到溫暖，而是以比較生硬的態度對待兒童，那麼兒童就更加焦慮，並對幼兒園產生恐懼感。

另外一個原因是兒童對新環境的適應問題。有些兒童在入園前，社會適應能力比較差，再加上對幼兒園的環境比較陌生，入園後容易產生對幼兒園的不適應，如果在幼兒園遇到一些挫折，便對幼兒園產生恐懼感。

2. 輔導

爲了防止孩子對幼兒園的恐懼，父母必須注意自己的教育方法，儘量減少引起孩子對幼兒園恐懼的因素。

如果是第一次送孩子去幼兒園，在入園前，父母可以先給他講有關幼兒園的故事，帶他到幼兒園看孩子的活動，熟悉幼兒園的環境，使他喜歡幼兒園。

如果孩子在去了幼兒園後才產生恐懼，父母要逐漸引導孩子適應幼兒園的環境，像是利用一些時間陪孩子到幼兒園，和孩子一起觀看小朋友們的活動，進而帶他和小朋友一起活動；當孩子與小朋友們活動的時候，父母可以暫時離開一會兒，但讓孩子能看見自己和老師說話。如此便可使孩子逐漸適應幼兒園的生活。

如果是孩子至幼兒園已經過了一段時間才逐漸產生恐懼的，則要弄清孩子恐懼的原因。例如：有的孩子可能是由於違反紀律或其他不良行爲而受到老師的處罰，對幼兒園和老師產生反感；有的孩子可能是在幼兒園有某種痛苦的體驗，例如：上廁所受到了限制，喝水受到控制，午睡時間受到管制，或者是由於某些技能上的不足等，產生了適應不良的情形，在這種情況下，老師和父母要進行溝通，減少對孩子不必要的限制，同時加強對孩子生活的幫助和技能上的訓練。

(四) 退縮症

所謂「退縮症」是指在日常生活中，特別是社會性活動中的迴避障礙；這種退縮表現是在社會活動中的退縮，故也稱「社會性退縮」。具有社會性退縮特徵的兒童，其社會行為表現為害羞、不大方、迴避等。

1. 成因

社會性退縮兒童的主要原因是早期缺乏社會性互動，以致後來在社會性活動中產生社會和情感問題。一般來說，絕大部分兒童都能夠選擇同儕並與同儕交往，但有退縮症的兒童在同儕面前往往不知所措，並因而做出一些同儕不能認可的行為；如同儕過來叫他一起玩，他不僅不與同儕玩，反而踢或打別人；又如：一般的兒童都能夠主動與同儕交往，而社會性退縮兒童對他人的主動交往常常不應答，即使應答，也只是非語言性的反應。

2. 輔導

加強兒童與同儕的接觸與聯繫，參與共同的活動，使兒童體驗到合作的愉快；同時為兒童提供自我表現的機會，使他獲得成功感，增強自信心，並發展兒童的社會技能，鼓勵與同儕之間的交往。

(五) 孤獨症

「孤獨症」是一種不良適應行為，表現為不能與環境和他人進行互動，喜歡獨處，好像內心只有一個自我世界，他人好像不存在。

正常兒童見到成人或有人和他逗著玩時，都會表現出興奮和高興，並和成人比較親熱，如果成人不理睬他或不跟他玩，他則會生氣，有的孩子甚至會哭。但是，孤獨症兒童見到親人後，情感淡漠，甚至連看都不看成人一眼；當別人玩的時候，他們喜歡孤獨地待在一旁，很少與人交談和來往；對聲音或疼痛等刺激不敏感，反應遲鈍；不愛說話，偶爾說出的話也屬於非交談性的語言、無意義的語言，例如：重複成人剛說過的話，或重複他曾經聽到過別人說的話。他們對環境的認識非常刻板，不希望環境中

的物品發生變化，例如：他們總是把周圍的東西放在固定的地方，一旦發現移動、丟失或有人改變了它們，就會叫喊、激動，甚至大發脾氣。

1. 成因

兒童孤獨症的原因，目前尚未完全查明。有人認為主要是早期生活中缺乏適當的刺激，長期處於單調的生活環境，沒有及時培養兒童的社會行為，特別是沒有發展其社會互動能力。由於他們的社會能力很差，無法與外界交往，他們只好用重複的動作和其他方式進行自我刺激，自我封閉，對外界環境不感興趣；但也不排除生理性的原因。

2. 輔導

注意兒童早期的生活環境，提供兒童一個豐富的生活經驗，廣泛地接觸各種各樣的事物，豐富其與環境的經驗互動。一旦發現兒童患有孤獨症，要耐心地培養其社會技能，使其慢慢地適應周圍的環境，逐漸地開放其內心世界。

(六) 過動症

過動症又稱「過動症候群」，也稱為「兒童過動症候群」，是兒童常見的一種行為障礙。近年來，人們對兒童的過動症談論得比較多。有時因為孩子愛動，許多家長因而擔心自己的孩子有過動症，甚至隨便提供孩子藥物，對孩子的發展造成不良影響。

有人把過動症稱為「輕度腦功能障礙」，即「MBD」。這是因為過動症的一些行為表現不符合社會要求，如愛發脾氣、衝動、注意力不集中等，動作不協調、笨拙，有某種知覺障礙以及明顯的學習困難等，都與腦功能障礙有關。但研究指出：雖然腦輕度功能障礙與過動行為有關，但有輕度腦功能障礙的兒童並不都有過動的症狀，而行為表現有過動症狀的兒童也並不都與輕度腦功能障礙有關。所以，過動症並不等於是輕度腦功能障礙。

1. 過動症的表現

過動兒童常有以下幾種表現：

(1)**活動過度**：過動兒童的表現之一就是活動過多。父母和老師常常說這類兒童坐立不安、煩躁、總在跑動，運動量也超出一般的活動量。他們不能專注於一個活動，拿了玩具玩一下就丟開，從來不能坐定看一會兒電視；坐在椅子上的時候，不是用手敲桌子，就是跺腳或把腳在地上滑來滑去的；在幼兒園教室內，屁股總是在椅子上挪來挪去；平時愛與人講話，無故推撞別人等。

這種兒童的「過動」與一般兒童的「好動」是不同的，他們的活動是雜亂的、缺乏組織性和目的性；雖然在運動性活動中難以看出他們與一般兒童的區別，但在家裡或活動室等對活動有限制的環境中，將他們與一般兒童的好動相比，明顯表現出不能控制自己的活動。不過當成人給予個別注意時，或與成人從事一對一的活動，如兩人下棋或給他講故事時，他也能安靜一會兒。

(2)**注意短暫**：注意力不集中或注意短暫是過動兒童突出的、持久存在的表現，所以，人們認為對這種兒童診斷為「注意障礙」也許比「過動症」更為貼切，因為他們是經常缺乏有目的的活動，不僅僅是活動過度。

兒童在單調、乏味的活動中往往精力不集中，總是不能專心地做好一件事，例如：拿了這個玩具還玩不到一分鐘，就丟下另玩別的去了；他們從來或很少能完成他們自己的任務或者做完已經開始做的事，做事有頭無尾，丟三落四。

(3)**行為衝動**：兒童行為衝動其實是對自己缺乏控制，或者是行動前不考慮後果，是沒有思維的行動；例如：看見杯子裡有水，端起來就喝，也不管水會不會燙。過動兒童的一個明顯特點是在多數情況下行動先於思維，對活動缺乏耐心；又如：在遊戲時，他無法遵守排隊、輪換、輪流等規則，還沒輪到他的時候，就已經搶在別人前面。在遊戲中，還常常惡作劇，不僅破壞規則，有時還破壞他人的活動，踢或扔玩具，干擾他人的活動等。

(4)**行為不良**：大部分過動兒童或多或少地有一些不良行為表現，如好打架、愛頂嘴、不服從、倔強、反抗、霸道、以強欺弱、發脾氣、不能

忍受挫折、違紀犯規等。過動兒童由於愛動，手腳不得閒，常常惹事生非，讓人討厭。他們雖然愛交朋友，但在與同儕一起玩時，總是要求別人按他的想法做，不然就不做。

除了前述的表現外，有的過動兒童還表現出學習困難、感情障礙、語言遲緩、動作不協調等特徵。

2. 成因

關於過動症的成因，目前有各種假說，真正的病因尚待進一步探索。茲列舉可能的原因如後，供家長及教師參考：

(1)先天體質缺陷：大部分過動兒童都有不同程度的先天體質缺陷。先天體質缺陷可能由於染色體異常或精神病等遺傳因素引起，也可能是由母親妊娠和分娩障礙引起。例如：母親妊娠時的精神緊張可能改變其體內的某種生化過程，影響胎兒的正常發育，特別是影響腦功能的正常發育。如果母親懷孕期間有過煤氣中毒、嬰兒早產、產傷或出生時缺氧等，都可能對嬰兒的腦功能產生不同程度的影響。

(2)鉛中毒：研究發現：幾乎一半以上的過動兒童的血液中鉛含量都較高，這種兒童大多數居住在擁擠的大城市之中。當汽車的汽油燃燒時，產生的化合物中的鉛會進入空氣中，使兒童大量吸入體內；血液中鉛含量的增高，與認知、語言、知覺障礙有一定的關係。

(3)食物過敏：兒童對某種食品或調味品的過敏反應，亦可能會引起過動症；因為當兒童不用這種食品以後，兒童的過動情形和注意力有明顯的改善。

(4)放射作用：一些研究發現：電視小量輻射與過動症有關，如果將這些放射源配上防護裝置，兒童的過動行為就會減少。

(5)輕度身體器官異常：有長期觀察發現：先天性器官異常，像是耳朵不對稱或形狀異常、第五個手指彎曲、第三腳趾比第二腳趾長、第一與第二腳趾間有較大的縫隙等生理特徵，與過動症的產生有一定的關係；過動症的男孩比一般男孩多見這種異常。有這種器官異常的兒童在三歲時就表現有明顯的行為問題，如好哭、易於激動、坐立不安、對環境適應差

等。

(6)**心理的緊張**：調查發現：兒童的過動症與由不安的環境引起的精神高度緊張有關。過動兒童的父母經常干涉其活動，如這個不能做，那個不能做；孩子做錯事時經常受到指責，甚至體罰，由此引起的緊張焦慮會使兒童發生分心、衝動和過動的表現；如果減輕其焦慮，多動的表現就會改善。

3. 輔導

如果兒童的過動症是由先天體質缺陷引起的，則應先採用藥物治療。有的家長不願意用藥物給孩子，認為過動症作為行為問題是由心理因素引起的，而心理因素引起的行為問題是可以糾正的，採藥物方式治療，似乎問題就嚴重了。但這種想法是不正確的，因為有些行為問題的確由生理因素引起，不應該迴避。

治療過動症常用的藥物主要是興奮劑，如右旋苯異丙胺、利他林，還有安定劑、維生素等。但每個兒童對藥物的反應是不同的，有的藥物對某個兒童有效，而對另一個兒童可能無效，所以用藥須經過醫生診治。

其次是飲食治療。雖然目前還沒有足夠的證據肯定食物過敏與過動症的關係，但在兒童的食物中儘量避免使用人工色素、調味品、防腐劑等是有益無害的。部分研究指出：在兒童的飲食中一些含咖啡因的食品，結合興奮劑的藥物治療，可以增加療效。

再則是行為治療。利他林是廣泛使用的治療過動症的藥物，儘管這種藥物在臨床上對改善外部行為有較好的效果，但不能改進兒童的學習能力和社會適應能力，且長期服用會產生不良效果。採取行為治療和藥物治療相結合，對兒童行為的改善有較好的效果。

行為治療或行為指導的方法，主要是訓練兒童採用合適的認知活動，改善其注意力，克服分心。行為治療是藉由讓孩子執行一系列安排好的訓練程序，減少兒童活動過程中的多餘動作和不良行為，透過行為指導，幫助兒童培養自我控制能力，集中注意力，順利完成活動。

(七) 學習障礙

自從「學習障礙」這個概念被提出來後（Kirk, 1963），已經廣泛被教育、心理學界所接受，並逐漸成爲一個研究的領域。但是，人們對於學習障礙的理解卻不大相同，表現爲對其定義難以表述；現有的定義多達六十多種，比較廣泛的說法是認爲學習不能是兒童表現出的一種或多種基本心理過程障礙，其中涉及到理解、表達、閱讀、拼寫和計算方面等與學習有關的障礙，從而造成學習能力低下、學習不良或學習失敗。

學習障礙兒童並不是呆傻或愚笨，他們雖然在學習中也表現安靜，從來不搗亂，不打擾別人，但就是不能學習。由於空間和時間上的認知發展較落後，他們經常把數位或字母弄反，如 b 當成 d，p 當成 q；把今天、昨天和明天混淆。

其次，學習障礙的兒童自理能力較差。由於對上下、左右、裡外等方位認知上的問題，所以在生活中顯得手忙腳亂，自理能力差，例如：老是找不到自己身邊的東西、丟三落四，不是丟了這個，就是忘了那個；叫他站在桌子前，他卻站到桌子後。學習障礙兒童大都手腳不靈活，行爲笨拙，如不會自己綁鞋帶或扣鈕子。

再次，學習障礙的兒童語言行爲也常見障礙。有時表達不清楚自己的意思，言語混亂，說話時經常中斷一個句子或一個概念；與同儕互動常常說不清自己想做什麼，所以社會交往能力差。

復次，學習障礙的兒童理解能力差。學習障礙兒童有時能理解他們所聽到話，但抓不住要領；例如：讓他去廚房拿一雙筷子，他去了廚房又空著手回來了，這不是他沒去拿，而是不知道到廚房去要做什麼。也就是說，沒有掌握住話的主要內容。

另外，學習障礙兒童還有情緒和行爲問題，譬如：容易分心、注意力不集中、做事緩慢等。總之，學習障礙兒童雖然有正常的智力，但有明顯的空間、閱讀、理解、運算等困難，導致學習不良。

1. 成因

學習障礙兒童的學習不良不是由於智力落後或其他神經系統疾病引起的，而是由於某些環境因素或某些生理因素引起的，譬如：可能有視、聽及運動方面的缺陷，但並不影響其正常的學習和認知活動。具體來說有以下原因：

(1)早期（胎兒期、出生時、出生後）的某些傷病造成的輕度腦損傷或輕度腦功能障礙，可能會影響兒童的學習能力，如母親在妊娠期間酗酒、服藥或營養不良、嬰兒出生時缺氧、出生後鉛中毒、腦炎等。

(2)發育遲緩，身心發展落後於同年齡者，以及某些感覺功能障礙、運動不協調等。

(3)環境因素，如缺乏成人的關愛，早期缺乏各種環境刺激和教育、營養不良、不適當的教育方法、老師的偏見等。

2. 輔導

對於學習障礙的兒童，首先應該從家庭中給予幫助，父母必須了解兒童的困難，知道哪方面存在問題；例如：有的孩子是閱讀出現問題，有的孩子是邏輯推理存在問題，有的孩子則可能是動作出現問題。學習障礙的孩子並不是在所有的方面都不能，有的孩子雖然不能閱讀或發音不好，但在某些方面，如機械、建築、藝術等方面可能會發揮特殊才能。所以，不要因為孩子學習成績不佳，就說孩子笨，什麼都不會。要避免給孩子造成精神上的負擔，注意發現孩子的優點。

其次，對於學習障礙的兒童，成人要給他們創造更多的學習和鍛鍊的機會，培養他們獨立生活的能力。例如：教他如何記住公共汽車的站名、如何買東西、如何認識鐘錶上的時間、如何在電視頻道上找到自己喜歡的節目、如何撥打電話等，讓他在短時間內學習簡單行為，並增強自信。

兒童的遊戲及其輔導

一、兒童遊戲的意義

(一) 成人眼裡的遊戲和兒童眼裡的遊戲

　　提到遊戲，似乎每個人都懂得這個名詞的意義，成人知道什麼是小孩子的遊戲，兒童也知道什麼是遊戲或者什麼是「玩」。但是，究竟什麼是遊戲？不同的人就有不同的理解。

1. 成人眼裡的兒童遊戲

　　幾個兒童在一堆沙旁邊，一會兒挖沙，一會兒堆沙，一會兒拍打；他們先是蹲著，後來跪著。過一會兒，坑挖深了，乾脆整個身子都趴了下

去。兒童玩沙子的活動，能夠連續幾個小時，依然意猶未盡。成人見了生氣，說：「你們只知道玩，看！把衣服弄得多髒！」

歷史上，一般成人對兒童遊戲多持否定的態度。中國唐代大文學家韓愈在〈進學解〉中提出很有代表性的說法：「業精於勤，荒於嬉」，即認為遊戲或嬉戲是和勤勞相對立的。有些人把兒童遊戲看作是幼稚的表現，認為兒童天性愛玩；兒童遊戲最多只是不得不容忍的現象，認為孩子就是貪玩，無可奈何。

2. 兒童眼裡的遊戲

兒童對於遊戲的看法，和一般成人的觀點是大為不同的。兒童把遊戲看作自己的生活，除了吃飯、睡覺以外，兒童自發的活動就是遊戲，是兒童最喜愛的活動，如果讓兒童自己選擇活動方式，他們大都選擇遊戲。如果沒有成人組織或帶領著他們活動的話，兒童就自己去遊戲。兒童經常為爭取遊戲而和成人討價還價，要「再玩一會兒」，而他們很少說「玩夠了！」兒童把有興趣的事稱為遊戲，常常說：「真好玩！」

在老師組織兒童活動時，時常還會出現這樣的情況：老師精心為兒童遊戲做好準備，按自己的計畫指揮孩子們做遊戲，而孩子卻不願意玩。例如：有一位老師要組織孩子玩「開商店」的遊戲，她準備了很漂亮的新玩具娃娃等「商品」，分配某幼兒扮演售貨員的角色，另一些則當顧客。然而，售貨員不願意售貨，她看著「商品」櫥窗裡的娃娃，垂涎三尺，那些「顧客」也不積極買東西，因為老師指揮太嚴格了，孩子太被動了。這時，在老師眼裡是在組織兒童遊戲，在孩子心裡是在心情緊張地執行老師的任務，按老師的安排進行活動。

由此可見，成人和兒童眼裡的遊戲不盡相同，但重要的是成人要真正了解兒童遊戲的涵義。

(二) 遊戲是兒童的主要活動

遊戲是兒童的主要活動，因為：

1. 從時間上看，兒童的活動，除了吃飯、睡覺、起床、盥洗等日常生活

的活動以外，主要就是遊戲。遊戲占兒童生活的大部分時間。

2. 從活動性質看，遊戲最適合兒童的年齡特徵，符合兒童的需要。

3. 從遊戲的作用看，遊戲對兒童的發展具有其他活動無法比擬的重要作用，是促進兒童身心發展最有力的活動。

(三)兒童遊戲的特徵

以遊戲和其他如學習、勞動等活動相比，遊戲活動有以下明顯的特徵：

1. 虛構

遊戲意味著「不當眞」的活動，眞正的吃、穿、睡等活動不是遊戲，兒童都知道，遊戲是假裝的活動。兩歲左右的孩子就會佯裝睡覺，用以和成人逗著玩，然後睜開眼睛笑了。兒童在遊戲中的吃，並不把東西放到嘴裡；遊戲中的穿，只是比劃一下，既不是爲了禦寒，也不是爲了裝扮。

遊戲中的角色也是假裝的。遊戲中人與人的關係（即角色之間的關係）都不是眞實生活中的關係。例如：在一個實驗裡，老師對幼兒說：「我們來玩遊戲，好嗎？」孩子都高興地向老師走過來了。可是一聽到老師說：「我當老師，你們當小朋友。」三歲的幼兒跑開了，他們不會用語言來表達，但是用行動表示反對。大一些的幼兒對老師說：「你本來就是老師，我們本來就是小朋友，那怎麼能玩遊戲呢？」遊戲的角色可以隨便更換，孩子一會兒當老師，一會兒又當起工人。幾個同齡幼兒在遊戲中可以是不同年齡的幾代人。

2. 興趣和愉快

遊戲是有興趣的活動，沒有興趣的活動就不是遊戲。枯燥無味的學習，雖然是不好的學習，但仍不失爲學習活動；兒童被迫完成學習任務，雖然不感興趣，仍然可以在各種因素的影響下堅持學習。遊戲則不然，兒童在遊戲活動中一旦失去了興趣，遊戲活動立即中止，這時，孩子如果繼續參加活動，那麼在他的心目中，那已經不是遊戲了。正因爲如此，遊戲即是兒童愉快的活動。

3. 自主

　　遊戲是兒童自發的、自主的活動。兒童參加或開展活動是出於自己內在的動機，而不是外在的動機，是兒童主動參與的活動，不是被動或消極旁觀的行為。兒童在遊戲活動中，不要成人監督，也不需要別人催促，更不能是強迫的；相反地，只要一有閒暇，兒童自己都會玩起來。此外，兒童還常常把其他活動變成遊戲活動，例如：把洗手變成玩水遊戲，把吃飯變成敲打碗盤的演奏遊戲。這種出自內心要求的活動動機，屬於內在動機。

　　兒童遊戲的動機還出於身體內在的需要。兒童生理上有好動的需要，遊戲動機往往是由這種需要引起的；其遊戲動作的變化較多，也較自由，不像小學生學習那樣，需要長時間地根據成人要求較長時間地按某種方式去活動，如坐著聽課、看書、寫字等，而可以根據個人的生理需要，隨時變換動作。這種需要和動作變換當然並不是兒童自覺意識到的，但他感到舒服，不像長時間完成單調的任務那樣難受。前述顯示了遊戲符合兒童的生理特點和整個身體發育的需要，包括中樞神經系統活動的需要和骨骼肌肉系統發育的需要。

4. 重過程輕結果

　　兒童遊戲和其他活動的區別，還在於他們在遊戲活動的過程得到更多的滿足，而不在於遊戲能獲得的結果。所以說，兒童遊戲是重過程，輕結果。例如：玩「開汽車」，可以連續地開很長時間，而不論「汽車」開到什麼地方，也不關心「汽車」是否真正開動起來；兒童玩搭積木，搭的過程非常專心，很是認真，但是遊戲結束時，兒童把積木一把推倒了，毫不留戀或珍愛自己的勞動成果；玩捉迷藏遊戲，滿足於躲和捉的過程；捉到了再藏、再捉，小班幼兒更不計較「躲」和「捉」的結果，如果沒有人來捉他，他會大喊：「我在這兒呢！」被捉到時他感到愉快，認為「好玩」，因此，遊戲的動機是直接動機。兒童是為遊戲而遊戲，不像其他活動那樣，為了其他目的而進行活動，如果說兒童可能為了被別人誇讚而學習，為了得獎品而學習，那麼，他絕不會為了別人誇獎而去遊戲；如果是

爲了得到誇獎而遊戲，那麼他所進行的也不是眞正出自內心的遊戲了。

5. 具體

兒童遊戲是具體的活動。遊戲都有實際動作，而動作本身是看得見的、具體的。兒童遊戲一般都用玩具，或者用代替玩具的遊戲材料，而玩具和遊戲材料是看得見、摸得著的，遊戲正是依靠具體的動作和實物來進行的。兒童遊戲常常有角色，角色正是人物的具體表現；在遊戲進行過程中，其腦海中必然會出現生動而具體的形象，例如：搭積木時，並不僅僅是一塊一塊簡單地堆積起來，他在腦海中出現「大高樓」、「電視塔」等形象，否則他會感到沒有意思，玩不起勁。所以，「具體」也是兒童遊戲的一種獨特的特徵。

6. 社會性

兒童遊戲不是生物性的本能活動，而是社會性的活動。兒童遊戲和小貓、小狗等小動物的遊戲不同，兒童遊戲反映其知識經驗，遊戲內容、情節、角色、行爲規則、使用的材料等，雖然都是虛構的，但不會完全脫離其生活經歷，總是可以從他們的生活中找到模仿的原型或素材。如果要求兒童在遊戲中遵守違反生活規律的規則，他是不接受的。在一個實驗裡，要求兒童把火柴盒當床，火柴棒當小人，他們都同意，但反過來，要把火柴棒當床，火柴盒當人，兒童就抗議了，他們說：「那怎麼能睡呢？」可見，兒童遊戲中的虛構並不是無條件的，是帶有社會性的。

二、遊戲對兒童身心發展的重要性

前述遊戲的特徵是遊戲本身所固有的，並不需要外加，例如：遊戲必然是幼兒感興趣的，而學習活動則不盡然。幼兒感興趣的學習活動是需要老師有意識、有技巧地組織。

由於遊戲的特徵與兒童身心發展的特徵一致，因此，遊戲最符合兒童身心發展的需要，同時也能促進其身心發展。

(一) 遊戲對兒童情緒發展的作用

遊戲是兒童愉快的活動，這是遊戲的特徵之一。兒童在遊戲中不感受到有壓力，遊戲的虛構性使兒童不會有失敗，沒有挫折感；原來想要「蓋」一座高樓，但不成功，他就輕鬆地改為蓋一個車庫，在遊戲中是沒有嚴格限制的。因此，兒童在遊戲中經常感到滿足，感到歡樂，這對其情緒發展十分有幫助。

(二) 遊戲對兒童社會性發展的作用

遊戲使兒童很自然地和同齡夥伴互動，這種互動對他的社會性發展有重要作用。在和同儕互動中，孩子學會輪流、分享和溝通，而這種學習比正式的課堂學習更有效率；同齡兒童之間比較容易獲得共同語言，因此當幾個不同語言、不同文化的兒童在遊戲場上碰在一起，不需多久時間，就能玩得很和諧。

遊戲的自主性特徵使兒童在遊戲活動中得到自立、自主需要的滿足。遊戲是兒童渴望模仿成人、和成人一樣生活而又力不能及的矛盾的統一；兒童想要自立，但不能真正地在社會上自立。例如：他想當司機，但他不能真正地開汽車，而在遊戲中他可以假裝當司機，開汽車，滿足了需要。與此同時，透過遊戲，可以學習和體會司機的角色和行為，社會性知識和能力有所發展。在當司機過程中，既要開汽車，又要照顧乘客，而在處理司機與乘客的關係中，學習關心別人，考慮別人的需要，由此社會性知識和行為都得到發展。在角色扮演中，兒童開始從另一個人的角度看問題，從而學會「去中心化」的社會性行為準則，培養良好的品質。

兒童在遊戲中的社會性學習，可以把成人口頭傳授的行為準則，自願地運用於實踐，從中得到體驗，並且得到鞏固。

(三) 遊戲對兒童認知發展的作用

遊戲對兒童認知發展具有下述的積極作用：

1. 發展感知能力

透過擺弄玩具和各種遊戲材料，體會不同物體的特點和性能，如在玩沙和水時，同時可發展感知能力。

2. 發展想像力

遊戲離不開想像，在遊戲中，兒童的想像得到自由發展。例如：拿到一根竹竿，兒童一會兒當槍，一會兒當大刀，一會兒又可以當馬騎。在角色遊戲中，兒童想像自己是媽媽，給孩子們做各種美味佳餚，或是想像自己是老師，給小朋友們講故事；幾個孩子共同遊戲，互相商量，互相合作，豐富的想像也發展起來。

3. 發展思維能力

兒童在遊戲中對各種物體的具體操作，有利於發展思維能力。例如：兒童看到兩塊同樣大小的黏土，當他把其中一塊壓扁時，那塊土就「變」得比另一塊大了，再搓成團後又「變」得小了。經過多次反覆擺弄之後，兒童逐漸領悟到那一塊土實際上沒有增加，也沒有減少，逐漸形成了「守恆」概念。這就是走上了更高一階思考程度過渡的過程。

角色扮演和角色互換，實際上也是使兒童在頭腦中獲得和逐漸聚集思考可逆性概念的材料，例如：一個孩子可以扮演媽媽，又可以扮演女兒，在遊戲中體驗到媽媽和女兒的關係，就不同於兒童在實際生活中自己和媽媽的固定關係。

4. 發展解決問題的能力

兒童在開展遊戲過程中，要面對各種的困難和有待解決的問題。例如：要玩「動物園」遊戲，手邊缺乏適當的材料，就要考慮用什麼方法取得材料，或者用什麼物體可以代替自己當前需要的材料。遊戲還允許做各種嘗試，透過嘗試獲得解決問題的辦法，從而提高了解決問題的能力，同時也培養了「動腦筋，想辦法」的習慣。

(四) 遊戲對兒童身體發展的作用

前文曾提及，遊戲符合兒童身體發展的需要。就兒童的中樞神經系

統活動言，遊戲有利其根據生理的需要而調整興奮與抑制活動。例如：在溜滑梯時，用常規的方法滑了幾次，他感到乏味了，會自發地用新的方法玩，或者倒著向上爬，或者橫坐著往下滑等，這樣一來，又產生新的刺激、新的興奮。遊戲可以使兒童的中樞神經系統調整到最佳狀態，在骨骼肌肉活動方面也是這樣；由於幼兒骨骼肌肉系統還沒有充分成熟，不能長時間維持一種姿勢，遊戲是允許隨便轉換姿勢的活動。因此，表面上看來，兒童長時間做一種遊戲，不感覺厭倦，也不感覺疲勞，實際上在遊戲中身體的生理活動也是在不斷調整。過分疲勞的活動，會損害其身體發展，而遊戲則有利於兒童身體的發展。

從遊戲的意義和遊戲對兒童身體發展的作用看，遊戲對兒童來說，確實是一種非常重要的活動。成人把兒童的遊戲看作是荒廢時間的舉動，是對遊戲的不了解或誤解。

第二節　兒童遊戲的類別

兒童遊戲是多種多樣的，其分類方法也不盡相同。從兒童自主性的角度來區分，遊戲可分為創造性遊戲和規則遊戲；從發展的重點可分體育遊戲、智力遊戲等。遊戲因不同角度分類各有殊異，以下僅介紹幾種常見的遊戲類型。

一、角色遊戲

角色遊戲是兒童最典型的遊戲，它的虛構性和提供兒童的自主性最強，兒童自發地進行的遊戲主要是角色遊戲，例如：兩歲孩子抱著玩具娃娃，拍拍、搖搖，其實她是在哄娃娃睡覺。角色遊戲從兒童二、三歲時即已產生，四、五歲時達到高峰，其後逐漸被規則遊戲所代替，但是小學低年級學生在閒暇時仍然進行角色遊戲。

角色遊戲是模仿和想像相結合，透過扮演角色，創造性地反映周圍生

活的遊戲，其結構包括：角色扮演、物的代替、假想情節等。

1. 角色扮演

兒童在遊戲中，假裝是另一個人物，而不是自己。在角色遊戲中，角色是遊戲中心，兒童在遊戲中，把自己對某種人物角色的認識以及對該人物的行為認識反映出來，他把有關認識和自己與遊戲夥伴結合起來，以此指導自己和遊戲夥伴的行為。例如：當醫生的要給病人看病，不能隨便跑到別處去玩。因此，若要使遊戲熱絡地開展起來，就必須讓兒童對角色有所認識。

2. 物的代替

遊戲要有玩具或遊戲材料，這些都是在遊戲中作為物的代替，如一根小棍可以代替小飯匙，餵娃娃吃飯；不會張嘴進食的玩具娃娃可以代替小妹妹。在遊戲中，物品的意義可以隨意變換，小積木可以當梳子，也可以當切菜刀，而這裡的代替都是依靠遊戲參加者的想像來進行的。但是這種想像也不是完全虛無縹緲的，而要以實際經驗為依據，遊戲中的代替物和被代替物總是要有某種聯繫，例如：幼兒絕不會拿一個球當梳子或當刀子。對於年齡較小的幼兒來說，形象接近真實物品的玩具有利於激起他們的遊戲，可以引起他們頭腦中已有形象的復活，進行遊戲想像。但對於年齡較大的幼兒而言，過於逼真的玩具反而不利於遊戲內容的豐富性，因為使他的想像受到了侷限，沒有專門意義的玩具材料反倒是有利於想像的展開。

3. 情節假想

角色是透過行動來表現的；動作和語言組成的角色行動，往往是有情節的。兒童在角色遊戲中，不是簡單地把物體擺來擺去，而是透過玩具來表現假想的遊戲情節；例如：兒童不只是把聽診器掛在胸前，而是把自己想像成醫生，拿起聽診器給病人看病。遊戲中的情節不必完全按實際生活，許多動作可以簡化，例如：餐廳裡的廚師炒菜時，不必真正地去炒，只需用動作表示兩下，然後說：「炒好了！」服務員就端著菜送去給顧客。由於動作簡化，所以有充分發揮想像的天地，兒童可以根據各自的

願望和能力來表現。但是，遊戲情節並不是毫無依據的，而是和兒童的經驗有關，服從社會的行為準則和事物的客觀要求，因此，如果坐火車的孩子隨便地站起來離去，會遭到遊戲夥伴的制止，被要求「到了站才能下車」、「要從車門出去」等；也正是在類似的場合下，兒童藉角色遊戲，既可以反映已有的經驗，又可以學習到社會行為規則，以及人與人之間的關係準則。

二、結構遊戲

是指運用積木、沙、泥等材料來進行的遊戲，又稱「造型遊戲」。

結構遊戲和角色遊戲相似，都是依據兒童的想像來進行。兒童在遊戲中可以有創造性地反映周圍生活；角色遊戲以情節為主，反映更多人與人之間的關係；結構遊戲則以擺弄物體為主，反映更多對物的認識，例如：兒童可以用積木搭各種樓房、大橋、公園、停車場等。

在結構遊戲中，兒童手部的操作能力、精細動作能力、手眼協調能力都得到較好的發展，例如：插片要對準插口，把積木搭高時必須逐塊對準，不然就會倒塌等。兒童在擺弄物體過程中，還可以進一步感知各種不同物體的性質，發展感知覺，認識結構材料的性質、顏色、形狀、大小、重量等，如大積木放在小積木上面會倒下來。在結構過程中，兒童可以獲得上下、高低、前後等空間概念，還可以體會對應和守恆的概念，例如：四塊積木不論怎樣擺，仍是四塊。

其次兒童透過結構遊戲，在造型過程中，也體會到美感，培養審美能力和藝術興趣。再者，結構遊戲可以是幾個小朋友合作的遊戲，藉著共同遊戲，培養互動能力和良好品質。

三、表演遊戲

表演遊戲是按照童話或故事中的角色、情節和語言，創造性地表演的遊戲。表演遊戲和角色遊戲相似之處是兒童在遊戲中也扮演角色，但兒童在表演遊戲中並不是背誦童話和故事中的詞句，也加入兒童的自發性和創

造性。

兒童透過表演遊戲可以用自己的行動來表現對文藝作品的理解，實際地體驗文藝作品的內容和思想感情，同時重複一些作品中有感染力的詞句；當兒童在表演遊戲中進入角色時，他們的感受比聽或背誦文藝作品更為深刻。在遊戲中的表演又比一般表演有更大的自由度，兒童覺得更有興趣。用木偶或形象玩具來進行的表演遊戲，可增加表演遊戲的具體性，是兒童喜愛的遊戲。

四、體育遊戲

體育遊戲是以發展基本動作為目的的遊戲，和前面所說的角色遊戲不同，兒童在其中的創造性空間相對較小。

體育遊戲的特點：一是有規則，二是內容較固定，兒童在遊戲中可以培養更多遵守規則的能力和守紀律的習慣。體育遊戲的內容大都是成人預定的，像是很多民間的遊戲都是世代相傳的，如捉迷藏、老鷹捉小雞等；但規則制定過程如能讓兒童參與意見，兒童的興趣將會更新。

有規則的遊戲更適合年長的幼兒，因為他們可以從具體遊戲情節中擺脫出來，把注意力放在規則上。他們也開始對競賽有興趣，喜歡競賽性的遊戲。

五、智力遊戲

智力遊戲是以生動有趣的形式，使兒童在自願和愉快的情緒中發展智力的遊戲。

智力遊戲依其作用來分，可以區分為許多類型，茲舉例如下：

1. 感官遊戲：如發展聽力的「聽聽是誰的聲音？」、發展觸覺的「奇妙的口袋」（布袋裡放著不同質地的東西，如玻璃球、小積木塊、布頭等等，讓幼兒以手觸摸，說出物質名稱）。
2. 比較遊戲，如「哪一個不一樣？」。
3. 分類遊戲，如「誰跟誰是一家的」，要求依顏色、形狀、大小、性質、

作用等來分類。

4. 記憶遊戲，如看圖畫後「比比誰記得多？」

5. 計算遊戲，看誰算得快。

6. 語言遊戲，如猜謎語。

智力遊戲按所使用的材料分，也有多種。如：(1) 棋類遊戲；(2) 圖片遊戲，如配對、接龍等；(3) 紙牌遊戲；(4) 拼圖遊戲等。

六、音樂遊戲

音樂遊戲是在音樂伴奏或歌曲伴唱下進行的遊戲，主要是在發展兒童的音樂感受能力和表現能力。兒童可以隨著音樂的節拍自由地創作和表現，也可以依照歌詞的意義自由地表現動作，還可以依照熟悉的曲詞，自填歌詞，甚至隨意地自編自唱。

七、親子遊戲

親子遊戲是近年來廣被重視的一種遊戲，重點在促進親子之間的良好關係。現代化社會帶來了親子關係的新特點，父母上班，幼兒上幼兒園，老人上安養中心，親子之間接觸的時間較少了，感情交流也隨之而淡薄，若在閒暇時間開展親子遊戲可以增進親子之間的感情。另外，開展親子遊戲可以促進親子之間的民主平等關係，使兒童和父母親以及祖父母的感情更加親密，這種民主的、親密的關係對於建立親子之間真正的理解、兒童對父母的信任，是重要的基礎。民主的、親密的家庭氣氛，是成功的家庭教育和兒童身心健康發展的重要保證。

第三節　兒童遊戲行為發展的階段

兒童遊戲發展的階段，有不同的劃分方式，可以依遊戲中所表現的兒童認知發展來劃分，也可以按遊戲中反映的兒童社會性發展來劃分，還可

以按照遊戲的具體成分來劃分。

一、從認知發展的角度看兒童遊戲發展階段

心理學家皮亞傑根據兒童認知發展的階段和遊戲的相應表現,把兒童遊戲分爲三個發展階段:

(一) 練習性遊戲階段:〇至二歲

練習性遊戲階段是遊戲的最初階段,在這階段只有遊戲的最初形態。兒童在兩歲前還沒有眞正掌握語言,他的認知活動處於感覺動作程度,即只能依靠感知和動作的協調活動來認識事物和解決實際問題。這階段的遊戲不包含任何象徵性,也不包含任何特殊的遊戲方法,例如:嬰兒拿著一個發響的玩具搖來搖去,他重複這種動作,只是爲了單純搖擺的「功能性快樂」,或者是爲了產生音響的效果而感到歡樂,也可能是爲了獲得新技巧而高興。

(二) 象徵性遊戲階段:二至七歲

象徵性遊戲階段是兒童遊戲的鼎盛階段。兒童藉由「假想」而開展遊戲,亦即前面所討論過的角色遊戲。兒童在遊戲中「假裝」一物是另一物,一人是另一人,即以物代物,以人代人,把過去生活中所得印象以自己的方式反映到遊戲中,例如:小女孩白天在廚房的桌子上看見一隻拔了毛的死鴨子,頭腦裡留下深刻的印象。當天晚上,她一聲不響地躺在沙發上,別人以爲她生病了,她也不回答任何問題。過了一會兒,她大聲地說:「我就是那隻死鴨子。」在此情形下,她並不是單純地回憶一件事情,而是在象徵性遊戲中反映她的印象,象徵性遊戲就是這樣依靠象徵來進行遊戲。所謂「象徵」,是指一種符號系統,人類的典型特點是用語言作爲思考的符號。二至七歲兒童還不能完全依靠語言這種抽象的符號來思考,主要是依靠象徵。所謂象徵活動,就是指眞實事物不在眼前時,用其他事物來代替。

此階段又可再分爲二：

1. 象徵性頂峰階段：二至四歲

這階段的遊戲可分爲三種發展水準：

(1)自我模仿和模仿他人：自我模仿即以遊戲方式重現自己的動作，如讓小狗當小孩（兒童自己），用自己的聲音替小狗哭。其次，模仿他人，如假裝讀報，用手指著報紙的某個地方，念念有詞，即模仿爸爸。

(2)以物代物，以人代人：開始出現角色，把自己當作別人，如說自己是媽媽或是醫生等，在遊戲中以代替物重複別人的行動。

(3)象徵性的組合：三至四歲才明顯出現。這時，遊戲有了情節，不再是單個的、零散的模仿，或只是用一物代替另一物，例如：四歲大時兒童天天玩「娃娃家」，自己假裝是媽媽，把許多事情都和媽媽聯繫起來。這階段的遊戲不僅表現出認知情形，而且更多表現出兒童的情感，例如：如果兒童被禁止玩水，兒童會在遊戲中拿個空瓶子，走到水桶旁邊，做一個假裝動作，說：「我在倒水。」這年齡的兒童在遊戲中不是簡單地反映現實，而是使眞實的情景變得更爲愉快；又如：一個女孩在吃午飯時沒有喝完一碗湯，因爲她不愛喝，但是她心裡感到不安，在下午的遊戲中，她讓玩具娃娃象徵性地喝了一碗湯。

2. 逐步現實階段：四至七歲

這階段的象徵性遊戲從頂峰「下降」。這裡所謂的「下降」，主要不是指數量上減少，也不是說象徵性遊戲的地位不重要，而是指向現實靠近了。此階段的象徵性遊戲有三個特點：

(1)遊戲情節相對地較有秩序，比較連貫。例如：一個五歲孩子在玩「娃娃家」的遊戲，她自己當媽媽，把玩具娃娃放在「床上」，摸摸娃娃的頭說：「不發燒了，頭還痛嗎？」然後自己換成孩子的口氣說：「不痛。」她換回媽媽的角色說：「你好好躺在床上，媽媽做飯給你吃。」她轉過身來，自言自語地說：「做什麼飯呢？我去買餃子吧。」快步地走到一邊，提高聲音問：「還有餃子嗎？」又換了一種角色回答：「快來吧，快賣完了。」她急急忙忙地用個「盒子」裝上幾個「餃子」，走到娃娃身

旁，說：「快吃吧，涼了！我都聞到香味了，眞好吃！」

(2)不斷提高對逼眞性的要求，日益注重事物的細節。例如：要玩「娃娃家」，先花好幾天的時間布置「娃娃家」，對房子、家具等細節都提出了要求。

(3)出現集體的象徵活動，遊戲中有角色的分工和協調。

(三)規則遊戲階段：七至十一歲

年齡稍大的兒童對遊戲的興趣逐漸從象徵性遊戲轉爲規則性遊戲，如前面所講的體育遊戲、智力遊戲等。在閒暇時間，兒童自發組織和進行的大多是民間遊戲，即前人世代相傳的遊戲如「剪刀、石頭、布」、打彈子、獨腳踢石等，這些遊戲一般不是由老師所主導，常常是兒童相互傳授，一個傳給另一個。兒童所玩規則性遊戲中的規則有的是臨時商定的。規則性遊戲的發展，代表著遊戲逐漸推動了具體的象徵性內容，而進一步抽象化。兒童在這些遊戲中已不出現角色及其象徵性形象，而只關心是否遵守規則；這種遊戲還包含著「義務」的觀念，參加者在其中必須學習和遵守社會性的、既定的行爲準則。而隨著年齡的增長，規則遊戲的競賽成分越來越大。

二、從社會性的角度看兒童遊戲的發展階段

兒童遊戲的發展，表現爲兒童在遊戲中社會關係的變化。根據兒童在遊戲中的交往關係和社會參與程度，美國人帕頓（Parten）把遊戲的發展分爲六個階段：

(一)無所事事的行為

在兒童遊戲社會性發展的最低階段，此時遊戲的開展需要依靠別人引導或專門安排的玩具的誘發。在幼兒園裡還可以看到這樣的孩子，當老師讓兒童自己隨便玩時，他不會玩遊戲，只是站著發呆或閒蕩，在遊戲場上或在室內東走西逛，不參加任何遊戲。這些表現說明孩子的社會性發展水

準較低，或更確切地說，他還沒有眞正進入遊戲階段。

(二)獨自遊戲

兒童一個人玩玩具或自言自語地玩遊戲，不參加別人的遊戲，也不關心周圍小朋友的遊戲。

(三)旁觀遊戲

兒童幾乎在整個遊戲時間都不參加別人的遊戲，但長時間在旁邊觀看，偶爾也和別人搭上幾句話。確切地說，只是一種旁觀行爲，並沒有進行遊戲。

(四)平等遊戲

大致是幾個兒童在一起，各自玩玩具和玩遊戲，所用的玩具和遊戲方式大致相同，但互相沒有聯繫。這種現象常見於三歲左右的孩子，他們獨立性發展差，模仿性強，當別人用一種玩具，他也要同樣的玩具，別人玩什麼，他也玩什麼；例如：幾個孩子同時當司機，同時開汽車，汽車上沒有乘客，也沒有其他角色，但兒童完全不在意，他們熱衷於某種遊戲動作，更因此感到愉快；他們看起來是在一起玩，其實並沒有玩在一起，也沒有共同進行一個遊戲。

(五)聯合遊戲

兒童已能夠共同遊戲。遊戲者之間有互動，互相借用玩具或遊戲材料，也談論共同的話題，但是並沒有眞正組織起來，沒有分工合作，仍是各人按照自己的意願去玩遊戲。

(六)合作遊戲

在合作遊戲階段才會出現成熟的社會性遊戲，遊戲參加者有分工和合作，有共同的遊戲目標。五歲兒童常常能夠在遊戲前商定遊戲目標和角色

分工，遊戲過程中能協調行動，通常還有指揮者。例如：在「娃娃家」遊戲中，當「媽媽」的孩子，或在「開商店」遊戲中當「經理」的孩子，即擔當主要角色的孩子，一般具有組織者和指揮者的作用。

三、從遊戲內容看兒童遊戲的發展階段

(一) 從遊戲的角色看

遊戲中的角色扮演，可以分為下述發展階段：

1. 無角色階段

在這個階段，兒童只有擺弄物體的行動，如用玩具「刀」切菜，或拿小木棍敲敲打打，但同一行動所持續的時間並不長。

2. 朦朧角色階段

這個階段的遊戲已有角色的色彩，例如：兒童在「廚房」裡不斷地重複「切菜」的動作，並且說：「我要切菜！」但不明確自己的角色，也沒想到自己是在扮演「媽媽切菜」。

3. 出現角色階段

這階段兒童在遊戲中擔任角色，但常常不按角色支配自己的行動，行動仍出於一時的衝動或願望；例如：當「媽媽」在「切菜」時看見別人在玩「風車」，就會跑去看。

4. 按角色行動階段

這階段兒童能要求自己按角色行動，有時也會被外界事物吸引，忘記自己所擔當的角色，但一經提醒，就會回到原來的角色。例如：擔任「警衛」角色的孩子，看見「室內」小朋友玩得很熱鬧，就離開位置去參加，但當有人問他：「你不是警衛嗎？」他便會立即跑回「值班室」。

5. 角色扮演逼真階段

這個階段角色遊戲發展到高水準。兒童十分認真地完成角色的任務，擔任「老師」角色的孩子表演投入、逼真；例如：擔任售貨員角色的孩子，熱情地招呼顧客，把商品拿出來給顧客看，當顧客試圖和他講價錢

時，他認真地說：「不行，我們這個商店不能討價還價。」

6. 角色間配合行動階段

　　這階段遊戲中，各角色已有明確的分工，也能配合，嚴格遵守反映現實的複雜規則。例如：在「娃娃家」裡，孩子們玩「過生日」遊戲，客人剛進門，當「爸爸」的很熱情地招待，又「倒茶」，又拿「飲料」。當「媽媽」的忙著做飯，「爸爸」一盤一盤端過去在桌子上擺好，然後對大家說：「今天孩子過生日，我很高興，我們一起舉杯吧！」當「大哥哥」的舉起杯子，學著成人的樣子，說：「好！乾杯！」其他的遊戲者也都隨著舉起杯來。

(二) 從遊戲的主題看

　　從遊戲的主題也可以看出遊戲的發展。主題反映遊戲的目的，主題的變化可以說明遊戲目的性的提高。

1. 無主題遊戲階段

　　兩歲孩子的遊戲常常沒有主題，遊戲沒有明確的目的。例如：當孩子在搭積木時，問他：「你想搭什麼？」他可能不說話，或者說：「不知道！」

2. 主題不穩定階段

　　這階段遊戲出現了主題，但是主題容易變化，遊戲很容易從一個主題轉到另一個主題。也就是說，這階段兒童的遊戲行動出現了目的性，但是目的極不穩定。例如：一個兒童正在拿著「飛機」在玩飛機的遊戲，聽到旁邊另一個兒童說：「蜻蜓！」他的遊戲主題立即改變，他說：「我的蜻蜓飛高高啦！」三歲孩子常常處於這種階段。

3. 簡單主題階段

　　遊戲出現了主題，但主題很簡單，說明遊戲出現了短暫的、簡單的目的。兒童常常表現為想一點，做一點，做完一點，再想一點，例如：想到要給小貓蓋房子住，就馬上動手去「蓋房子」，這時並不去想怎麼蓋、蓋成什麼樣的、蓋完以後怎麼玩等。

4. 明確而穩定的主題階段

這是遊戲的成熟階段。兒童在遊戲之前已有明確的主題，根據主題去作準備，如找材料、找工具等，然後按照預定主題開展遊戲。遊戲主題穩定，有時能夠持續幾天或更長時間，例如：某幼兒園大班的孩子，用大型積木和其他材料建造大輪船，開展航海遊戲，每天玩完後並不拆掉，連續玩了一個星期，遊戲情節圍繞主題不斷地展開，興趣盎然。

(三) 從代替物的運用看

兒童遊戲大都運用代替物。運用代替物的情況，也反映遊戲的程度及發展。根據代替物的運用，可以把遊戲分為不同的發展階段：

1. 用與實物相似的代替物

兒童最初的遊戲，往往用與實物相似的代替物，如用玩具小碗代替真正的碗，用玩具小飯匙代替真正的飯匙，用玩具娃娃代替「小孩」。這階段的遊戲依賴於專用的代替物，因此，特製的玩具對於兒童開展遊戲有重要作用，因此，若是缺乏相應的玩具，孩子往往玩不起來。

2. 用相似性較低的代替物

這階段的遊戲，可以脫離專用的代替物，例如：出現用小木條當小飯匙「吃飯」的遊戲，而小木條比起玩具飯匙來，相似性顯然低得多，但是孩子頭腦裡的象徵性活動，可以補充代替物的不足。這階段的代替物還可以「一物多用」，如小碗可以當飯碗，也可以當鍋，還可以當爐子。

3. 脫離實物的代替

兒童遊戲的高水準階段，可以大量依賴象徵性活動，甚至在不用實物的情況下進行。例如：兒童可以用手勢表示拿著碗吃飯，面向著牆壁，用手的動作假裝打開自來水的龍頭並洗手等。

········ 第四節　兒童遊戲行為發展的影響因素 ········

　　兒童遊戲行為的發展受到多種因素的影響，以下從兒童本身、環境、成人的作用三個方面進行討論：

一、兒童本身的因素

　　兒童遊戲行為發展程度不同，與兒童本身的各種因素有著密切關係。

(一) 年齡

　　年齡對兒童遊戲有重要影響。前面所說的兒童遊戲發展階段，和兒童的年齡有密切關係；但是，相同年齡兒童遊戲行為也常常有所差異，顯示仍和兒童年齡以外的發展因素有關。

(二) 想像、思維和語言的發展

　　兒童心理的發展，特別是想像和思維，和遊戲行為的發展有密切的關係；這從前面分析的遊戲具體成分的變化發展，都可以明顯地看出來。角色的扮演需要依靠想像和象徵性思維能力的發展；遊戲主題的穩定性和目的性的提高，顯示思維的邏輯性和想像有意性的發展。遊戲中從運用專門的代替物，到運用相似性較低的代替物，直至脫離代替物的變化，反映著想像和思維的發展過程，即從依賴事物的表面現象，逐漸向概括化發展的過程，亦即逐漸深入到事物本質的發展過程。

　　語言的發展和想像、思維的發展是密切聯繫的。遊戲的發展當然也受兒童語言發展的影響，遊戲行動也常常依靠語言表現出來。

(三) 生活經驗和印象

　　遊戲的發展依賴兒童的生活經驗和印象。兒童自行開展的角色遊戲，主題一般是最接近他們生活的題材，如娃娃家、汽車、醫院、幼兒

園、商店等，而影響其選擇主題的因素有三：

1. 內容熟悉

兒童較易選擇他們所熟悉的內容，以及他們比較了解的人物的活動。

2. 角色有趣

兒童愛好的角色、感興趣的角色，能引起他扮演的願望，例如：兒童願意扮演爸爸或媽媽的角色（但女孩子絕不會扮演爸爸，男孩子不會扮演媽媽），扮演老師、醫生、司機的角色等。

3. 印象深刻

兒童參觀動物園以後，常常會持續一段時間玩著「動物園」遊戲，這是因為動物園的情景給他們留下了深刻的印象。凡是生活中留下深刻印象的事件或情景，都容易被幼兒選擇作為遊戲的主題。

(四) 遊戲技能

遊戲技能影響遊戲行為的發展，兒童往往由於缺乏相關技能，導致遊戲不能持續；因此，只要掌握了相應的技能，遊戲便能夠得到良好的開展。在結構遊戲等運用工具的遊戲中最為明顯，如孩子本想用積木搭高樓，但搭了幾塊就倒了，搭不上去，遊戲的興趣也就消失。在角色遊戲中，掌握遊戲技能的差異也使兒童的遊戲程度有高低之分，例如：一同玩娃娃遊戲，甲提出遊戲情節，而乙則只是跟隨著甲後面，擺放一個個玩具。

(五) 性別

男女的遊戲有一定的差異，兩者之差異如下：

1. 男孩大都喜歡在戶外活動，女孩則多偏愛室內活動。
2. 男孩大都愛做活動量大的遊戲，如爬攀登架、沙堆等；女孩多做安靜的遊戲，如拼圖。
3. 從主題內容看，男孩喜歡玩開汽車等遊戲，還喜歡冒險、太空人及英雄角色等主題的遊戲；女孩多以家庭日常生活為主題的遊戲。

此外，兒童在遊戲中已出現選擇同性別玩伴的傾向。

二、環境因素

適宜的環境對兒童開展遊戲及遊戲行為的發展有重要作用。

(一) 物質條件

遊戲是兒童自願、自發進行的活動，適宜的物質條件可以激起兒童遊戲的動機，引發遊戲的主題、遊戲角色和遊戲主題的發展；反之，不良的物質條件則會扼殺兒童的遊戲。影響兒童遊戲行為發展的物質條件有：

1. 遊戲場所

充足的活動空間可以使兒童自由地開展遊戲，若是空間環境擁擠，兒童的遊戲會受到限制。但即使是在居住條件狹窄的家庭裡，家長有意識地為兒童創造一個小小的遊戲角，也能促進兒童遊戲的開展。有些幼兒園注意到充分利用室內、室外空間，在走廊的轉角處、樓梯底下或房間的角落等地方，為兒童創造遊戲環境，對兒童遊戲行為的發展也能發揮不錯的作用。

2. 玩具和遊戲材料

玩具和遊戲材料是兒童開展遊戲的重要物質條件。大型體育運動玩具對發展兒童大運動量遊戲的開展十分重要；小型玩具對於開展諸如角色遊戲、結構遊戲等也是重要的前提。對於兒童來說，玩具的具體形象可以激發他們的遊戲，例如：有玩具娃娃，孩子們就玩起娃娃家遊戲。非專門性的、不定型的遊戲材料對於兒童遊戲的開展也非常重要，因為遊戲材料不僅可以發揮代替物的作用，對於年齡稍長的兒童來說，還有利於促進其在遊戲中想像和思考能力的發展。

玩具和遊戲材料的數量是影響遊戲開展的因素之一。數量過少，兒童不易開展遊戲；數量過多，兒童無所適從，不易集中注意於某個主題或使某個遊戲得到發展。

玩具和遊戲材料的放置，也是影響兒童遊戲行為的物質條件，如取放

是否方便，對兒童遊戲也都有促進或限制的作用。

(二)心理環境

　　心理環境對兒童遊戲也會產生影響。在輕鬆、自由的環境中，兒童才可能產生進行遊戲活動的內在動機，才可能有愉快的情緒；在緊張、拘束、有壓力的環境下，兒童需要進行貌似遊戲的活動，其內心並不覺得是在玩遊戲。一如前述，單純由老師主導進行的遊戲，兒童是不喜歡的，這種「奉命遊戲」結束時，兒童甚至會有鬆一口氣的表現。可見兒童遊戲需要一個鼓勵的環境和良好的心理氣氛。

(三)文化環境

　　兒童遊戲的重要特徵之一是其具有的社會性。遊戲是兒童的經驗和接觸過的事物反映，生活在不同文化背景的兒童，遊戲內容有所不同，現代幼兒的遊戲主題，往往集中於「家」、「醫院」、「商店」等日常生活題材，這些題材固然帶有時代性，而相同時代遊戲的具體內容也不盡相同。例如：經常看電視的兒童，其遊戲內容就較多反映電視片的訊息；生活內容比較簡單、貧乏的兒童，其遊戲內容也較貧乏；日常耳聞目睹成人不健康生活的兒童，其遊戲也反映諸如賭博等不健康的內容。

三、成人的作用

　　成人對兒童遊戲行為的發展具有決定性的作用。

　　首先，兒童是否能夠進行遊戲，與成人的態度有極大關係，其中成人是否對兒童遊戲採取鼓勵的態度，具有重要影響。對於二、三歲的兒童而言，如果整天只抱在懷裡，孩子就沒有機會開展遊戲；對於三、四歲的兒童，如果只給他玩具，他也不能獨自玩起來。兒童遊戲需要伴侶，而最初的遊戲伴侶，特別在獨生子女來說，主要是父母或祖輩、親人。

　　其次，遊戲是否能夠得到發展，與成人的引導也有密切關係。成人在遊戲過程中的指導和幫助，可以使兒童遊戲不斷地展開、豐富。

··········· 第五節　兒童遊戲的輔導 ···········

一、引導遊戲的技巧

　　兒童遊戲是兒童自發的活動，兒童遊戲水準的提高有賴成人的引導。在這裡，自發與依賴的矛盾統一，向成人提出了要求——具備引導遊戲的技巧。

　　遊戲是需要引導的，但是引導不等於主導。對遊戲的引導，不是對兒童遊戲行為一味地干涉，而要使兒童感到不受壓抑，有自主性；引導遊戲一般採取提示、啟發、提問、建議等方法，多用鼓勵和關心的表情及語言，在遊戲中遇到的困難時給予適度幫助和支持。

　　成人參加兒童的遊戲，能為指導遊戲創造有利的條件；例如：在角色遊戲中成人以扮演角色出現，用角色的口吻提出的建議，兒童比較容易接受。成人和兒童一起遊戲，還有助於提高兒童對遊戲的積極性，保持遊戲的穩定性。

　　為了對兒童遊戲給予適時的、恰當的引導，需要對兒童的遊戲行為進行細心的觀察，例如：觀察兒童對玩具和遊戲材料的選擇，可以了解兒童的興趣；觀察兒童對玩具和遊戲材料的使用，可以了解兒童的能力，分析兒童是否善於探索，還是停留在簡單擺弄物體的程度，分析兒童想像力和思考靈活性的發展程度；觀察兒童遊戲持續的時間，可以了解其注意力和堅持性的發展；觀察兒童遊戲中角色扮演的過程和角色間的關係，可以了解其對人對事的知識經驗和情感態度等。

　　在了解兒童遊戲的基礎上，成人可以針對兒童遊戲加以指導。按照兒童的興趣和需要，結合他們的經驗和關心的問題，啟發和幫助他們開展遊戲。由於遊戲具有重視過程、不追求成果的特點，因此，成人應充分利用遊戲，培養兒童行為和態度，特別是在遊戲過程中，應注重對兒童的個別指導。

二、對各類遊戲的引導

(一) 角色遊戲的引導

引導角色遊戲應強調的問題，是在引導中激發兒童的主動性。

1. 做好準備工作

(1)**計畫**：雖然兒童開展角色遊戲是自發的，老師應把兒童的角色遊戲看作一種教育活動，把引導角色遊戲列入教育活動計畫之內。爲引導角色遊戲做準備，首先就是做好計畫，包括安排角色遊戲的時間，考慮角色遊戲可完成的教育任務。引導角色遊戲的計畫，不可能也不應該是十分細緻和有嚴格規定的，應該有較大的彈性，老師對教育任務做到心中有數，就可以在兒童遊戲過程中進行隨機的指導。

(2)**豐富兒童的知識經驗**：兒童的知識經驗是開展角色遊戲的基礎，爲了開展角色遊戲，老師可以用各種方式豐富兒童的知識經驗，例如：帶兒童去參觀、遊覽，引導兒童看圖畫和閱讀圖書，講故事給兒童聽，指導兒童看電視、電影等。特別重要的是老師要培養兒童善於觀察和注意周圍生活，包括人們的活動和人與人之間的關係，這些日常生活中的印象在日積月累下便會成爲兒童頭腦中的素材，也是遊戲的資源。

(3)**遊戲材料**：老師爲引導角色遊戲準備一定的玩具、遊戲材料和遊戲情境，可以促進或激發兒童進行某種角色遊戲，例如：參觀郵局之後，會產生進行與「郵局」有關的遊戲，老師應準備好有關材料，可以使兒童的遊戲開展得更好，並有利於鞏固和加深參觀所得的印象；又如：準備一些交通警察的帽子，孩子就會想到在「開汽車」遊戲中加上指揮交通的角色，遊戲內容更加豐富。

2. 以間接的方式引導遊戲

老師對遊戲的引導不宜用直接指揮的方式，最好用間接的引導；例如：在參觀郵局之後，如果老師在遊戲時間對孩子們說：「昨天我們參觀了郵局，今天來玩『郵局遊戲』。」然後又直接分配遊戲角色，說：「某某站到這邊，在櫃檯後面，賣郵票；某某到那邊，收包裹；某某、某

某⋯⋯你們幾個當顧客，你去買郵票，你去⋯⋯。」如此的指揮方式，壓抑了兒童遊戲的主動性；如果能用啟發式的談話，和孩子們一起回憶參觀郵局的情景，用發問和提示式的語言幫助兒童分配角色，兒童就會主動地玩起來。在分配角色和在遊戲過程中，老師可根據不同孩子的個人特點加以引導，像是對某個不大會玩的孩子說：「某某，咱們兩個人一起來把包裹裝上車去，好嗎？」在發現某個孩子在遊戲中遇到困難時，可以適時給予提示或幫助。

在遊戲時間結束時，也要用遊戲口吻讓孩子自然地停止遊戲，不要生硬地突然中止遊戲，否則兒童繼續沉迷於遊戲中，思想不容易轉向下一種活動，譬如說：「朋友們注意了，還有五分鐘郵局就要下班了。」孩子們有了準備，就能順利地結束當天的遊戲。

(二) 結構遊戲的引導

在引導結構遊戲時，除了和前述角色遊戲一樣，要強調發揮兒童的主動性以外，還要注意培養兒童使用結構材料的能力，包括其中的想像力和動手做的能力，以及培養兒童克服困難、堅持做出成果的精神。

以積木遊戲為例，在引導時應注意：

1. 讓兒童學會搭積木的基本技能

兒童搭積木的能力受智力發展的限制，特別是手眼協調能力，但在一定的成熟階段，也需要學習一定的知識技能，譬如：一歲半兒童只能把兩塊積木疊起來，三歲的兒童才能模仿用三塊積木搭橋，但同樣是三歲兒童，有的已經能搭起較複雜的「樓房」。

根據研究：三至六歲兒童搭積木遊戲有以下發展階段，而成人可以按照這些發展階段幫助兒童掌握玩積木遊戲的基本技能：

(1)只拿著玩，不會搭。

(2)能用幾塊積木堆疊成簡單物體，如汽車、椅子等。

(3)能進行排列，把積木平鋪或堆高。

(4)能架空，搭出「門」。

(5)能使建築物四周包圍，有一定空間。

(6)能搭較複雜的物體或建築物如亭子、樓房、火車等，但形象不逼真。

(7)能按照特定建築物或物體進行堆搭，能對稱或裝飾，且形象逼真。

2. 讓兒童獲得對各種建築物的印象

結構遊戲需要有結構的原型，兒童頭腦中有了建築物的印象，才能用積木反映出建築物的形象。老師在日常生活中可以利用各種機會引導兒童觀察周圍的建築物，使兒童有清晰的印象；也可以向兒童提供有關建築物的圖片，或帶領兒童去觀察一些大型建築物。

3. 提供材料，鼓勵開展積木遊戲

為兒童開展積木遊戲提供材料，要適合兒童的程度，例如：對年幼兒童提供形狀較簡單的積木，對年齡稍長的兒童可提供較複雜的積木，還可以提供一些輔助材料，如小樹枝、紙張等，促使他們開展遊戲。

引導兒童玩積木遊戲，要提示他們：「敲敲打打不是積木遊戲，要把積木搭起來才是遊戲。」當他們把積木拿在手裡擺弄時，可向他們提問：「你在搭什麼？」年幼兒童最初回答不出來，可以繼續再問，或者說：「你想想看，這像是什麼？」有些幼小兒童仍然說不出來，這時，可以啟發說：「這是火車嗎？是不是？」有時也可以對幾個孩子一起說：「你們看某某搭的小亭子多好看啊！」

對年齡稍大的兒童搭出的建築物，可以啟發和鼓勵他們進一步圍繞建築物開展遊戲，例如：搭了「電視塔」，可以發展到請小朋友們去參觀或開展節目內容相關的遊戲等等。

兒童的結構遊戲雖然不是追求作品，而是從遊戲過程獲得更多的愉快，但也可藉由結構遊戲呈現作品，成為兒童間共同珍藏的成果。老師應珍惜兒童作品，和兒童一起欣賞，鼓勵兒童所呈現的創造性，而不應有鄙視的表現，並教育小朋友愛惜他人的作品。

(三) 表演遊戲的引導

引導表演遊戲，應該強調使兒童既能領會原作品的內容，體驗其思想感情，又能在表演中發揮自己的想像和創造。

1. 為兒童選擇適宜的表演作品

兒童的表演遊戲一般以童話、故事作品為依據。老師在兒童選擇表演內容上應加以引導。首先要使兒童表演的作品是內容健康且有教育意義，並符合兒童的生活經驗和理解程度；其次，作品應有吸引兒童的故事情節，並易於使用語言和動作來表現。

2. 引導兒童熟悉作品

老師自己要對作品採取欣賞的態度，感情充沛地講述故事，使兒童對作品產生興趣，熟悉故事情節和每個角色及人物的思想和語言，由此產生進行表演遊戲的意願，並能夠以自己的理解表演出來。

3. 幫助兒童組織和開展遊戲

表演遊戲需要一些道具，如頭飾、簡單的布景等，道具和布景的準備，則需要老師的幫助。

表演遊戲的角色分配會影響到遊戲的進行。遊戲的主角和其他角色的安排，如果選擇到合適的表演者，遊戲就能開展得較好，否則，遊戲甚至會中斷。因此，老師應巧妙地幫助兒童選擇和分配角色，可以建議能力強的兒童先擔任主角，當兒童對遊戲熟悉以後，再由其他兒童輪換擔任。

在表演遊戲開展的整個過程中，老師應始終支持兒童的表演，在遇到困難時，給予必要的指導和幫助。

(四) 體育遊戲、智力遊戲、音樂遊戲的指導

體育遊戲、智力遊戲、音樂遊戲的共同特點是有明確的要求及規則。對有規則的遊戲的指導，有下列兩個方面的特別要求：

1. 選擇或編製合適的遊戲

有規則的遊戲一般是現成的、已定的，有的甚至是民間代代相傳

的，也可以是老師自己編製的。老師在選擇或編製這些遊戲中，應考慮到遊戲是否適合兒童的實際程度，包括知識經驗和智力及動作發展程度，是否適合當前的教育任務。同樣的遊戲，也可以根據兒童的程度提出不同的規則要求，而隨著兒童的發展，規則可以逐漸複雜化，或是加廣、加深。

2. 幫助兒童掌握遊戲方法

有規則遊戲的規則和遊戲方法是需要學習的，老師應引導兒童學會這些規則和遊戲方法，兒童才能開展遊戲。在展開遊戲的過程中，老師仍要不斷加以指導，直至兒童能夠獨立地進行遊戲。

三、對不參與的兒童的指導

「玩」本來就是兒童的天性，但也確實存在一些不愛參與的兒童，這些兒童由於不具備遊戲條件而變成不會玩，進一步又變成不愛玩的兒童。老師應針對這些兒童的特點和形成的原因，採取相應的指導方式。

(一) 保證遊戲時間

造成「不愛玩的兒童」原因之一是迫於學習功課的壓力，長期缺乏遊戲時間；有的孩子被送去上各種才藝班，學習各種才藝，忙得沒有時間玩。因此，應該讓兒童保存合理的自由時間，讓他們得以放鬆、自由地玩。

(二) 為兒童創造遊戲的空間

長期沒有遊戲的場地，使兒童養成不愛玩的特點。現在都市留給孩子做遊戲的戶內外空間過小，無法展開遊戲。應努力為兒童創造遊戲場地，好讓他們能夠有機會到大自然中跑跑、玩玩，在室內也有自己的一個遊戲角落。

(三) 幫助兒童結交玩伴

形成「不玩」的原因，有些是缺乏遊戲夥伴，他們既沒有同齡玩伴，

又沒有成人玩伴。

缺乏同齡玩伴的孩子，有一類是不願意加入小朋友的遊戲，對團體遊戲有恐懼或厭惡心理，有的孩子曾經受過偶然性的團體場面的打擊，如曾被嘲笑或欺侮，或在團體中感受不到像在家庭中那樣的中心地位，因而產生逃避夥伴的心理。對待這一類兒童，父母可以陪伴他們去和小朋友一起玩，如帶他到親友或鄰居家裡，讓兒童既學習榜樣，也感受到樂趣。老師在兒童團體遊戲中，應特別注意保護和引導弱者，使其能力提高，又不沉迷於被保護、被照顧的心理。

另一類孩子是由於自己在能力或行為上發展有較明顯的不足，受到遊戲夥伴的拒絕，如有些孩子身體過於虛弱，或運動能力較差，有的自我控制能力較差、動作粗魯、任性、不遵守遊戲規則，或經常惡作劇等，因而不受小朋友們歡迎。有的孩子由此產生對立情緒，如果其父母也參與非難其同齡玩伴，則對立情緒越演越烈，造成惡性循環。對待這一類兒童，家長自己應端正態度，冷靜處理孩子與小朋友的糾紛，從正面誘導自己的孩子，教導孩子和同儕互動的原則和方法，鼓勵孩子改正缺點和不足。

(四) 開展親子遊戲

既缺乏同齡玩伴又缺乏成人玩伴，也是造成兒童不愛玩的原因。有的父母只是和孩子們坐在一起，長時間默默地看電視，不從事親子遊戲，沒有互動，更談不上把遊戲傳給下一代。父母應主動和兒童一起遊戲，在遊戲中培養其互動能力和對遊戲的興趣與能力。

(五) 提供合適的遊戲材料和有趣的玩具

提供兒童的玩具如果只是設計精巧，但操作方法單調，兒童玩幾次以後就失去興趣。缺乏能發揮創造性的玩具，會使兒童對遊戲失去興趣。家長不應該完全依靠購買玩具，而應向兒童提供一些遊戲可用的材料，利用既有材料創造新的玩法，甚至讓兒童自己製造簡單的遊戲用具，使其產生興趣。

(六) 激發兒童對遊戲的興趣

由於各種原因，有些兒童雖然具備時間、場地、玩伴和玩具等條件，仍然缺乏對遊戲的興趣。這類兒童中有些是完全不愛玩，有些只是在家中玩，有些只願意獨自玩，有些只和成人玩，有些則只限於玩少數的幾種遊戲。為了提高兒童對遊戲的興趣，首先要幫助兒童從各種束縛中解脫出來，讓兒童恢復到自然狀態，恢復兒童的天性；其次要教會兒童各種遊戲技能，包括和遊戲夥伴相處的技能、運用遊戲材料的技能、開展遊戲的技能等，逐步地、耐心地引導兒童學會遊戲。

第
十
一
章

兒童玩具與讀物

················ 第一節　玩具的價值與選擇 ················

一、玩具的界定和分類

　　什麼是玩具？是不是從市場上買來的、專門製作的玩物才是玩具？往往有這樣的情況：父母花了昂貴的代價買來的玩具，孩子玩不了一會兒就不再玩了，他仍然熱衷於拿著一根竹竿當馬騎，跑來跑去，不亦樂乎。看來，對玩具的理解，不能只限於市場上銷售的、專門製作的，還應包括各種遊戲材料和自製玩具。因此可以說，凡是兒童用作遊戲工具的物體，都可稱為玩具。

　　關於玩具的分類，有不同的見解和多種劃分方法，例如：

　　依玩具製作的材料分，可分為木製的、竹製的、塑膠製作的、鐵製的

或某種材料為主的等。

依玩具的形象分，可分為眞實玩物、實物形象的模型、建築玩物、運動性玩具等。

依玩具的功能分，可分為智力玩具、造型玩具、發展手部小肌肉的玩具、音樂玩具、娛樂玩具等。

依時代性分，有傳統的玩具和現代化玩具，前者如陀螺、毽子、風箏、不倒翁等，後者則有利用現代科技如電、光、聲、磁控制的玩具和電腦玩具等。

值得一提的是，利用廢舊物品和材料作為玩具材料，對兒童開展遊戲是十分重要的。老師自己動手用廢舊的圖書、月曆等隨手可得的材料所製作的玩具，老師帶領兒童自製的玩具或自己準備的遊戲材料，也是一重要類別。

二、玩具的價值

玩具是遊戲的工具，兒童遊戲大都要依靠玩具作為物質支柱。不用玩具的遊戲，在年齡較小的兒童來說，是難以進行的，而對年齡稍大的兒童，無玩具的遊戲也屬少數。

首先，玩具對兒童遊戲可以發揮刺激和激發作用。兒童常常是看見了玩具時，才想起做有關的遊戲，例如：有一個班的孩子，在相當一段時間內，天天玩雙胞胎娃娃家的遊戲，其誘因就在於班裡新添了兩個相同的玩具娃娃，就像雙胞胎一樣。

其次，玩具有助於兒童認識物體。許多玩具是縮小尺寸的眞實物，而當兒童不能接觸到某種眞實物體時，他是藉由玩具來認識該物體的，例如：兒童藉由動物玩具認識動物的外形，如未曾見過的熊、鹿等；兒童藉由拆裝機械玩具，來認識有關機械的結構。遊戲材料有助於認識物體的性質和物體之間的關係，例如：沙和水是兒童最喜歡的遊戲材料，兒童在利用各種器皿來玩沙和水的時候，不僅能夠體驗和認識沙和水的性能，而且會對這些器皿和沙、水之間的關係有所了解。例如：沙倒在小桶裡，過滿

時會變成小山狀，過多的沙會從小山邊滑下來；而水倒在小桶裡，過滿後立即流下來。

再次，玩具有助於發展兒童的感知覺。在擺弄各種玩具時，兒童不只是看，還可以聽到由於自己的遊戲動作引起的聲音；當他們的手觸摸到玩具或遊戲材料時，會產生不同的體驗，觸覺會有所發展。兒童在玩拼插玩具時，有利於發展手的精細動作和手眼協調動作。

復次，玩具有助於發展想像力。無論是定形的玩具或不定形的遊戲材料，都可以作為真實的人或物的代替物，也可以引起兒童對真實的人或事物的想像，使兒童頭腦中儲存的有關形象活躍起來，並由此聯想到其他事物。這就是玩具作為遊戲活動支柱的一種表現。

又次，玩具有助於發展好奇心。兒童手裡拿著玩具玩耍時，可以從多方面、多角度來觀察玩具，發現玩具的功能、構造和玩法，由此兒童的好奇心得以發展。兒童心愛的玩具，一般是可以從中獲得趣味，特別是滿足其好奇心和求知慾。由表面看來，兒童對心愛的玩具百玩不厭，事實上，他每次從中得到新的體驗，獲得新的知識和技能，得到情感上的滿足。這一點在兒童玩積木中最為明顯。同樣是幾塊積木，可以長期地玩，而其玩法不斷地花樣翻新；其他如女孩子玩娃娃玩具，也是不斷地賦予新的角色，自己代替娃娃作出各種動作，替娃娃說話，饒有興趣。即使是溜滑梯，兒童也不滿足於單調地爬上、滑下，在玩了一陣子以後，兒童會從滑梯的滑面倒著往上爬，做各種非常規動作。

再者，玩具有助於培養注意力、記憶力、思考和解決問題的能力。當兒童被玩具所吸引，在玩具的遊戲過程中非常投入時，也就逐漸培養起專注的能力，注意力因此得到發展。在遊戲過程中，往往需要記憶和動腦筋，特別是一些智力玩具，如拼圖，有助於發展記憶力和思考能力。在用玩具進行的各種探索性遊戲中，兒童會遇到多種多樣的困難，遊戲的興趣能有力地促使兒童努力去解決問題，而玩具作為實物，有助於兒童找出解決問題的辦法，由此發展其解決實際問題的能力。

又者，玩具有助於培養兒童互動能力。隨著年齡的增長，兒童不滿

足於獨自遊戲，往往喜歡和小夥伴共用使用玩具的快樂。那些供雙人玩或多人玩的玩具，更有利於促進兒童的互動，因為一個人玩不起來，如棋類、小球拍、娃娃家的炊事用具等，使孩子們很自然地要找遊戲夥伴。在遊戲過程中，又要求夥伴之間的合作，兒童從中學會商量和禮讓，在使用玩具過程中發生的爭執，可以是培養互動能力的時機，兒童在遊戲情境中，比較容易解決相互間的矛盾和糾紛，有利於互動能力的發展。

最後，有助於促進身心健康。兒童在玩大型玩具時，全身動作得到鍛鍊和發展；在使用小玩具時，可以發展精細動作和各種協調動作。在玩玩具的愉快活動中，有利於身體和心理的健康發展。

三、選擇玩具的原則

既然玩具對兒童的身心發展很重要，成人應當謹慎為兒童選擇玩具。茲將選擇玩具應遵循的七項原則列述如後：

(一) 教育性原則

選擇玩具應符合教育性原則，有利於兒童身體、智力、品質和個性以及審美能力的發展。有些玩具雖能夠吸引兒童的興趣，但不利於兒童發展，應避免使用這些玩具。

(二) 適性原則

不同年齡兒童對玩具有不同的需要，選擇玩具時應考慮到兒童的年齡特點；不同性別兒童對玩具也有不同的偏好，選擇玩具時也應加以考慮。但是，兒童的性別意識還沒有完全成熟，也要避免在玩具選擇上存有過偏的性別導向。此外，選擇玩具時還要考慮兒童的群體特點，例如：對城市兒童來說，提供促進大肌肉活動的玩具應相對多一些；對偏鄉兒童而言，則相對多考慮鍛鍊精細動作的玩具；如果是為兒童個別所使用的玩具，則應考慮兒童的個人特點。

(三) 藝術性原則

　　玩具如同兒童的教科書，應達到一定的藝術標準。代表人物或動物形象的玩具，應使兒童得到對有關人和物的正確形象，具有科學性；玩具的顏色應符合藝術要求，發出的聲響不應是刺耳的，應有利於兒童聽覺的發展，符合音樂教育的要求。總之，應避免使用劣質的、粗製濫造的玩具。

(四) 安全性原則

　　選擇玩具時應考慮其對兒童安全的保證。對年齡較小的嬰幼兒不能提供過小的玩物，如小珠子之類，以免塞進鼻孔、耳朵或嘴裡；不能讓兒童玩大塑膠包裝袋，以免套在頭上造成窒息；不要給幼小的孩子玩長線或長繩子，以免發生勒住小孩的危險；所用的塗料應該是無毒的。此外，玩具應易於消毒，那些用嘴吹的玩具，如小喇叭、小口琴之類，不宜在小朋友之間共用；玩具外形應避免銳利邊角，並應是不易燃燒的、不漏電、不會導電的為宜。

(五) 耐用性原則

　　應選擇耐用的玩具，避免稍作使用就會破裂的玩具。不耐用的玩具不但容易傷害兒童的手和身體，而且使兒童感受到挫折和失望，不利於身心發展和健康。

(六) 多樣和適量原則

　　配置玩具時，應考慮其性質和用途之不同，因兒童的年齡不同而異。玩具多樣化有利於擴展較大兒童的思路，也有利於開展情節複雜的遊戲。對二、三歲的兒童，同樣種類的玩具數量可以多些，以利於他們開展模仿性的平行遊戲。在配置大型玩具時，要輔以小型的玩具或遊戲材料，如有小積木，則可作大積木搭成的房子的裝飾物，或是小布頭之類的東西，可用於打扮玩具娃娃。

(七) 可玩性原則

選擇玩具的最重要原則，是玩具的可玩性。一些造型很複雜、外觀很漂亮、價值昂貴的定型玩具，如果只能供兒童作觀賞用，則只能吸引短時的興趣，反而缺乏可玩性；相反地，有些雖然簡單，但能使兒童動手操作的玩具，能夠滿足兒童的需要，促進其遊戲的發展，發揮玩具對兒童身心發展的有利作用。

四、使用玩具的指導

成人在兒童使用玩具過程中，應發揮引導作用。選擇玩具可為兒童使用玩具確定方向，排除不利於兒童玩耍的玩具。

首先，對玩具擺放的指導。玩具擺放應有固定的位置和專用的陳列架和櫃子上，幼兒園的玩具應陳列於開放式的架子，因為這樣孩子隨時可以看見，可以隨意拿來玩耍。玩具應該分類擺放，有條理地擺放玩具，不僅有利於遊戲的開展，而且是培養孩子的良好行為習慣的重要方法之一。

其次，和孩子一起玩。成人對玩具的態度對兒童有重要的影響，成人和兒童一起玩，更可以自然地而非強制地對兒童使用玩具發生影響。在共同遊戲中，成人更容易了解兒童對玩具的知識、技能和興趣所在，深入地了解兒童的需要，指導兒童使用玩具。成人在和孩子一起玩時，還可以發現兒童在觀察事物的角度和思考方式方面與成人不同，從兒童的玩法中受到啟發，得出新的玩法，反過來更好地引導兒童使用玩具和發揮玩具的作用。例如：有位老師在和幼兒一起使用玩具的過程中，發現有的孩子用各種彎曲的黏土在桌面上擺出小娃娃的形象，由此得到對黏土非常規的玩法。在和兒童一起使用玩具中，成人以遊戲者的身分參與，更容易啟發兒童的想像和探索，也更容易引導兒童解決使用玩具中的衝突。

最後，提示對玩具的玩法。成人的指導，有利於豐富和發展兒童對玩具的玩法，使兒童提高使用玩具的水準。例如：從獨自使用玩具到合作使用玩具，從使用單一玩具到混合使用多種玩具，從玩物遊戲到象徵性遊

戲，從功能性使用玩具到探索性使用玩具，從單一玩法或常規玩法到多種玩法或非常規玩法等，如果缺乏指導，兒童對玩具的玩法往往停留在較低的、單調的水準；但是，對玩法的指導不等於強制，也不等於「主導」，要避免如「你該怎樣怎樣玩」之類的指導，而要巧妙地暗示和啟發。

第二節　讀物的價值與選擇

一、兒童讀物的價值

兒童讀物與其他讀物對讀者的意義和價值有所不同。因為兒童進入學校前還不會讀書、識字，所以讀物對他們來說，遠遠不只是透過文字獲得知識的工具。兒童並不能進行真正意義上的「讀」書，他們常常是「聽」書，即聽成人講書裡寫的故事、書裡畫的圖畫；他們常常是「看」書，並不會逐字逐句地讀書上的字，而是看書中的圖畫；他們還常常「唱」書，反覆聽大人誦讀後，愉快地「唱」或「哼」自己感興趣的、記住了的句子。

茲分析讀物對兒童發展的意義如後：

(一) 促進親子關係，培養良好情緒

雙親在閒暇時，或孩子睡覺前，一般都會講故事給孩子聽。但嬰幼兒不識字，不會讀書，因此，聽成人讀書或和成人一起看書，是他們愉快的活動。孩子一般還不能獨立看書，他們往往需要成人在旁，指導他們看書；藉由親子共讀，可以讓親子關係更為親密，兒童依偎在成人身旁，聽著有趣的故事情節，看著美麗的圖畫，不僅感到愉快，良好的情緒也得到發展。

(二) 發展智力，豐富語言

兒童拿起讀物，邊看邊用手指點書上所畫的人物、圖像，可以發展

觀察力;在聽成人讀書和講解時,可以發展理解力;在邊聽邊看和理解過程中,其想像力也得以發展;經過反覆的聽和看,跟隨著成人重複故事中的一些句子或兒歌,還可以發展記憶力。因此,讀物有利於發展兒童的智力。

兒童讀物也是豐富和促進語言發展的工具。兒童在看和聽書中的文學作品時,可以學到新的詞彙,有利口語的發展;在跟隨成人朗讀時,可以練習正確發音;一邊看書、聽講述時,有利於發展語言表達的能力。

(三) 幫助兒童獲得知識

兒童讀物,特別是加上成人指導和講解的讀物,是幼兒獲得知識的主要途徑之一。藉由讀物,兒童可以認識許多他沒有親身看見或經歷過的事物,藉由讀物中所反映的生動形象,他們可以懂得事物之間、人際之間的關係,從而懂得有關自然現象的知識和社會常識,了解一些做人的道理。兒童在看書時還喜歡弄清楚「誰是好人?誰是壞人?」這種分辨實際上是學習分清是非的過程。

(四) 培養美感,萌發愛書態度

兒童讀物是一種文學作品。兒童在閱讀過程中看到美麗的圖畫,獲得視覺美;聽到兒歌、童謠、童詩之類的節奏、聲調和韻律的聲音,懂得聽覺美;了解到所描述人物的思想和行為,在頭腦中出現動人的藝術形象,獲得心靈美。藉由這些「美」的享受,逐漸培養起美感和審美能力。

兒童讀物可以使兒童從小產生對書的興趣,從而萌發愛書的態度。幼小兒童雖然還不會讀書,但是從書中所得到的美好感受和愉快的體驗會使他們養成對書的好感。許多孩子是從聽故事著迷而對書感到興趣的,因為從書中得到的美好感受使他們願意去看書,努力提高看書的能力,逐漸能夠理解書中圖畫的內容,認識一些字且主動爭取多認識字,以便能夠獨立從讀物中得到更多的訊息。愛讀書,正是一個人終身不斷進步的重要動力之一。

二、兒童讀物的種類

兒童讀物的一大類是圖畫書，其他還有帶插圖的兒童讀物，親子共讀的讀物等。

圖畫書可以分為四種類別：文學類、知識類、玩具類、動畫類。

文學類圖畫書，就其來源看，可分為古典的、民間的、外國的等；就其內容看，可分為神話、寓言和故事等。

知識類圖畫書，主要是教學性的，可分為以傳授知識為主的知識類，如自然知識類讀物，旨在擴大、鞏固、加深兒童對自然界的認識；以訓練為主的練習類，如思維訓練、智力訓練或填畫、塗色、美勞等。

玩具類圖畫書，其特點是除了具備「看」的功能之外，還有「玩」的功能，可以說是圖書的遊戲化、玩具化。這一類書的外形常常是某一物體的形象，如書包、花籃、車、船、水果等，其中有些配件還能活動，並發出聲響，有的書角可以當哨子吹。

有些玩具類圖書以立體圖書的形式出現，翻開書頁，書中的物體會站起來，成為立體形象。圖書畫面的立體感強，使兒童感到真實。

活動圖書或「半立體圖書」，書上所畫的門或窗，是可以打開的，打開門窗，可以看到室內的景象，即後一頁的圖畫；書中有的人物是能活動的。

動畫類圖書，是類似動畫過程的圖畫書，這種書較富趣味。

例如：附有 CD 的圖書，使兒童能聽到動物的叫聲、朗讀詩歌或散文的聲音等等。

有香味的書，如在水果、花等物體上摩擦，就會發出該物體的味道。

三、選擇讀物的原則

為兒童選擇讀物，應遵循「教育性」與「可讀性」兩大原則。所謂「教育性原則」，是要考慮到讀物能夠充分發揮其教育價值，可以作為培養兒童全面發展的一種工具，能夠發揮前面所談到的促進親子關係、培養良好

情緒、發展智力、豐富語言、增加認識能力、懂得道理、培養美感、萌發愛書態度等幾個方面的作用。所謂「可讀性原則」，就是要看讀物是否符合兒童的特點、興趣和接受能力。教育性和可讀性是密切聯繫、不可分割的，具體來說，可以透過下述幾個方面來實現：

(一) 題材和主題

讀物的題材和主題是爲兒童選擇讀物時首要考慮的。題材和主題應符合以下要求：

1. 教育性

讀物應該明確而有意義，應該反映對兒童體、智、德、美等各個方面發展有益的題材，其主題應該明確。

2. 知識性

讀物的題材許多是反映各種知識的。其反映知識，必須保證其科學性和正確性。

3. 理解性

兒童知識經驗貧乏，理解能力差，爲他們選擇讀物必須注意是否適合兒童的理解程度。

(1)題材要以兒童所熟悉的生活爲主，適當擴展取材的角度。對兒童來說，特別是三歲前，所適合的讀物應多著眼於身邊的人和物，再逐漸擴展到古時候、外國的事物；而對稍大的兒童，可以挑選一些如有關太空的及未來的題材。

(2)比喻性的題材要適合兒童的理解和想像水準，過於含蓄的隱喻或寓言，兒童是難以理解的。

(3)以正面知識爲主，反面知識爲輔。多講正面的知識，如以笑臉爲主，生氣和哭的臉應少些；先講正面知識，如講到眼睛時，先講眼睛能看東西，再講如何防止沙粒進入眼睛。

(二) 人物形象和畫面

兒童讀物中的人物形象應占畫面的主要部位，突出主要人物在畫面中的地位，使兒童知道是在說誰、講什麼，而人物應該是生動活潑、惹人喜愛。

擬人化的動物常常受到兒童的喜愛，因為在兒童心目中，物體只分為有生命的和無生命的，人和動物都屬於有生命的，兒童把動物當作人來想像和學習，所以他們會愛小花貓，因此而學善；討厭大野狼，而不學惡。

圖像的表現要根據主題而異。知識類圖書中的圖像描繪必須符合對象的特徵和形態，達到栩栩如生的效果；數學類讀物的形象應是概括的、簡練的，切忌雜色紛陳，使兒童眼花撩亂，以致把握不住數量特徵。

畫面的色彩應是鮮豔的。因為兒童感知事物以外部特徵為主，色彩應是明快的，著色應線條清楚，顏色對比分明，例如：紫色的牆前畫有橘紅色的桌子，使人感到不美；紅色背景的畫面畫有戴紅帽子的小雞，讓人連頭都找不到。一般來說，基本上應該是事物的天然色或接近天然色；色彩不僅具有激起美感的作用，還具有表意的作用，譬如黑亮黑亮的西瓜，表示瓜是成熟了，惹人喜愛。

(三) 情節和結構

兒童讀物的情節應該是單純的，所包含的人物要少，事件的邏輯關係要簡單，否則兒童不易把握和理解。

兒童讀物的結構應是主線明確，枝節要少；圍繞一條主要線索展開，主要情節適當的重複，並且可以有平敘和懸念兩種形式。平敘中角色有所變化，情節和對白可以相同，因為這種重複便於兒童記憶，但反覆宜以兩、三次為宜，過多則顯得平淡。懸念的形式是使小讀者產生一個問題，如小鴨子找媽媽，由於叫聲不對，找了花貓，又找黃狗……小讀者總想知道答案，在這種懸念下，專心地看書、聽故事；但是，懸念必須適合兒童的程度。

兒童讀物的結構，要避免倒敘或插敘，也要避免空泛的議論及對靜止心理和景物的描述。

由於兒童注意力集中的時間很短，因此給兒童的讀物應以短、小為原則，並且在開頭就能吸引住小讀者的注意力。

(四) 語言和文字

兒童讀物所使用的語言，首先要求具體、淺顯，並多用具體名詞，所用的形容詞也應是具體的。說明事物形狀或性質的，也可以多用動詞，利用動作的形象，使兒童感到有聲有色，而那些堆砌華麗的詞藻或抽象形容詞的作品，兒童不易接受。

兒童讀物的語言應儘量口語化，以簡單句為主，多用主動句，少用被動句，儘量用短句。與此同時，語言應當是規範式的，因為讀物還具有促進語言發展的作用。

兒童讀物要處理好圖與文的關係。讀物有的是以圖為主，以文釋圖的，可供兒童自己閱讀；有的是以文為主，以圖釋文，供親子共讀，或者是雙親讀，孩子聽，如兒歌、故事等。以文釋圖的書，文字必須簡明，使孩子易於記憶；以圖釋文的書，圖畫必須準確，能夠表現文字的意思。

(五) 書的裝訂

好的兒童讀物應有好的裝訂。對兒童來說，書的開本以大為佳，大的開本便於兒童翻閱，而且翻開時，整個畫面都立即呈現在視野之中，文字和圖畫一目瞭然。兒童圖書以方形開本為好，因為兒童手臂較短，還不那麼有力，手臂彎曲後，眼和手的距離比成人短得多，開本的縱橫比例以 1：1 或倒順 1：1.2 為宜。

書的裝訂應有好的品質，不但印刷精良、色彩鮮豔、設計新穎，而且還要求紙質堅韌、耐翻。好的兒童書籍，不宜選用於平滑、光潔的紙，因為既有可能割破手指，又給人冷冰冰的感覺，而表面不發光的優質紙，可以使孩子有溫暖感，既好看，又耐翻。盒裝或袋裝的書，應便於裝取，適

合兒童喜歡順手裝取的心理特點。

四、讀物的輔導

(一) 成人講解和輔導的必要性

兒童最初接觸到書籍時，依賴于成人講解。因為他們先是聽書，自己看不懂。當孩子自己開始會看書時，也依賴於成人指導，只有成人講解和指導，書對兒童來說才變成有聲有色、蘊藏豐富訊息、愛不釋手的東西。有的家長以為給兒童幾本好書，就可以讓他自己安靜下來，其實是做不到的。當孩子不斷地提出問題，要求解釋書的情節和指點認字時，家長如果不是熱情地輔導，而是以嫌棄的態度對待，兒童就會失去看書的興趣。

(二) 給教導兒童讀書的技巧

成人給兒童讀書或講書時應注意技巧，也應該注意觀察兒童在聽書時的反應，使他能理解書上的內容。念書給較小的兒童聽時，速度要放慢，培養他邊聽、邊看、邊想的習慣；可以反覆讀一本書或其中某些段落，孩子感興趣時，不厭其煩，喜歡重複，甚至提前說出書上的某句話、某些詞，而對較大的、已經認識一些字的兒童，可以要求他自己讀一句，成人讀一句。

(三) 培養兒童讀書的初步能力和良好習慣

幾個月大的嬰兒最初拿到書時是用手去抓、拍、推，一、二歲大的兒童喜歡撕書，兩、三歲的兒童常常把書顛倒著看，如果不經過教育，五、六歲的孩子還不會翻書，因此，要把翻書、翻頁技能作為最初的閱讀技能來培養。要使入學前兒童學會用拇指和食指一頁一頁地翻書，從書頁下角去翻，而不是用五個手指頭一起去抓書頁的中間處。

要培養兒童集中視線、從左到右、從上到下看書的技能和習慣。對文

字書，要逐行逐行地看，而不是視線胡亂掃射。對幼小的孩子，可以讓他們用手指點圖和文字邊看邊讀或講。

(四) 培養兒童愛書、愛讀書的態度是至關重要的

父母要以身作則，對孩子的讀書要抱熱情支持的態度，並以自己的興趣來感染兒童的興趣。兒童愛護圖書讀物，是愛讀書的重要前提條件，對這方面態度的培養不可忽視。父母要為兒童提供一定數量的讀物，但是在同一時間內不要擺出過多的讀物，否則不利於養成專心、認眞讀書的習慣。

兒童生活習慣的養成

········· 第一節　養成良好生活習慣的重要性 ··········

　　對兒童說來，養成什麼樣的生活習慣，不僅會影響到個人的身心健康，還會對其社會交往、人際關係、學業成就等方面產生影響。

　　兒童的生活習慣是日積月累地逐漸養成的。基本的生活習慣多半可以在六歲以前養成。這個時期培養得好，打下一個良好的基礎，以後就會比較容易形成良好的社會品質；倘使培養得不好，那麼，壞習慣養成了是不容易改的。因為從生理上說，習慣是神經活動的動力定型，一旦定了型，神經活動及其在外在的表現──人的行為，就會輕鬆地沿著已定的路線進行，消耗的能量較少，愉快而不費勁。反之，與動力定型相反的活動和行為則較費力，已形成的習慣會成為與之相反新行為的阻力，從小培養

兒童的良好生活習慣，這是事半功倍的教育工程。所謂「少若成天性，習慣成自然」，這是許多經驗證明的，因此「教育就是培養習慣」，但良好習慣之養成，絕非易事。

兒童從母腹中呱呱落地始，就進入了社會生活的大環境，也就開始從「自然人」向「社會人」的轉化進程。作爲社會人之一員，必須逐漸學會按照社會所認同的行爲方式生活和活動，從而取得自身生存發展的主動權。生活習慣的養成，是一個人得以生存在社會上的必備能力，也是使自己融入社會生活，爲社會所接納的開端。世界各國都在不同程度上重視對生活習慣的養成教育，強調要從小做起，把兒童期看作是培養良好生活習慣的最佳時期。日本政府把教育兒童養成基本的生活習慣，定爲家庭的重大使命之一，認爲是關係到整個人生成長的重大問題。

……………… 第二節　養成良好生活習慣的條件 …………………

兒童良好生活習慣的養成，需要家庭、學校（也包括托兒所、幼兒園）和社會創設相應的環境條件，如果不具備這些條件，兒童就難以養成良好生活習慣，而且家庭、學校和社會三方還必須進行密切的合作，否則造成混亂，產生誤導，使兒童無所適從。

一、家庭條件

家庭是兒童的第一所學校，也可以說是人的終身學校。在這所學校裡，家長是第一任老師，也是全方位的老師，是全天候的、常任的老師。家長從不享受寒暑假及節假日的待遇，隨時隨地發揮教育者的作用。當幼兒園和學校放假的時候，孩子就回到家長身邊，家長擔負起更重的教育任務。有些家長在孩子出現不良行爲習慣時，感到困惑，或責怪孩子。其實，孩子許多行爲習慣的養成，都可以在家庭環境，特別是家庭教育中找到根源。

家庭中影響兒童生活習慣形成的因素主要有二：

(一) 家庭的物質環境

家庭的物質條件對兒童生活習慣的形成有所影響，例如：嶄新的、寬敞而明亮的居住環境，比陳舊的、狹窄、擁擠而陰暗的環境更有利於兒童養成清潔、衛生、整齊的良好習慣；居住大院，出入經常遇到鄰居的居住環境，比獨門獨戶的環境更有利於養成喜歡和別人打招呼、對長輩有禮貌的良好習慣；家庭中勞務活動多，易於養成孩子參加家務勞動的習慣。

(二) 家長的生活習慣

家庭物質條件對兒童生活習慣養成的影響，並不具有決定性的作用，例如：過度寬敞的房間更可能使兒童養成隨便置放、亂扔衣物的不良習慣；狹窄的環境倒可能使人不得不把物品放整齊，反倒是家長的生活習慣對兒童生活習慣的養成，所發揮的影響作用更大些。愛整潔、講衛生的父母，往往以自己的生活習慣影響孩子；溫文儒雅的父母，容不得孩子有粗暴的行為表現，從而使孩子自然而然形成良好的習慣。家長的良好習慣，時時刻刻以良好的榜樣影響孩子，有著「身教重於言教」的潛移默化作用。

父母對孩子生活習慣養成的態度，對兒童生活習慣的養成，具有關鍵性的作用。例如：有些只重視孩子的身體和智力發展，把主要的經濟和精力投入於孩子的吃、穿、玩上，而忽視孩子習慣的養成。對孩子過度保護、過分縱容，或包辦代替生活事務，往往養成孩子不良的生活習慣，如習慣於依賴別人幫忙洗臉、洗手，用過的東西不放回原處、不整理，或是在別人談話時隨便插嘴、隨意責罵長輩等。

二、學校條件

學校不只是學習文化知識和技能的特定場所，同時也是培養兒童良好生活習慣的重要園地；幼兒園招收年齡幼小的兒童，在養成生活習慣方

面，擔負了更重要的任務。因此，各種教育機構應創造良好的條件，使兒童養成良好的習慣。下文就來談談幼兒園的條件。

幼兒園的園舍和各種設施，應有利於養成兒童良好的生活習慣，例如：若要養成飯前便後要洗手的習慣，幼兒園應有適合幼兒身體發育和心理特點的盥洗用具，盥洗室也要有足夠的空間，以免兒童集中洗手的時間過分擁擠等。

幼兒園有了良好的物質環境條件，還不能使兒童自然而然地養成良好的生活習慣。物質條件必須透過老師善於運用這些條件，並得到父母的密切配合，才能發揮應有的作用。老師如果只注意傳授知識和培養技能，會影響兒童良好生活習慣的形成，例如：有的老師在兒童做完美勞創作後，讓兒童把用具放在桌子上，說：「一會兒讓某某老師幫助收拾。」這樣的作法不利於培養孩子自己收拾整理用具的習慣，值得注意。

家庭和幼兒園之間的合作，對於養成兒童良好習慣也是非常重要的。幼兒園安排孩子參加勞動，以培養孩子勞動習慣，而父母總是怕孩子太累而加以反對，那麼孩子的勞動習慣就難以養成；如果幼兒園培養孩子禮貌語言，父母卻認為是「多餘的」，那麼孩子的禮貌行為便無法養成。

三、社會條件

兒童良好生活習慣的養成，社會文化、習俗、風尚等影響至關重要；且兒童容易接受負面影響，有些負面影響的作用甚至強於正面教育，像是兇殺、搶劫、偷盜、色情、吸毒、吸菸、賭博、打架、罵人等影視節目的影響，社會上貪汙、腐敗、浪費、損公肥私、損人利己、不講公德、不講衛生的現象和算命、神棍等迷信活動的耳濡目染，都在毒害兒童的幼小心靈。社會大環境對兒童的影響力，往往嚴重干擾家庭、學校的教育；因此，不少國家採取措施禁止不良影片上演，或宣布某些影片對兒童不宜，減少社會各種不良現象的影響，對有害的、消極的文化傳播實行限制，將其對兒童的不健康影響降到最低限度。

兒童良好生活習慣的養成，受到多種主、客觀因素的影響，是一項複

雜的系統工程，只有家庭、學校、社會三方面都創造有利的條件，通力協同，分工合作，加強溝通，緊密配合，才能獲得預期的效果。

·········· 第三節　兒童良好生活習慣的養成方法 ··········

培養兒童良好生活習慣，宜對不同的兒童選擇合適的教育方法，因材施教，耐心地、細心地加以引導和培養。茲將培養兒童良好的生活習慣的方法列述如後。

一、轉變教育觀念

人們常常聽見父母這樣說：「孩子還小，如何如何……」有的說：「替小孩子做事不要緊，長大一點他會做的。」有這樣認識的父母，卻不知不覺地成了兒童的「保姆」。在這種思想支配下，父母的總是精心地伺候一旁，特別是媽媽，總是捧著、攪著、抱著、慣著、寵著、護著孩子，爲孩子包辦一切。這種作法顯然沒有把孩子看成是一個獨立的個體，實質是沒有尊重兒童應該享有的權利和地位。孩子不是父母的私有財產，也不是附屬品，不尊重其獨立的人格，隨意擺布和支配，是不尊重兒童的作爲。父母要給兒童活動的自由和權利。例如：給他想的自由、看的自由、說的自由、做的自由、玩的自由、問的自由、答的自由、交往的自由等。在此基礎上，父母要鼓勵孩子自己做事的願望，並且及時地支持和幫助。如果孩子獲得成功，應該受到熱情表揚，使其享受到成功的喜悅。孩子有了成功的體驗，就會更加樂於做事，做事的興趣得到增強之後，就會做更多的事，獲得更多的成功，享受更多的歡樂。這種良性循環有利於培養孩子勤勞的良好習慣。如果父母一開始就包辦大小事，或成爲「直升機父母」，剝奪其自由和權利，久而久之，孩子會變得什麼也不會做，做一點事也不成功，由此產生挫折感，更不願做事，養成懶惰的習慣。

二、正確引導

　　兒童在正常的生長發育中，逐漸地產生獨立性需要，要求獨立思考，獨立活動，獨立做事情，這是兒童身心發展的一種規律性的現象。父母和老師有責任對這種合理的需要給予支援和滿足，以促進身心的健康發展。但是，兒童心理發展程度還不高，分辨是非好壞的能力往往很差。常常在看電視或電影的場合，聽見兒童問成人：「他是好人嗎？」、「他是壞人嗎？」而且，由於幼兒好奇心和模仿性強，特別容易受到不好的影響，譬如喜歡裝扮壞人，而打人、罵人等不良行為，兒童似乎是一看就會。值得慶幸的是，兒童的可塑性較大，其不良表現不很穩定，糾正起來也比大孩子容易一些，所以需要成人精心引導。

　　曾經有一個正確引導幼兒不罵人的故事：兩歲多的貝貝，嘴裡常愛說：「打你，打你！」媽媽對他嚴厲地說：「不許說這話，多難聽！」他不聽。後來，爸爸改變了口氣，很和善地對他說：「好孩子，不說這話。」也同樣沒有效果。他軟硬不吃，我行我素。奶奶看在眼裡，想在心裡，她採用了給貝貝講故事的方法。奶奶說：「來，貝貝！奶奶講故事給你聽。有一隻小黑貓，它最喜歡找小夥伴一起玩。有一天，他去找小鴨玩。玩了一會兒，小黑貓說：『打你！打你！』小鴨生氣了，不和小黑貓玩了。小黑貓只好去找小雞玩，不一會兒，他又犯老毛病了，他說：『打你！打你！』小雞也生氣了，不願和他玩了。小黑貓再去找小兔玩，……」奶奶還沒有講完這個故事，聰明的貝貝有點坐不住了，他已從故事中受到了啟發，對奶奶說：「我不說『打你，打你！』」這個故事在他的小腦子裡，留下了很深的印記，他以後曾多次對奶奶說：「我不說『打你，打你！』」這個故事說明了正確引導對孩子是十分有影響力的，甚至頗有奇效。從這裡看來，有些年輕父母缺少教育幼兒的經驗，媽媽以為對孩子嚴厲一點，孩子就會乖乖聽話，結果一點作用也沒有；爸爸從中學到了教訓，以為硬的不成改用軟的，結果也不見生效。奶奶看出了這對年輕父母不懂得幼兒心理的毛病，轉而以講故事的教育方法來引導。她

用小黑貓找朋友的故事，由於小黑貓先後和小鴨、小雞一起玩時都說「打你」、「打你」，把小朋友都得罪了，牠們都不和小黑貓一起玩，小黑貓失去了朋友，受到了懲罰。貝貝年紀雖小，他在聽故事時已經明白了爲什麼小鴨、小雞不和小黑貓玩的道理。奶奶藉由故事情節，讓貝貝從小黑貓受懲罰的過程中受到了啟發。

三、發揮榜樣的作用

　　兒童天性愛模仿，他們常常「依樣畫葫蘆」。培養其良好生活習慣，善於激發他們愛模仿的積極性和興趣，提供榜樣，因爲榜樣的力量是無窮的。在家裡，父母是兒童心中的榜樣，在幼兒園、學校裡，老師是榜樣，因此，人們常說：「有其父必有其子」、「名師出高徒」，就是說榜樣發揮的力量之大；強調「身教重於言教」，也是這個意思。事實證明：行爲的力量遠勝於千言萬語的說教，所以，父母和老師應時時刻刻注意自己的責任，一言一行，不可掉以輕心，要做好榜樣角色。

　　在現實的社會生活中，常會發現有的孩子養成壞習慣，卻是父母有意無意教唆得來的。例如：一個五歲多的男孩，成了一個好說謊話的、不討人喜歡的孩子；經過觀察分析，發現是他的媽媽出了問題，因爲他媽媽愛貪小便宜。有一次他媽媽帶他上街買水果時，本來快走出商店門口了，他的媽媽靈機一動，將買來的梨取出幾個，分放進孩子的小書包和她自己的衣袋裡，然後回到水果櫃檯前，對售貨員說：「小姐，你的秤是否看錯了呢？我覺得分量不夠，請你稱一稱吧！」售貨員想，有誰會爲幾個梨喪失良心呢？不加思索就重新稱了一次，果然是分量不足，只好補了四個梨。孩子親眼看見媽媽說了謊話，平白賺了四個梨，嘗到了「甜頭」，留下了極深刻的印象。過不了多久，又發生了另一件事情；孩子在院子裡踢球，不小心打破了鄰居的一塊窗玻璃，他很害怕，回家告訴了媽媽。媽媽問：「他們家裡有人看見嗎？」孩子說：「沒有。」「還有別人知道嗎？」「沒有。」媽媽對孩子輕聲地說：「你不用怕，沒有人看見就好，誰要問你，你就說不知道，你要是說是自己打破的，我們家就得賠人家玻璃，你

明白了嗎？」孩子點點頭。一次又一次地教孩子說謊話，這個孩子說謊的「本領」也越來越大了，他漸漸也會自己編謊言了。有一次，鄰居奶奶檢查衛生，看見這個孩子家門口很髒，對他說：「快跟你媽媽說門口要打掃一下！」這孩子不加思索，立即對奶奶撒謊說：「媽媽生病了。」那位奶奶信以為真，就自己拿起掃把將他們家的門口清掃乾淨了。後來，孩子回家告訴媽媽自己如何欺騙了鄰居奶奶的事，媽媽猛地親了一下兒子的臉蛋，又誇道：「我的兒子真乖！」如此便讓孩子養成了說謊的癖好。這種壞榜樣的作用，絕不可以忽視。

四、正面教育為主

　　培養兒童良好的生活習慣，要以正面教育為主，也就是以「鼓勵」和「表揚」為主，懲罰和批評為輔，兩者結合進行。

　　首先，要注意鼓勵本身對孩子的吸引力，如果孩子對將要獲得的鼓勵本身缺乏興趣，沒有需要和嚮往，或者暫時不需要，那麼鼓勵就不會成為激發孩子良好行為的動力。孩子就是得到了這種鼓勵，也起不了鼓勵應有的作用。例如：有的父母常常用物質鼓勵，以為給孩子買些好吃、好喝或好玩的東西，就能使孩子有良好行為，改變壞習慣，但往往不能如願。其實，鼓勵也可以是精神的鼓勵，物質鼓勵也應與精神鼓勵相結合，目的應該是使孩子有更加努力上進的動力。

　　表揚是一種精神鼓勵，運用得當，作用勝於物質鼓勵。表揚對培養良好生活習慣至關重要，但一味表揚也不行，如此可能使兒童受不得一點批評和委屈，因此表揚和批評要結合起來使用。對於已出現不良行為習慣的孩子，要有意識地為他創造條件和機會，安排一些成功率較大的活動任務，只要完成任務，就予以表揚，以樹立其向上的信心。兒童一般都希望成為群體中的寵兒，受到群體的愛戴、尊重，而害怕為群體所拋棄，受到孤立。此外，要善於運用群體的力量教育兒童，應用團體生活的道德規範、紀律制度、正確輿論（表揚與批評、議論等）有利於糾正兒童不良的生活習慣，養成良好的生活習慣。

懲罰對糾正兒童不良行為習慣是不可缺少的手段。物質上的懲罰，是指拒絕和剝奪其某些物質的需求，在一定場合可以使用，但要慎用。更常用的是精神懲罰，一般指父母和老師對兒童不良的行為表現施加一定的精神壓力，例如：不理睬、冷淡的態度、嚴厲的臉色、責備等。兒童的不良行為習慣不是一朝一夕養成的，且責任往往主要不在兒童身上；如果父母和老師一旦發現兒童有某種不良行為習慣，即給予過強的精神壓力，使孩子受到過重的精神刺激和心理負擔，並不利於孩子改正。有時孩子已經認識到錯誤，產生了內疚感，這時如果受到過重的精神懲罰，則會出現不良的後果，甚或出現精神上的疾病。

五、以理服人

父母和老師在教育兒童養成良好生活習慣的過程中，首先應從學習講道理著手，使兒童從小養成服理的習慣；孩子懂得道理，行為舉止就會順乎情合乎理，遇事講道理。講道理的習慣必須從孩子剛剛懂話懂事的時候著手培養。講道理不等於說教，對孩子的教育不能講抽象的大道理，要從孩子生活中所見所聞的具體事物講起，並且與實際行動結合，使孩子在明白道理的同時，也得到實際體驗。

給孩子講道理，要考慮時間和地點的選擇，否則會引發不良效果。例如：孩子情緒低落的時候，或過於激動的時候，是聽不進任何道理的；而情緒好時，心情平靜時，他會樂意接受。

有的父母和老師給孩子講道理時，只要求孩子辦到，而不以身作則，自己卻蠻不講理，強辭奪理，以勢壓人。如此不僅不能培養孩子講道理的良好習慣，反而為孩子樹立了不講道理的壞榜樣。

講道理時，要符合客觀事實，把事物的本來面目和來龍去脈講給孩子，以啟迪認知，提高程度，絕不可以不顧客觀事實，胡編歪理，去誤導孩子。例如：有的孩子在外面被別的小朋友罵了，回家告訴了媽媽，有的媽媽不問情由，不分是非，就對自己的孩子說：「你怎麼不厲害一點，光受人欺負，沒有出息！」甚至出去追打別人家的孩子，找人家的孩子「評

理」。很顯然地，這並不是在講道理，反而是一種對自己的孩子誤導。又如：有的媽媽爲了嚇唬孩子不要哭，對孩子說：「你不要哭，大野狼專門吃愛哭的孩子的。」也許孩子一時會受騙而停止哭泣，可是這並不利於孩子養成講理的習慣。

　　兒童良好生活習慣的養成，絕不可能脫離家庭和學校之外的影響，社會上許多消極因素，常會對孩子的行爲產生不良作用。所以，父母和老師一方面要竭盡所能地培養孩子良好的生活習慣，另一方面還要主動避免不良因素的影響，迴避反倒是不切實際的作法。透過教育，消除社會風氣中不良道德行爲、不良文化氣氛、不良價值觀念等對兒童的影響，使兒童逐漸養成對不良影響的辨別力。

兒童的保健

　　兒童處於快速生長發育的階段，身體各部位、各器官、各系統發育均未臻完善。一方面，其生理和心理發展可塑性極大，養護措施得宜，可促使其身心得到優良的發展；另一方面，其自身免疫功能較低，抗禦疾病的能力比較弱，身心極容易受到傷害，因此，兒童的保健工作十分重要。

·········· 第一節　兒童保健的原則 ··········

　　健康的概念包括身體和心理的健康，兒童保健的目的是使兒童達到身心健康。判斷兒童身心健康的指標有三個方面；(1) 生理發展是否正常；(2) 有無疾病或缺陷；(3) 心理發展是否正常。

　　做好兒童保健工作，應遵循下列原則：

一、預防重於治療

「預防重於治療」是保健工作的首要原則，不能等到兒童生長發育不正常或有疾病，才考慮保健問題。

預防工作主要包括三個方面：

(一) 創造良好的生活環境

兒童經常生活和活動的場所，包括家庭、教育機構（幼兒園或學校）以及教育機構以外的環境，而在這些環境中，又包括物質環境和精神環境兩個方面。

兒童生活的物質環境，有的是父母和老師所不能控制的，例如：地域帶來的空氣溫度、溼度、大氣和水、土壤等汙染問題；有的則是能夠創造或在一定程度上可以控制的。在考慮兒童保健工作時，父母和老師要根據現實條件和可能性，依兒童的需要，因地制宜地為兒童創建良好的室內外環境。環境的利用、布置合理和綠化美化等都與保健有關。

其次，兒童生活的精神環境是不可忽視的。從某種意義上說，兒童的心理感受，對於其健康發展更為重要。要努力為兒童創設一個溫馨的環境，使之沐浴於愛的氣氛中，保持良好的情緒，並避免讓兒童生活在一個壓抑的環境；若是經常處於焦慮、緊張的環境會使兒童心情不愉快、缺乏安全感、影響心理健康，甚至身體的健康。

(二) 預防疾病

兒童身體嫩弱，適應環境的能力較差，對疾病的抵抗力較弱，皮膚黏膜、淋巴組織等的屏障作用不強，易於感染疾病。因此，對兒童疾病預防的措施，如嚴格的健康檢查制度、小兒的預防接種、隔離消毒等，對兒童保健是十分重要的。

定期的健康檢查是保護兒童健康成長的重要方法之一。透過健康檢查可以了解兒童的生長發育情況和健康情況，早期發現未被父母注意到的

問題，及時採取矯治措施。一次健康檢查的結果，只能反映當時的健康狀況，有時不能發現問題，而定期的檢查，可以從對比中看到生長發育和健康的變化，連續的觀察可以發揮生長發育監測的作用，有利於及時發現問題，及時矯治。例如：在定期健康檢查中發現缺乏維生素 D 導致的佝僂病、小兒營養性缺鐵貧血，體重增長不良的體弱兒，就要進行特殊的精心照顧，並採取相應的防治措施。一歲內的幼兒應每三個月檢查一次；一歲以後應每半年檢查一次；三至七歲時每年檢查一次。

預防接種是對兒童保健的另一重要措施。預防接種包括：(1) 卡介苗，可以預防結核病，在出生後二個月內可以直接接種。(2) 小兒麻痺口服疫苗，可以預防脊髓灰質炎，或稱小兒麻痺。兒童出生後兩個月口服一次，四、六個月大時再各服一次，以加強免疫；在出生滿一歲半及國小一年級時各追加一次。(3) 三合一疫苗，可以預防白喉、百日咳、破傷風等三種傳染病，出生後滿兩個月開始接種，四、六個月大時各接種一次，這三次叫作初次免疫；一歲半時再接種一次，爲加強免疫。(4) 麻疹減毒活疫苗，可預防麻疹，凡沒有出過麻疹的八個月及以上的兒童，都應接種。(5) B 型肝炎疫苗，可預防 B 型肝炎，出生後第一天即開始接種。

遇有傳染病的情況下，與病人隔離，並採取消毒措施，也是預防疾病工作的內容。對於幼兒園的兒童，如近期有傳染病接觸史者，需作有關專案身體檢查；有急性傳染病如猩紅熱、百日咳、麻疹、水痘、腮腺炎等接觸史者，需過檢疫期後重新檢查才能入園。

(三) 做好安全工作

兒童的特點是缺乏生活經驗和知識、好奇心強、對危險事物不能預見其後果、不會自我保護；因此，對兒童要有完善的安全措施和制度，如防電、防吞食異物、保管好藥品等。此外，家長和老師需要掌握初步的急救知識和本領，在日常活動中對兒童施以安全教育，使其遵守常規，嚴防發生意外事故。

二、合理營養

兒童處於發展盛期，所需營養量比成人高。他們不僅需要補充每日機體代謝耗能的營養，還必須滿足生長發育「自身建築」需要的營養。

膳食中的營養素包括碳水化合物、蛋白質、脂肪、無機鹽、維生素、水和纖維素。如果某種營養素攝入量不足，就會引起營養缺乏症；反之，攝取過量，也會產生不良影響。因此，應為兒童提供合理的膳食營養。

茲就提供兒童合理膳食營養的具體作法列述如後：

(一) 平衡膳食

要有計畫地提供營養平衡的膳食，使兒童的營養素攝入量達到生理需要的標準。制訂兒童食譜時要選擇營養價值較豐富的食品，適當配製，以滿足兒童所需的熱量和營養素。

1. 食物的構成

每天膳食中所含蛋白質、脂肪、碳水化合物三者之比重，在總熱量中應分別占 10 ～ 15%、25 ～ 30%、55 ～ 60%。

每天所供蛋白質數量中，應有半數為動物蛋白質或豆類蛋白質。

膳食中應有蔬菜、水果、水生植物等，因含有維生素和無機鹽，有調節液體的作用。其中含有纖維素，利於通便；蔬菜中應有三分之一的黃綠色蔬菜和胡蘿蔔、南瓜等帶色蔬菜。

對兒童要控制甜食。甜食攝取過多會影響食慾，產生齲齒。

2. 均勻配餐

一週內食譜中，相同或類似的食物應均勻地分配；注意乾稀搭配，粗細搭配，以及葷素搭配。

3. 烹調

烹調兒童膳食要特別注意色、香、味、形的要求，要充分發揮食物的營養作用，使兒童易於消化吸收。兒童的食物應不宜過粗、過硬，也不宜

過於油膩和帶刺激性。

4. 制定食譜要了解市場供應情況

每週各類食物用量應按需求編製一週定量食譜。在幼兒園制訂食譜時，要由營養師、採購、廚工人員共同協商。食譜一經制定，廚房人員要按食譜行事，如某種食品短缺，應以同類食品替代，勿隨意更改食譜，但應定期更換食譜內容，不可一成不變。

(二) 膳食管理

膳食管理是確保兒童營養的重要一環。首先應擬訂膳食計畫，根據不同年齡每天需要的營養素供給量、進餐人數、進食情況、兒童體質、健康、活動量等因素，計算出平均每人每日所需糧食、肉、蛋、蔬菜、水果、油、鹽、糖等各類食物的數量。同時，根據市場價格，計算每人每天所需伙食費標準，控制每月伙食費收支大致平衡，並按經常進餐人數，計算出每週各類食物用量及伙食標準。

膳食評價是膳食管理工作中的一項重要內容。透過評價，可以了解膳食中的營養素攝取量是否能滿足兒童生長發育及活動的需要，並為進一步改進膳食的依據。為使評價合乎實際，幼兒園可以用記帳法進行核算，一般每季調查一次，每次調查期限以一個月為宜，計算一個月內購買食物的帳目、出勤人數、食物消耗總量、用餐人（日）數，求出每人每天平均的食物消耗量。

(三) 增進食慾

正常兒童都有旺盛的食慾，但由於環境、情緒、健康等方面的影響，兒童也可能食慾不振。為確保兒童攝入足夠的營養，必須關心兒童的食欲，消除減低食慾的因素。

1. 進食次數和進餐時間間隔

嬰幼兒胃容量較小，每日三次的進餐常常不能滿足其需要，可適度加餐。每次進餐的時間間隔要均勻，不能因成人的方便而使兩餐相隔時間過

長或過短。

　　加餐一般是吃點心或水果之類的簡單食品，提供的食品應以補充營養為目的，但不能使點心妨礙正餐。

2. 進食環境和情緒

　　孩子應在安靜、舒適的環境進餐。嘈雜的、特別是容易分心的環境不利於兒童進食；過多說話、邊看電視邊進食，都會礙食慾。

　　進食時的情緒是至關重要的，應使孩子在愉快而平靜的氣氛中進食，切忌在餐桌上訓斥孩子，因為緊張和不愉快的情緒會抑制胃液分泌。

3. 對拒食的處理

　　發現孩子食慾不振時，應查明原因。對拒食的處理不能簡單化，以各種討好方法央求或誘騙孩子進食，或責罵的態度，都是不可取的。調整食譜，減少過多加餐，改變過於單調的食譜，變化食物的色、香、味、形，可以增進孩子的食慾。對於拒食正餐的兒童，應減少或取消其零食，使孩子增加活動量，進餐時鼓勵孩子自己動手也是有效的辦法。孩子食慾不振時，可以先提供較少的食物，逐漸增加食量，以免孩子一見大量食物即產生厭煩心理。

三、正常的生活作息制度

　　正常生活作息制度是兒童保健的重要內容。生活制度是指兒童一日生活中吃飯、睡覺、休息、學習、遊戲、戶外活動等時間安排，兒童學會按時吃飯、睡覺、活動，就能使各種生理過程逐漸形成一定的生物規律，以滿足生理和生活的需要，培養良好的行為習慣，得到健康發展。

　　作息制度要根據兒童不同年齡的生理和心理特點而異，例如：年齡越小，進食次數、睡覺時間越多。隨著年齡增長，進食次數減少且間隔拉長，睡眠時間減少且活動時間增多。

　　隨著一年的季節變化，作息時間應作相應調整，例如：夏季日長，起床早，中午可增加午睡時間，其他活動也應作相應的調整。按時入睡、按時起床，能使孩子得到更好的休息。年齡越小，睡眠的時間越需長些；

一歲後，嬰兒白天可有 1 ～ 2 次睡眠，睡眠的效果取決於睡眠的深度和時間，睡眠時間長短也有個別差異。父母應該為兒童創造一個良好的睡眠環境，注意室溫、衣服和被褥是否適當，同時要減少噪音和振動的干擾。

制定作息制度後，貴在堅持執行。在執行中應做到一般和個別照料相結合，對體弱兒童要多加照顧。

四、重視心理健康

(一) 兒童心理健康的意義

1948 年聯合國衛生組織在其憲章中闡述「健康」的涵義時指出：「健康是指身體、心理和社會適應等健全狀態，而不只是沒有疾病或虛弱現象。」所以，心理是否健康，對人的一生幸福影響深遠。

兒童的身心發展緊密聯繫在一起。中醫學的經典著作《內經》一書中，已經就身心關係作了深刻的論述，書中指出「思傷脾、怒傷肝、喜傷心、恐傷腎、憂傷肺、百病之生於氣也」。這裡的思、怒、喜、恐、憂，均為心理活動，而脾、肝、心、腎、肺則是身體的臟器，如果忽視心理衛生，不注意心理健康，必然會影響到身體健康和社會適應。在社會生活中，經常會看到這樣的例子：身體上的缺陷，會引發心理不正常，怕受同儕譏笑而產生自卑感；長期精神受到壓抑的兒童，往往表現出病態、萎靡不振、行動遲緩，甚至彎腰、駝背；而受到家長過分嬌慣和溺愛的孩子，容易任性、挑食、偏食、隨心所欲，因而身體發育得不好。

(二) 兒童心理健康的表徵

1. 智力發展正常

智力發展正常是心理健康的重要表徵之一，只有達到正常的智力程度，兒童才能具有與周圍環境保持平衡和協調的基本心理條件，智力發展如受到阻礙，心理健康也必然不正常。

2. 情緒表現正常

兒童的情緒表現是其對客觀事物的內心體驗和心理過程的反映，情緒良好，反映出他的中樞神經系統功能活動是協調的，身心處於積極的平衡狀態。情緒正常是兒童保持身心健康的重要條件，有助於對社會生活和周圍環境保持良好的適應狀態；相反地，出現憤怒、悲傷、恐懼之類的消極情緒，心理會失去平衡，久而久之，將會使神經活動的功能失調，甚至引發病變。

兒童的情緒比較外露，喜怒哀樂形於色，具有極大的衝動性和易變性，時而淚流滿面，時而破涕為笑；隨著年齡增長，情緒過程的自我調節逐漸加強，穩定性逐漸提高。心理健康的兒童，對待生活中的各種刺激，能夠適度反應，也能合理地紓發消極情緒。

3. 人際關係融洽

人與人的交往，既是生理和心理的需要，在交往過程中又能逐步形成符合社會要求的行為。兒童的人際關係比較簡單，交往的本領也不大，可是，他們強烈渴求透過交往去了解別人，並為別人所了解，從而獲得別人的信任和尊重，人際交往可以反映其心理健康的狀況。正常的、友好的交往，是心理健康的一個重要條件，也是促進心理健康的重要途徑。

人際關係融洽的兒童樂於助人、樂於交往、善於了解人、接受人，也容易為別人理解和接受；反之，心理不健康的孩子，往往以自我為核心，不能寬容人或是無同情心，對別人漠不關心或內向、孤僻、寡言少語，或是不能與人合作，乃至攻擊人、侵犯別人。

4. 行為統一協調

心理健康的兒童，隨著年齡增長，思維逐漸條理化，有意識的時間逐漸增加，情緒、情感的表達方式漸趨合理，對客觀事物的態度越來越穩定，其心理活動與行為方式基本上能夠統一協調起來。心理不健康的兒童則相反，往往注意力不集中，興趣經常轉移，思維混亂無章，語言支離破碎，行為前後矛盾，缺乏自我控制和自我調節的能力。

5. 性格特徵良好

　　兒童的性格是在與周圍環境的相互作用的過程中逐漸形成的，性格一旦形成，就有相對的穩定性。心理健康的兒童，性格良好，表現出熱情、主動、誠實、合作、勇敢、自信、謙虛等特點，對人、對己、對周圍環境的態度和行為方式，比較符合社會規範的要求；反之，也表現為冷漠、孤僻、膽怯、懶惰、自卑、執拗、吝嗇等性格特徵，與人經常不能融洽相處。

(三) 兒童心理保健的途徑

1. 家庭方面

　　家庭對兒童心理保健的影響甚大，而家庭的心理保健重點在於家長要明確自己在家庭中的角色和地位，在教養兒童過程中發揮應有的作用，端正教育觀念和教養態度，幫助兒童建立健全的人格，注意改進自身的個性品質和心理健康狀況，創設一個溫馨和諧的家庭氣氛；合理安排兒童的日常生活，培養多方面的興趣和技能。

2. 教育機構方面

　　首先，要為兒童創設一個健康的社會文化環境，如良好的師生關係，友好的同儕關係，家園在教育上的協調一致等；二是各項活動應適合兒童的心理發展水準；三是要根據兒童的承受能力，合理安排生活作息制度和各項活動。

3. 社會方面

　　首先，是從法律上保護兒童的合法權益，貫徹執行各項保護兒童權利的法規；二是為兒童的心理保健提供社會服務，承擔責任和義務；三是提供對心理不健康兒童行為矯正和心理疾病康復的服務。

第二節　兒童常見疾病及護理

一、兒童常見疾病

兒童常見的疾病有佝僂病、貧血、齲齒、齒列不齊、近視、眼外傷、感冒、肺炎、消化不良、吮指、習慣性擦腿動作、遺尿、口吃等，分別列述如後。

(一) 佝僂病

三歲以內的兒童常患此病，主要的病因是缺乏維生素 D 所致，釀成此病也有多種情況，例如：接觸陽光不夠，紫外線照射後產生的維生素 D 無法吸收，而缺乏維生素 D，使體內的鈣、磷不能正常吸收和利用，影響骨骼的生長發育；或是生長過快，早產兒、雙胞胎出生後生長過快，體內缺鈣；某些疾病的影響（如慢性腹瀉）會使鈣、磷吸收減少，膽道疾病或脂肪代謝發生障礙，使維生素 D 的吸收受到影響；或是鈣的吸收利用發生障礙，因牛奶中含磷多，鈣磷比例不適宜；或進食過多的穀類食物，穀類的植酸與鈣結合為植酸鈣，不易水解，因而影響鈣的利用。

佝僂病的症狀一般表現為神經精神症狀，如容易激怒、性情煩躁、不活潑、對周圍環境缺少興趣、睡眠不安、常於夜裡驚醒啼哭；若是較大的兒童在記憶力、理解力、語言等會發生發育遲緩的情況，也會有睡眠時多汗的現象。另一種症狀是運動功能發育遲緩，坐、立、行都較正常兒童為晚，肌肉鬆軟，或長牙比正常兒童晚些，這是因牙齒鈣化受到維生素 D 缺乏的影響。另外，因骨骼改變而影響到頭部、胸部、四肢及脊柱等發育亦屬常見。

佝僂病是可以預防的。若要預防先天性佝僂病，建議孕婦經常晒太陽，補充維生素 D，同時多吃富含鈣質的食物；若是出生後的嬰兒，最好餵食母乳，因母乳中鈣、磷的含量比例適宜，是理想的鈣源；飲食中也可

添加蛋黃、肝泥、菜泥等副食品以補充維生素 D；也可讓嬰幼兒多在戶外活動，多晒太陽；如確有不足，可以服用適量的維生素 D 製劑或鈣劑。

(二)貧血

貧血即單位容積的血液中，紅血球數目和血紅蛋白濃度都比正常值爲低，或是兩者之一顯著減少，造成貧血的原因可分爲造血不良、溶血性貧血、失血性貧血三類，兒童時期最常見的是缺乏造血物質的貧血。

缺鐵性貧血又稱「營養性小細胞性貧血」，其病因是由於體內缺鐵，影響血紅蛋白的合成，是小兒貧血最常見的一種，三歲以下的幼兒發病率較高。可能原因有四：一是先天儲鐵不足；二是從飲食中攝取的鐵不足；三是生長發育過快；四是受疾病的影響，如長期腹瀉，發生鐵的吸收障礙；長期、反覆患感染性疾病，如肺炎、支氣管炎、鉤蟲病所致。

貧血的症狀如下：皮膚（面部、耳輪、手掌等）、黏膜（口腔黏膜、瞼結膜）及甲床蒼白或蒼黃；呼吸、脈搏加速，活動以後更顯著；食慾不振、噁心、腹脹，少數有異食癖（如喜吃泥土、煤渣等）、精神不振、注意力不集中，容易激動等；肝、脾、淋巴結有輕度腫大。

貧血是可以預防的，有以下幾種措施：孕婦多吃富含鐵質的食物；嬰兒出生三個月後添加含鐵豐富的副食品，避免偏食；及時治療感染性疾病；如有鉤蟲病，要及時治療；早產兒、雙胞胎要補充鐵劑。

另有營養性巨幼細胞性貧血較少見，起因是缺乏維生素 B_{12} 和葉酸，使紅血球數目減少所致。這種貧血病的症狀如下：面色蒼黃、易疲倦，頭髮稀疏，肝、脾、淋巴結可有輕度腫大現象；在神經精神方面，患兒表情呆滯、嗜睡、對外界反應不靈、少哭笑、智力和動作發育遲緩，或有倒退的表現；多數患兒可有肢體、頭部、嘴唇無意識地顫抖；哭的時候少淚、無汗。

預防前述貧血的方法，主要是提供適當的營養，添加適量副食品以糾正偏食，及時治療各種傳染性疾病。

(三) 齲齒

牙齒受口腔內酸性物質的侵害，牙釉變軟、變色，乃至爲缺損成爲齲洞，稱爲齲齒。齲齒是兒童的常見牙病，會影響食慾、咀嚼，消化、吸收和生長發育不良，也有引發骨髓炎、齒槽膿腫等併發症。

齲齒產生與下列因素有關，一是口腔中細菌危害，變形鏈球菌和乳酸桿菌在口腔中殘留食物與繁殖產酸，使牙釉質脫鈣，形成齲洞；二是牙縫的殘留食物，特別是糖類，是齲齒產生的重要因素之一；三是牙齒結構上的缺陷釀成，如牙釉質發育不良、牙列不齊。

預防齲齒的辦法有四：

1. 注意口腔衛生。
2. 適度日晒，注意營養。
3. 飲用水加氟。
4. 定期檢查口腔。

(四) 齒列不齊

牙齒排列不整齊會使面部失去和諧；同時，咬合關係失調，影響咀嚼，甚而發音和呼吸也受影響，而且牙齒不易刷淨，易患齲齒。爲預防牙列不齊，應注意下述幾點：用奶瓶餵奶時，奶瓶與面部應成 90° 角，不讓瓶口壓迫嘴唇，奶瓶經常上翹，瓶口會壓上頜，造成下兜齒；若是經常下壓，瓶口壓迫下頜，可造成上牙前突，開唇露齒。其次，是糾正小兒吸吮手指或吸乾奶嘴的習慣，兩者均可造成已萌發的前牙前突；再則是防止小兒經常咬鉛筆，咬下嘴唇、玩弄舌頭等，也會造成牙列不齊。預防齲齒，可防牙列不齊，在乳牙、恆牙交換時期，若是恆牙已出，乳牙未掉，形成「雙排牙」，應及時拔去乳牙，以免恆牙錯位。

(五) 近視

兒童剛學讀寫時，爲了看清筆畫，往往將書本靠近眼睛，容易造成近

視。兒童初學寫字時的不良習慣，會使晶狀體過度調節，睫狀肌持續緊張或痙攣，晶狀體凸度增大，使遠處物體成像在視網膜前而形成近視，這種睫狀肌調節緊張的近視，稱「假性近視」。如能採取保護視力措施，消除緊張因素，可以恢復視力或好轉；如不重視，任其發展，假性近視就會發展為真性近視，又稱「軸性近視」。

為預防近視，應講究用眼習慣，其一是讀寫時坐姿正確，脊柱正直，身體不前傾，不歪頭，不聳肩，大腿放平，兩足著地；其二是書與眼的距離保持在三十至三十五公分之間；其三是不躺臥床上或在行車間看書，也不在暗光和強光下讀寫；其四是讀寫持續時間不宜過長，每三十分鐘左右休息片刻，進行遠望，緩解睫狀肌的緊張程度；其五是看電視時，應隔半小時休息五至十分鐘，眼與電視畫面的距離應是畫面對角線的五至七倍，畫面高度應略低於眼，室內應有一定的光線亮度，以免刺眼；其六是改善學習環境，書籍讀物字體宜大一些，文字紙張的顏色對比明顯，文圖清晰、板書工整；課桌椅要按身高配置。

(六) 眼外傷

三歲前兒童常被玩具的稜角碰傷、跌傷、指甲劃傷而造成眼外傷，三歲後多因模仿成人做事，被刀、剪、竹籤等硬物刺傷，放鞭炮、熱水燙或化學藥物灼燒成眼外傷也常發生。眼外傷的危害甚大，容易影響視力，引起出血，造成感染；若是一眼受穿通傷，可能因為交感性眼炎，使另一隻眼失明。

眼外傷是可以預防的，常見的眼外傷預防措施如下：
1. 禁止兒童玩彈弓和互相丟石子。
2. 定時剪指甲，尖鉛筆、刀、剪、竹籤等銳物均應妥善保管。
3. 遇灰塵、稻殼、小飛蟲等異物進入眼睛時，應及時請醫生處理。
4. 教導兒童避免接近熱油、熱水、生石灰等，以免燙傷和燒傷眼睛。
5. 不要觀看電焊，以防電光性眼炎。

(七)感冒

兒童感冒的症狀為鼻塞、打噴嚏、流鼻涕、咳嗽、發燒。

感冒通常三至四天即可痊癒，如發燒持續不退，應檢查是否併發肺炎、中耳炎等併發症。若是併發中耳炎的年長兒童，會出現耳痛；乳兒會出現煩躁哭鬧，用手搔耳，及至鼓膜穿孔，有膿外溢，耳痛減輕。

為預防感冒應經常從事戶外活動，以增強兒童體質，也應注意氣候轉換而增減衣服，以免受涼；但若穿戴過多，身上經常流汗，同樣容易傷風致病。

(八)肺炎

這是常見病，尤以冬、春季節發病率高。患有佝僂病、麻疹、百日咳的病兒，更易患肺炎。肺炎的症狀為發燒、咳嗽、氣喘等，嚴重時會出現臉色灰青、呼吸困難、精神差，乃至驚厥、昏迷。

護理肺炎患兒，室內空氣要保持清新，溫溼度適宜；勤喝水，使痰液不致變稠而不便吐出；勤翻身，以免肺泡內的分泌物積存某處，利於消除炎症。餵奶時應坐餵，奶汁流出宜緩，以免嗆咳。飲食以富營養，又好消化為原則。

(九)消化不良

這也是兒童的常見病。發病原因有三：第一，餵養不當，如餵量過多，食物不易消化，餵食不定時等；第二，食物或食具受病菌傳染，因而造成胃腸道感染；第三，小兒患有感冒、中耳炎、肺炎等病，引發消化功能紊亂而腹瀉。

夏秋季節，氣候炎熱，體內消化液分泌減少，又易吃進不潔食物，腹瀉發病率高。兒童腹瀉有輕有重，有緩有急，但都影響健康；有的病輕，但腹瀉長期不止，可導致兒童營養不良，降低抵抗力，使生長發育遲緩；病重病急者，體內一下流失大量水分和營養物質，會使電解質紊亂而危及

生命。

　　預防消化不良，一要餵養適當，餵食不宜過量或過少，過多可導致消化功能紊亂而腹瀉，過少也會引發「飢餓性腹瀉」；二要注意食物和食具的消毒，三要注意小兒腹部保暖，腹部受涼，易致腹瀉。

二、傳染病和寄生蟲病

(一) 傳染病的特徵

　　微生物（即病原體）侵入人體是傳染病的致病因素，傳染病的特徵如下：

1. 有病原體

　　各種傳染病有不同的病原體，如微生物中的病毒、細菌、衣原體、立克次體、真菌、寄生蟲中的原蟲、蠕蟲等。多數傳染病的病原體是病毒，病毒小於細菌，對抗菌素不敏感。

2. 有傳染性

　　病原體透過一定的管道進入他人體內，傳播疾病。

3. 有免疫性

　　傳染病痊癒後，人體對同一種傳染病產生不感受性，這叫作「免疫」。感染麻疹，可終生免疫；感染流感，免疫期短，能多次感染。

4. 病程有規律性

　　傳染病的發生發展和恢復，一般經歷幾個時期：

　　(1) **潛伏期**：即病原體侵入人體至出現症狀的時間，但因病原體種類、數量、毒力、人體免疫力的差異而潛伏期長短各不相同。大多數傳染病的潛伏期只有幾天；有的為數月，如狂犬病；也有長達數年、數十年，如麻風病。

　　(2) **前驅期**：這是發病緩慢的傳染病共有的症狀，如頭痛、發燒、乏力等，前驅期也有傳染性，如發病急速則無前驅期。

　　(3) **症狀明顯期**：即逐漸呈現出某種傳染病特有的症狀，如發燒持續

時間、皮疹類型及出疹時間等，因傳染病不同而各有不同的規律。

(4)**恢復期**：指體溫、精神、食慾逐漸恢復正常，但在恢復期，病情也有可能惡化，或發生併發症。如傷寒恢復期，可併發腸穿孔或腸出血，故恢復期亦需加強護理，直至康復為止。

(二) 傳染源與傳染管道

傳染病流行的基本環節，一是傳染源，又可分為病人、病原攜帶者、受感染的動物三種。

1. 傳染源

(1)**病人**：指已感染了病原體、又表現一定症狀的人，病人是主要傳染源。可以根據某種傳染病的傳染期決定病人的隔離期。

(2)**病原攜帶者**：可分為病後病原攜帶者（又稱恢復期病原攜帶者）和健康病原攜帶者。前者指某人患傳染病後，雖已無症狀，但仍排出病原體；後者指病原體已侵入人體，但無任何症狀。

(3)**受感染動物**：指動物為傳染源的疾病，如狂犬病等。

2. 傳染途徑

病原體從病人或病原攜帶者侵入他人時，有以下幾種途徑：

(1)**空氣傳播**：藉由說話、咳嗽、打噴嚏，將病原體隨細小的唾沫噴散到空氣中，被他人吸入體內，稱「空氣傳播」。這是呼吸道感染的主要管道。

(2)**蟲媒傳播**：蚊、蚤、虱等昆蟲叮咬而感染疾病，如瘧疾、流行性B型腦炎等，均屬蟲媒傳播。

(3)**血行傳播**：病原體在血液之中，透過輸血、注射而進入健康人體內，如乙型傳染性肝炎主要為血行傳播。

值得注意的是，有些人對傳染病缺乏免疫力，他們對傳染病的發生與傳播影響甚大。

(三)傳染病預防

預防傳染病的措施首先是控制傳染源。一般的急性傳染病分兩大類二十五種，其中常見者有流行性腦脊髓膜炎、百日咳、猩紅熱、麻疹、流行性感冒、痢疾、傷寒及副傷寒、病毒性肝炎、脊髓灰質炎、流行性 B 型腦炎、瘧疾、狂犬病以及新冠肺炎等。如發現前述傳染病，應及時報告主管單位，並注意及早發現患者，及早進行隔離。其次是切斷傳播管道；對於腸道傳染病，重在糞便處理、保護水源、飲食管理、用具消毒、講究個人衛生；對呼吸道傳染病而言，最簡便有效的預防辦法是保持空氣流通。

預防傳染病又可分為經常性措施和發病後的預防措施兩種。前者如做好環境衛生、飲食衛生、個人衛生，做好經常性的消毒工作。消毒方法有物理方法和化學方法兩類。其中物理方法可分為煮沸、日晒和機械（洗滌、通風換氣等）三種；化學方法可分別情況採用不同的消毒劑。

(四)兒童常見傳染病

1. 麻疹

麻疹是一種急性呼吸道傳染病，病原體是麻疹病毒，患者是唯一傳染源。患過麻疹者有終生免疫力，麻疹患者的症狀表現：

前驅期，為三至四天，發燒、咳嗽、流涕、兩眼發紅、畏光、流淚等；

出疹期，在發燒的第三至四天，開始出現紅色斑丘疹，先見於耳後、頸部，漸及面部、軀幹和四肢；此期全身症狀加重，高燒、咳嗽重，常伴以嘔吐、腹瀉等。

恢復期，出疹三至五天後，皮疹消退，體溫恢復正常。其色素褐斑經二至三週完全消失，麻疹病程約二週左右。

對麻疹患兒應細心護理，臥室保持空氣新鮮、常洗臉，用溫開水洗淨眼分泌物，多喝水以清潔口腔，要及時清除鼻腔分泌物，飲食宜營養、易

於消化，並注意肺炎等併發症的發生；接種麻疹疫苗是有效的預防措施。

2. 水痘

水痘病原體是水痘帶狀皰疹病毒，水痘患者爲主要傳染源，經飛沫直接傳染，經衣物用具間接傳染。六個月至三歲兒童發病率最高。其前驅期症狀輕微，一般發燒不高；出疹期發燒一至二天內出現皮疹，先見於頭皮、臉部，漸至軀幹、四肢。皮疹初爲紅色斑丘疹，一天後變爲皰疹，又經一至三天，皰疹乾縮結痂，結痂一至二週後掉痂，不留疤痕。出疹後皮膚搔癢，要保持皮膚清潔，避免抓破皮膚引起感染；床單、襯衣勤換洗。

3. 流行性腮腺炎

流行性腮腺炎的病原體爲腮腺炎病毒。病人是主要傳染源，經飛沫傳染，此病起病急，發燒、畏寒、頭痛、咽痛、食慾不振，一至二天後則腮腺腫大，以耳垂爲中心，漸及面頰、耳下、頜下，使耳垂向上、向外推移，下頜骨後溝消失，一般情況是先一側腫大，一至二天後另一側也腫大。患者應注意口腔清潔，以流質軟食爲宜，避免吃酸的食物。

4. 猩紅熱

猩紅熱的病原體爲 B 型溶血性鏈球菌，病人及帶菌者是主要的傳染源，經飛沫傳播。其症狀是發病急，發燒、咽痛、嘔吐，發病一至二天內出疹，稱出疹期，皮疹先從耳後、頸部、腋下出現，而後波及軀幹、四肢。皮疹細而密，壓之褪色，有癢感。患者舌質紅，舌刺腫大突出。到恢復期，皮疹消退脫皮。患此病者宜臥床休息，保持口腔清潔，用溫鹽水漱口，飲食要易消化，富營養。病後二至三週時，應檢查有無急性腎炎併發症。

5. 百日咳

百日咳的病原體是百日咳桿菌。患者是唯一傳染源經由飛沫傳播。前驅期症狀類似感冒，數日後咳嗽加重，表現爲白天輕夜間重。經一至二週，發展爲痙咳期。症狀是陣發性痙攣性咳嗽，每天陣咳多次，夜間發作爲多。新生兒及乳兒無典型陣咳，有陣發性呼吸暫停，面色青紫。經二至六週進入恢復期，咳嗽症狀逐漸減輕，此期約二至三週；患兒臥室應

有充足陽光，空氣清新，多在戶外活動，防止煤煙等不良刺激，以減少陣咳。飲食宜少吃多餐，選用富營養較黏稠的食物。預防措施是接種百口咳、白喉、破傷風三合一混合疫苗，早發現早隔離病人，而病人所住過的居室至少應通風 3 小時，並對接觸密切者進行檢疫。

6. 流行性腦脊髓膜炎

流行性腦脊髓膜炎的病原體是腦膜炎雙球菌，病人及帶菌者乃本病的傳染源，主要是經飛沫傳播。在上呼吸道感染期，表現症狀為鼻炎、咽炎或扁桃體炎，類似上呼吸道感染；到菌血症期則出現高燒，頭痛、噴射性嘔吐、乏力、肌肉痠痛，少數病人有關節疼痛現象。患者精神不振，或煩躁不安，約有 70% 左右的患者有出血性皮疹，瘀點或瘀斑，指壓不褪色。到腦膜炎期患者高燒、劇烈頭痛、嘔吐頻繁、心情煩躁或神態恍惚、嗜睡；嬰兒不吃奶、尖叫、驚跳，甚而發生痙攣、昏迷。

預防的辦法其是一接種流行性腦脊髓膜炎菌苗；其二經常開窗通風；其三是給接觸密切者服用磺胺嘧啶，應與同量碳酸氫鈉併服三日，服藥期多飲水。

7. 病毒性肝炎

病毒性肝炎的病原體為肝炎病毒，分 A、B 兩型，也有非 A 非 B 型、丙型。患者及病毒攜帶者為主要傳染源，甲型主要經過消化道傳染，B 型主要透過血行和日常生活接觸傳播。孕婦患者可將 B 肝病毒經胎盤傳染胎兒。A 肝以學前兒童的發病率最高，多為黃疸型，B 肝無明顯年齡特點，多為無黃疸型。黃疸型肝炎在黃疸前期，表現為上呼吸道感染，繼而出現消化系統症，如少食慾、噁心、嘔吐、腹瀉、厭油膩食物等，伴有乏力、上腹部不適、尿色加深等。黃疸前期約為一週，至黃疸期，鞏膜、皮膚發黃，肝臟腫大，肝功能不正常。黃疸出現之後，消化系統症狀減輕，本期約二至六週。至恢復期，黃疸消退，症狀消失，肝功能恢復正常，本期約一個月。無黃疸型肝炎，多於黃疸型肝炎，其主要症狀為乏力，食慾不振、腹脹、肝區脹痛等，肝臟腫大，肝功能不正常，此病多於三個月內康復。

8. 細菌性痢疾

細菌性痢疾的病原體為痢疾桿菌，病人及帶菌者為傳染源。主要經由被病菌汙染的食物、飲水、手等進口而感染，以夏、秋季節發病為多。痢疾起病急，高燒、腹痛、腹瀉，每日排便十餘次且便裡有膿血；也有少數患者表現為突發高燒，反覆痙攣、嗜睡、昏迷，而腹瀉不明顯，此為中毒型痢疾。

9. 流行性 B 型腦炎

流行性 B 型腦炎的病原體為乙腦病毒，此病為人與禽畜共患，故人與家禽家畜為主要傳染源，而蚊蟲是傳播媒介，每年的七至九月份為傳染高峰期。本病發病急，高燒、頭痛、噴射性嘔吐，幾天之後昏迷、痙攣；多數病人病後十天左右體溫下降，神志清楚，進入恢復期，少數患者發病半年之後，仍有神經精神症狀，如失語、癱瘓等後遺症。

10. 急性結膜炎（紅眼病）

急性結膜炎可由細菌和病毒引發，此種細菌和病毒存於患者眼淚、眼分泌物中，主要是接觸傳染。患者的眼結膜充血，分泌物增多，眼睛有異物感、刺痛感、畏光、流淚。

(五) 兒童常見寄生蟲病

1. 蛔蟲病

蛔蟲感染率很高，其受精卵從糞便排出，遇到適宜的溫、溼度後，發育為感染性蟲卵，兒童由於在地上玩耍而不洗手、吮手指，或生吃水果、蔬菜，均易受蟲卵感染。從吞入蟲卵至雌蟲成熟排卵，約需兩個月，而成蟲存活一至二年，患兒由於成蟲在腸道刺激，常引發肚臍周圍陣發性疼痛，片刻即緩解；患兒有低燒、多汗、夜驚、磨牙等表現；蛔蟲常引起膽道蛔蟲病、蛔蟲性腸梗阻等併發症。

對於此病要積極治療，減少蟲卵傳播機會，常用藥為驅蛔靈、驅蟲淨，再則就是注意環境衛生、飲食衛生、個人衛生。

2. 蟯蟲病

蟯蟲體小，乳白色，也稱「線頭蟲」。一般在宿主入睡後兩小時左右於肛門周圍、會陰部產卵，雌蟲在產卵後死亡，蟲卵數小時發育爲感染性蟲卵。雌蟲產卵使肛門周邊產生奇癢，患兒用手搔癢而沾上蟲卵，內褲、床單、被褥等沾上的蟲卵，都會造成感染，含有蟲卵的灰塵也能經呼吸道造成感染。

預防此病要避免重複感染，培養衛生習慣，飯前洗手，勤剪指甲，不吮手指，並勤換衣被。

三、常用急救術

父母和幼兒園老師必須掌握一些兒童常用的急救技術，以便在發生意外事故的時候，挽救孩子的生命，並減輕病痛。

(一) 意外事故

發生意外事故時，首先應從發生原因加以判斷。一類是危及生命的，如窒息、氣管異物、溺水、觸電、雷擊、外傷大出血、中毒、車禍等。必須即時在現場處理，以挽救生命；另一類是雖不馬上致命，如燒傷、燙傷、腰椎骨折等，但不及時處理或處理不當，也會造成傷殘，甚至死亡。這兩類意外事故，均需進行急救。

再者就是根據傷者的傷勢判斷。一是呼吸，垂危患兒的呼吸不規則，時深時淺，忽快忽慢，出氣不均勻，呼吸明顯困難，可觀察胸、腹的起伏，聽呼氣的聲音，如呼吸已停，應立即人工呼吸。二是脈搏，觸摸其橈動脈、頸動脈，傷勢重者的心跳加快，力量減弱，脈搏細而快，如心跳停止，應立即進行胸外心臟按摩；三是瞳孔，左右兩眼的瞳孔大小相似，直徑約三公分，遇光迅速收縮，當光照反應不靈敏，兩個瞳孔大小不一，即是危險信號。

(二)窒息

兒童好奇、好動，常常會發生窒息的事故，因此，「預防措施」就格外重要，例如：不要拿塑膠袋之類的物品給兒童玩；不要用過重或過大的蓋被和會妨礙呼吸的軟枕頭；不要拿小珠子之類的物品當玩具等。

如果發生窒息，應及時處理，最常用的方法是：1. 馬上除去一切障礙物，把衣物放鬆；2. 讓患兒仰臥，頭部輕輕向後仰，使空氣易於流通；3. 在呼吸停止的情況下，立即進行人工呼吸。

(三)心跳停止

當病兒心跳停止，可用心臟擠壓法。擠壓心臟時，雙手應垂直向下用力，擠壓面積不宜過大，以免傷及肋骨，更不能擠壓左胸乳頭處，造成肋骨骨折，刺傷肺臟，加重病情。

若患者是垂危病兒，往往呼吸和心跳同時停止，心臟擠壓應與口對口吹氣可同時進行。每吹一口氣，做心臟擠壓四至五次，而爲避免相互干擾，吹氣時擠壓的動作暫停。要是只有一位救護者，可以先吹兩口氣，再做八至十次心臟擠壓，反覆進行效果較好。

(四)創傷出血

1. 出血分類

(1)**皮下出血**：往往發生在摔倒、受擠壓、受挫傷的時候，皮膚無破損，皮下形成血腫，瘀斑，使用活血化瘀藥治療，即可痊癒。

(2)**外出血**：皮膚損傷，傷口流血外出血可分爲三種：

① 毛細血管出血，血液像水珠滲出，這種出血一般自動凝固止住，無危險。

② 靜脈出血，血色暗紅，血液慢慢地均勻地流出，較動脈出血容易止住。

③ 動脈出血，血色鮮紅，血液伴著心跳速度一下一下地湧流，危險

性大。

(3)**內出血**：是指深部組織或內臟損傷出血，體表不見傷口，不見血液外流，但對患兒的生命造成很大的威脅。傷者面色蒼白、出冷汗、手腳發涼、呼吸急促、心慌、脈搏細弱，如懷疑是內出血，應即送醫院救治。

2. 止血方法

應視情況分別處理，若是小傷口（如靜脈或毛細血管出血）可用乾淨紗布緊壓出血處即可止血。對較大傷口，可用乾淨棉花、紗布墊在傷口，並以繃帶包紮。若是動脈出血，用手指壓住出血管上端臨時止血，送醫院處理。

(五) 溺水

將溺水兒童救上岸後，首先應清除口鼻中的淤泥、雜草，並解開內衣、褲帶，再將溺水兒俯臥膝頭上，頭朝下，按壓其腹、背部，使水吐出；接著檢查呼吸和心跳狀況，如果有心跳而無呼吸，則可進行口對口人工呼吸；如果是心跳、呼吸都已停止，應立即就地施行心肺復甦術，以保持腦血流灌注，以免腦部缺氧造成損傷，並立即送醫救治。

(六) 觸電

由於玩弄電器、電燈開關、電動玩具等物品，或遭雷擊，均可能觸電。觸電時輕則發麻，重則燒傷，如遇強電流通過心臟，可致心臟停搏，停止呼吸。

對觸電的急救，首先是切斷電源，使患者脫離電流。在切斷電源時，應注意自身安全，使用絕緣工具，如用乾燥的竹木竿挑開電線，穿膠鞋踩在乾燥木板上操作等。與此同時，進行現場急救，如果呼吸、心跳已經停止，應立即進行口對口吹氣和心臟擠壓，並送醫救治。燒傷部位宜用乾淨紗布、被單覆蓋，再送醫處理。

(七) 燙傷

開水、熱湯、熱粥、熱蒸氣等造成的意外傷害。燙傷可分為三度：一度燙傷傷及皮膚表層，局部發生紅腫現象，有灼痛感，但無水泡；二度燙傷傷及真皮，除局部紅腫以外，有水泡，疼痛劇烈；三度燙傷傷及皮下組織、肌肉。

對燙傷的處置，首先要除去高溫的衣物，應輕輕拭去異物，如遇一度燙傷，可用燙傷油、清涼油之類塗於患處；如係二、三度燙傷，應用乾淨紗布、毛巾等覆蓋傷口，但不要弄破水泡，避免壓迫傷面，即刻送醫院治療。若是傷面較大，患者口渴煩躁，可以給患者少量多次飲用淡鹽水。

第
十
四
章

我國的兒童福利
服務

　　兒童福利（child welfare）為社會福利的主要領域之一，係指以兒童
為主要服務對象所實施的社會福利服務，包含保護、養育、教育、醫療等
有助其權益促進與健全發展的各種施為。兒童福利的關切對象包含兒童
及其家庭，廣義的兒童福利係以全體兒童為服務對象，旨在強化兒童的發
展，為促進兒童健全發展的所有施為，可視之為積極性的兒童福利，或稱
以發展為取向的兒童福利；但狹義言之，則不涵蓋在家庭系統中已獲得充
分需求滿足的兒童，服務對象為遭遇各種不同情境的兒童或其家庭，通常
是針對相對弱勢兒童或家庭所採取消極性、保護性、補救性、問題解決性
等福利作為，藉以提升其生活福祉，是以稱消極性的兒童福利，或稱以問
題為取向的兒童福利（周震歐，1991；彭淑華，2015）。

　　我國於 1973 年公布實施《兒童福利法》，是項法案首條即揭示「為
維護兒童身心健康，促進兒童正常發展，保障兒童福利」的立場，以兒

童發展與福利等權益爲保障範圍，成爲兒童福利工作的主要規範。2011年，《兒童福利法》修正公布並更名爲《兒童及少年福利與權益保障法》，立法目的也隨之修正爲「爲促進兒童及少年（以下簡稱兒少）身心健全發展，保障其權益，增進其福利」，除了將對象擴增爲兒童及少年外，原立法目的「維護」一詞修正爲「促進」，也意在彰顯修正後法令之積極性。

本章旨在論述兒童福利發展的成因以及我國兒童福利服務的現況。共分成四部分討論：首先，分析重視兒童福利發展的成因；其次，探討我國兒童福利從兒少照顧到兒少權益保障的修法脈絡；再次，分析我國兒少福利的經費預算；最後，介紹我國的兒少福利服務機構。

一、兒童福利發展的成因

兒童福利的概念發展與實施已行之有年，但朝向系統化與專業化發展則是晚近之事。睽諸兒童福利發展的歷史，歷經概念出現迄今著重專業體系的構建，關於兒童福利發展的成因實可歸結有八項，茲分述如後：

(一)人道主義觀念的興盛

兒童福利的發展，實與人道主義觀念的興盛密切相關。

古代的西方社會，殺嬰與棄嬰的事件頻傳，除爲追求食糧無缺的最原始的生態平衡考量外，也反映兒童人權的蕩然無存；其中，對身心障礙或出身不佳等弱勢兒童的殘害，更彰顯對兒童生命的處置缺乏人道關懷。中世紀的歐洲，曾出現由教會或私人主動提供弱勢兒童保障的福利服務，如設置收容所、醫院及孤兒院等（林勝義，1992：19-20；周震歐，1991：27-28），此種慈善作爲雖部分有宗教性動機，但傳遞對人類生命的尊重與人道精神的重視，逐漸影響社會的觀感與價值，使兒童福利的規劃漸爲社會責任。

人道主義觀念的興盛，關懷的層面不分地域、年齡，致使提供兒童救助的規定，走向法律上公平的權利。基於人道主義觀念的慈善行動被認

爲是種權利，影響著兒童福利服務逐漸走向制度化運行（周震歐，1991：28），終使兒童福利服務成爲社會制度發展的重要環節。

(二) 兒童主體性漸獲重視

兒童期眞正成爲論述的主題，是近代哲學始產生的。童年階段向來未吸引古代哲人太大注意，該等情形在中國與其他文明相類，但追溯本源，則發現其起源甚早。古今思想家之探究人生，莫不有自表象鑽研本質的趨向，是以中國史上著名哲人雖於家國大事和社會義理著墨甚深，終難免推而求之人生哲學，個人倫常；以近求遠，由實務繫抽象，從個人的起端探究全程；是故，嘗試由幼兒推斷人生全程的努力，在中國哲史上亦多有發現，則論人生者少不得兼及人性，論人性者不得不始於童心（熊秉眞，1998）。因此，歷史上就兒童與兒童期的討論雖然至近代方闢成專題，但追溯本源的探究精神與趨勢，是古今哲學發展的一致現象（洪福財，2000：2）。

在哲學與歷史有關兒童與兒童期等議題的論述，兒童逐漸從配角轉爲主角；隨著焦點逐漸凝聚，兒童的主體性逐漸獲得重視，相關論述與攸關兒童成長之議題，能逐漸聚焦於權衡兒童主體性爲前提，探討兒童的需求、行爲、樣貌，以及可能的影響等，漸漸發展出以兒童爲主體的學術架構與內涵。今日，關於兒童研究所建構的體系雖尚未稱完備，但相較以往顯然已成熟甚多。

(三) 政經環境變遷改變育兒需求

從生態觀（ecological perspective）的角度言，多重環境可能對人類行爲與發展產生影響。由於政、經環境的發展，例如衍生勞動人力的大量需求，影響了家庭對兒童教養分工，也刺激雇主對於勞動者家庭照料須提出配套作爲；前述對於兒童教養環境的省思，雖然有可能促成保障兒童措施的出現，但所形成之措施及其產生的影響卻未必總是正向。

工業革命時期，由於生產方式以機器替代手工，以往高勞動與高品

質勞力需求的環境，逐漸隨著機器的大量出現而產生變化；隨之造成工廠的組織簡化，工廠為節省營運成本轉為尋求工資低廉的童工或婦女操作機器，取代昔日以較高薪聘請的勞動人力；隨著婦女大量參與工作，原本由婦女擔負的家庭育兒職責也亟待解決，隨著父母親都投入職場工作而有待其他機制接手子女的照料。又如，工廠出現大量的童工需求，卻衍生許多工廠在未能省思兒童負荷下過度役使童工，甚至剝奪兒童教育或升學等機會，反而阻礙兒童的成長；隨著童工問題日益嚴重，社會開始省思兒童的工作權及負擔，於是經由制訂法令對兒童從事勞動者進行保護（林勝義，1992：21-22）。

政治的發展，致使某些社會支持機構處理兒童福利問題的需要增加（周震歐，1991：29）；經濟不斷的成長，則使社會漸有餘裕提供兒童更好的福利環境。民主政體的開展，使得人道主義的觀念成為民主社會的主流價值；而經濟成長提供的條件，則使前述人道主義觀念得到落實的機會。再以近年政經環境的變遷為例，「少子化」、「晚產化」、「高齡化」成為先進國家的社會趨勢（洪福財，2000：3），其間蘊含著社會對兒童人權與生長品質的重視，更促成各界要求政府應有關於兒童福利的具體施為。

依據《中華民國 111 年兒童及少年生活狀況調查報告》的研究指出，2022 年我國學齡前兒童之父母親係結婚且同住一起者占 87.8%，低於較 2018 年 90.4%，呈現下降趨勢；2022 年學齡前兒童父母離婚者占 5.9%，較 107 年增加 1.5%，若進一步就兒童年齡別觀察，三至六歲兒童父母離婚比率為 7.6%，高於〇至三歲兒童的 3.8%（衛生福利部，2023）。由前述研究結果可知，兒童之父母親係結婚且同住一起者的比例呈現逐年下降趨勢外，學齡前兒童父母離婚比率同樣呈現逐年下降趨勢，年齡越大的兒童父母離婚比率也有擴大趨勢，前述趨勢影響家庭型態的改變，也影響著家庭育兒分工與需求。

又如，以 2022 年學齡前兒童父母親之工作狀況為例，父母親均有工作者占 61.7%，較 2018 年增加 3.6%。再以 2022 年學齡前兒童父母親申

請育嬰留職停薪情形為例，母親曾申請育嬰留職停薪的比率為 34.0%，父親為 6.4%，皆高於 2018 年；其中 2022 年○至三歲兒童母親曾申請育嬰留職停薪比例為 39.2%，高於三至六歲之 29.8%（衛生福利部，2023）。由前述研究結果可知，當前父母親都是維持家庭經濟來源的重要成員，一旦有新生兒之後，申請育嬰留職停薪成為家庭的重要應對方式，其中更有超過三分之一比例的母親曾申請育嬰留職停薪，除可見家庭對育兒的重視外，母親仍是擔負家庭育兒的主要職責。隨著申請育嬰留職停薪的條件消失，家庭亟需幼兒園或兒童課後照顧服務中心等協助接手育兒工作，故提供充足且優質的教保服務機構以協助家長安心就業，變成為我國兒童福利服務的重要環節。

(四) 兒童期重要證據歷現

除人道主義觀念的發展促使各界重視兒童人權外，近年來陸續出現的學理證據，更使各界正視兒童期的重要性，並了解積極營造良好的兒童成長環境之價值。茲列舉不同領域的研究證據說明如後。

在神經醫學的證據方面，魏丁坦（C. H. Waddington）提出通路形成（canalization）成為了解神經成長的關鍵觀念，意指任何有機系統跟隨某種獨特發展路徑的趨勢，反映出高度的生化機制。此外，可塑性的概念也得到研究證實，例如：科恩（W. M. Cowan）認為神經盤（neural plate）前端為前腦和眼睛的神經部分，如在發展早期去除外胚組織一小部分，相鄰細胞會增生，眼睛與腦部發展仍維持正常發展，反之，則將造成前腦或眼睛的永久傷害；又如，古德曼（P. Goldman）也證實神經系統確實存在有關鍵期（Gardner, 1998: 63-64）。

在心理學的證據方面，豪塞克藍等人（Hauser-Cram et al., 1991: 13）提到，在關於母親與嬰兒分開或共同相處，以及育兒過程中迴避或不提供刺激環境的研究顯示，早期受到情感剝奪的幼兒將遭到長期且具破壞力的結果；其次，在關於動物的研究顯示，一些環境因素的剝奪將造成正常生理成長的永久性中斷。從前述研究結果可見，成長過程中情感或環境刺激

等因素，對於兒童心理健全發展實具有重要性的影響。

在補償性幼兒教育方案的證據方面，1970年代，有十二位研究者進行有關早期介入研究來驗證1960年代幾個美國幼教方案的效果，分別進行九到十九年不等的追蹤研究。研究結果發現，幼教方案對不利幼兒在學習表現、發展能力、態度與價值，以及對家庭的影響等四個領域，都呈現長期且顯著的影響（Lazard & Darlington, 1982: 55）。之後，為提供更多證據以論述各種幼教方案的效能，部分學者重新檢視拉薩德（Lazard）及達林頓（Darlington）等人的研究結果；1978年懷卡特（Weikart）的縱貫研究以及1984年戴伊（Dye）的研究等成果，均對於進入幼教機構的幼兒受到的正面影響提供具體的證據（Curtis, 1992），驗證了補償性幼教方案確實影響幼兒的發展與行為表現。

依據前述不同領域的研究證據顯示，兒童期能獲得健全發展的條件，對兒童未來生活的適應存在著正向的影響。因此，兒童福利服務的相關政策，便是致力於提供兒童適切的發展環境，以使兒童及社會同蒙其利。

(五) 家庭與兒童發展的關係密切

兒童的健全發展建基在具有支持與愛的環境，該等環境能提供物質與情感等層面支持，有益於安定兒童的情緒，創造與滿足兒童各項發展機會；其中，能最直接提供前述支持和愛的環境，自是兒童的家庭。

依據凱尼司頓等人（Keniston et al., 1977）對寄養兒童的研究指出，寄養照顧體系是種短暫、過渡性的照顧方式，所以寄養父母不容易和兒童產生長久的親密關係。這種離開家庭的經驗越多，兒童能擁有安定持續的機會越小，依據研究的估計，僅有15%至25%的寄養兒童能回到原生家庭，這些孩子的行為及社會發展的後續指導效果都不樂觀。由前述研究可知，提供兒童穩定、安全的成長環境，對於兒童的行為與社會能力發展等有其正向的助益；故兒童福利服務便以強調「永續性規劃」（permanency planning）為最高指導原則（馮燕，1995：11）。

近年兒童福利服務充分體認到家庭與兒童發展的密切關係，循人本主義的取向以尋求家庭功能的發揮與契合兒童發展需求的福利服務，便成為兒童福利服務的重要指導方針。隨著家庭對兒童發展密切關聯的證據陸續出現，不僅引起各界關切兒童福利政策，更引發各界共同檢視兒童福利政策規劃的內涵，將家庭與兒童共同納為兒童福利服務的共同關注對象。

(六) 少子女化的人口變遷

衡諸歷史經驗，過去兒童的出生率與死亡率均高，致使父母對於生育兒童一事存在高死亡率的恐懼，親子間存在著短暫甚至疏離的關係也影響昔日社會未能盡心於兒童福利的相關規劃。

以十七世紀末至十八世紀初的歐洲為例，法國農村有 50% 兒童在十歲前死亡，二分之一至三分之二的兒童則是在二十歲前死亡；城市的情況同樣很糟，1764 年，倫敦有 49% 的兒童死亡，其中二至五歲左右的兒童約占 60%（周震歐，1991：32）。兒童的高死亡率，影響著家長與兒童間情感關係的建立，也影響社會（家庭）對兒童成長的可能投資。

近年來，由於公共衛生、醫藥以及生活環境等改善，致使兒童存活的機會增加；再者，生育率降低並重視育兒品質，使父母更能提供優越的家庭育兒條件，致使家庭中為數已少的兒童可以得到更為良善的照料。

以我國的三階段年齡人口結構為例（見表 14-1），自 2015 至 2022年，在○至十四歲、十五至六十四歲、六十五歲以上等階段平均每年人口數約各為 301、1,695、352 萬餘人，平均占比約分別為 12.12%、70.32%、17.56%；其中○至十四歲與十五至六十四歲等兩階段人口數呈現逐年下降的趨勢，六十五歲以上階段人口數則呈現逐年增加的現象，且增加數量頗巨，顯見近年有高齡化快速發展之勢。再以 2015 年、2022 年兩年為例，○至十四歲與十五至六十四歲等兩階段人口數分別減少 368,611 人、1,006,037 人，減少占比分別約為 1.45%、3.60%；六十五歲以上階段的人口數則是增加 1,147,214 人，增加占比約為 5.05%；顯見近年我國「高齡化」的趨勢最為明顯，少子女化與青壯人口數的下降也是明顯趨勢，前述

人口結構的變遷勢將衝擊我國福利政策與勞動力供給等情形，其中兒童人口數的快速減少將引發各界對兒童教養品質與福利服務的關注，高齡人口的快速增加也將引發有關老人福利照料的討論。

表 14-1
2015 至 2022 年我國年底三階段年齡人口數與百分比

年別	三階段年齡結構					
	人　口　數（人）			年齡分配百分比（%）		
	0-14 歲	15-64 歲	65 歲以上	0-14 歲	15-64 歲	65 歲以上
2015 年	3,187,780	17,365,715	2,938,579	13.57	73.92	12.51
2016 年	3,141,881	17,291,830	3,106,105	13.35	73.46	13.20
2017 年	3,091,873	17,211,341	3,268,013	13.12	73.02	13.86
2018 年	3,048,227	17,107,188	3,433,517	12.92	72.52	14.56
2019 年	3,010,351	16,985,643	3,607,127	12.75	71.96	15.28
2020 年	2,963,396	16,810,525	3,787,315	12.58	71.35	16.07
2021 年	2,889,908	16,546,373	3,939,033	12.36	70.79	16.85
2022 年	2,819,169	16,359,678	4,085,793	12.12	70.32	17.56
平　均	3,019,073	16,959,787	3,520,686	12.85	72.17	14.99

資料來源：內政部戶政司（2023a）。縣市三階段人口及扶養比。載於作者：人口統計資料庫。下載自 https://www.ris.gov.tw/app/portal/346

其次，衡諸 2013 至 2022 年我國人口消長的情形（見表 14-2），人口總增加率和自然增加率都呈現逐年降低之勢，嬰兒出生時母親平均年齡則呈現逐年提高的現象。在人口消長的實質變化情況方面，2013 至 2022 年人口自然增加率平均每年僅約為 1.23%，不僅呈逐年蛻減趨勢，2020 年之後的人口總增加率已出現負值且有擴大之勢；人口自然增加率則平均每年 0.89%，同呈降低趨勢外，2020 年以後也呈現負值且有逐步擴大之勢；粗出生率平均每年 7.85%，近年也呈逐年降低趨勢，降低趨勢也有擴大現象。

表 14-2

2013 至 2022 年我國人口消長情況

年別	人口 總增加率 %	自然 增加率 %	粗出生率 %	粗死亡率 %	嬰兒出生時 母親平均年 齡（歲）
2013 年	2.47	1.85	8.53	6.68	31.36
2014 年	2.58	1.98	8.99	7.00	31.54
2015 年	2.49	2.12	9.10	6.98	31.67
2016 年	2.03	1.53	8.86	7.33	31.85
2017 年	1.33	0.96	8.23	7.27	31.97
2018 年	0.75	0.37	7.70	7.33	32.03
2019 年	0.60	0.06	7.53	7.47	32.12
2020 年	−1.77	−0.34	7.01	7.34	32.20
2021 年	−7.89	−1.27	6.55	7.83	32.29
2022 年	−4.73	−2.93	5.96	8.89	32.42
平均	1.23	0.89	7.85	7.41	31.95

資料來源：

1. 內政部戶政司（2023b）。人口年增加及出生死亡率。載於作者：**戶數、人口數及遷入、遷出**。下載自 https://www.ris.gov.tw/app/portal/346

2. 內政部戶政司（2023c）。出生按生母平均生育年齡（按發生）。載於作者：**出生及死亡**。下載自 https://www.ris.gov.tw/app/portal/346

　　進一步分析 2013 至 2022 年我國人口出生數的情形（見表 14-3），2015 年以後的出生數即呈現逐年下降趨勢，2022 年的出生數僅 138,986 人，平均每年出生數為 184,280 人，其中 2022 年與 2015 年的出生數相較減少 74,612 人，人數減少的幅度超過 2022 年出生數的五成以上。其次，在出生嬰兒性比例方面，呈現男多於女的現象且每年的比例相近，平均每年為 107.56。綜合前述趨勢可知，近年我國呈現新生兒母親「晚產化」現象且男多於女的趨勢穩定，其中人口增加率不僅逐年降低且已然邁入負

表 14-3

2013 至 2022 年我國人口出生數及粗出生率

單位：人；‰

年別	出生數（人）			出生嬰兒性比例	粗出生率（‰）
	合計	男	女		
2013 年	199,113	103,120	95,993	107.42	8.53
2014 年	210,383	108,817	101,566	107.14	8.99
2015 年	213,598	111,041	102,557	108.27	9.10
2016 年	208,440	108,133	100,307	107.80	8.86
2017 年	193,844	100,477	93,367	107.62	8.23
2018 年	181,601	93,876	87,725	107.01	7.70
2019 年	177,767	92,237	85,530	107.84	7.53
2020 年	165,249	85,704	79,545	107.74	7.01
2021 年	153,820	79,513	74,307	107.01	6.55
2022 年	138,986	72,097	66,889	107.79	5.96
平均	184,280	95,502	88,779	107.56	7.85

資料來源：內政部戶政司（2023d）。出生數及粗出生率（按登記日期統計）。載於作者：歷年全國人口統計資料。下載自 https://www.ris.gov.tw/app/portal/346

成長現象，實與出生率下降存有相當的關聯。

　　近年我國人口發展呈現「少子女化」、「晚產化」、「高齡化」等現象，與許多先進國家的發展趨勢相近，其中有關少子化的發展，使得政府公開宣稱「少子化是國安問題」，衛生福利部也成立「少子女化對策辦公室」進行對策研商。少子女化的發展不僅使家長更形關切兒童的教養及照顧，所引發的社會關注也將更形重視兒童的成長與福利服務，彙集各界之力以提供更適當的福利措施並協助兒童健全的發展。

(七) 福利國家思潮的影響

兒童福利的發展至二十世紀初葉逐漸定型，其中福利國家思潮的興起，更使各界體認兒童的健全發展不僅是家庭的責任，同為國家責無旁貸的義務；政府機關與公共團體不僅要對不幸兒童加以救濟，也要協助一般兒童健全發展，如英、美等國即就兒童福利提出一些積極的措施，並逐漸完備該等行政體制（林勝義，1992：22-23；李欽湧，1998；馮燕，1995：330-331）。

在英國，1918 年國會通過《婦女及兒童福利法案》（Maternity and Child Welfare Act），規定地方政府有設立托兒所的權責。1946 年通過《家庭補助法》（Family Allowance Act），補助子女眾多者的家庭，使其能維持兒童的營養健康及受教育的費用。1948 年通過《托兒所與兒童照料法》（The Nurseries and Child Minders Regulation Act）為有幼兒的職業婦女提供托兒服務；同年通過《國民健康服務法》（National Health Service Act）與《兒童法案》（The Children Act 1948），提出重視五歲以下幼兒保健以及設立「兒童司」（Children's Department）以為全國性主管兒童福利部門。1989 年再度通過《兒童法案》（The Children Act 1989），其中明訂地方主管行政機關對兒童及其家庭應負的職責，提供家庭功能弱勢兒童必要的協助。

在美國，1909 年召開「白宮兒童會議」（White House Conference on Children），確認了聯邦及各級政府對兒童福利的優先考慮及責任承擔，顯示聯邦政府對兒童福利的重視。1912 年設置「兒童局」（Children's Bureau）主管全國兒童福利行政業務。1935 年國會通過《社會安全法案》（Social Security Act），對各項兒童救助及服務提出規範，成為各州辦理兒童福利行政的重要依據；同時期羅斯福總統（F. D. Roosevelt）為因應經濟大蕭條之弊而推行「新政」（New Deal），建立社會安全制度並整合兒童福利體系，其中《依賴家庭輔助方案》（Aid to Families with Dependent Children, AFDC）即為一項新嘗試。1960 年代的「大社會」

（The Great Society）方案的實施，其中亦針對兒童及青少年建立各項方案，包含「工作團」（The Job Corps）及「社區行動方案」（Community Action Programs, CAP）等。1975 年通過《社會安全法案》第二十條款修正案，將聯邦政府主導的兒童福利行政集權型態轉為州政府負責的分權型態。1980 年國會通過《收養補助與兒童福利改革法案》（The Adoptions Assistance and Child Welfare Reform Act），規範兒童的寄養照顧。前述政策的陸續實施，確立了今日美國兒童福利政策的型態。

　　有關政府與家庭的兒童照顧職責，在政策發展層面也曾歷經不少擺盪。彭淑華（1998）曾分析兒童福利政策的發展，區分為自由放任主義、國家干涉主義、尊重家庭雙親權利，以及尊重兒童權利與自由等四取向，尤其隨著福利國家思潮的興起，冀由強化國家在兒童福利實踐中的角色。國家干涉主義的兒童福利政策可能剝奪雙親的親權和兒童的權利，近年的兒童福利政策也逐步修正可能的缺失，但不容否認福利國家思潮對於促動兒童福利的發展實具積極性意義。

(八) 兒童權利保障的強調

　　昔日兒童被視為雙親的「資產」，雙親對子女成長有絕對的處置權，於是父母依其利益裁奪攸關兒童的各項決定，其抉擇的依據不必然為追求兒童最佳利益。長久以來，兒童並無賦予類似成人的地位，致使各項福利政策的發展未能納入兒童權利及需求，使得部分福利政策僅有福利之名，但政策內涵卻行成人壓制甚或對兒童有不合宜對待之實。

　　隨著人權觀念的鞏固，兒童權利也成為關切目標。關於兒童基本健康的關懷雖然改善緩慢，但始終持續進行，並陸續將兒童的社會與智能發展等納入健康關懷的重點。以 1979 年「國際兒童年」（International Year of the Child）發表的文件、「經濟合作發展組織」（Organization for Economic Cooperation & Development）和「歐洲議會」（Council of Europe）等出版的各項報告為例，都明白揭示兒童權利的內涵及其保障。其次，二十世紀聯合國陸續發布《兒童人權宣言》、《兒童權利宣言》，

對兒童人權有重要的宣示意義；1989 年，159 個聯合國會員國接受《兒童權利公約》，該公約陸續得到各國認可後於 1990 年公布，無疑使兒童人權已為全球性的關注議題（洪福財，2000：3-4）。前述各項宣言或公約的發布，使得保障兒童權利成為主流價值，各國在正視兒童權利的基礎下，對於促進兒童權利保障也紛紛提供各項積極的規劃與作為。

二、從兒少照顧到兒少權益保障

兒童處於特殊的發展階段且具有尚未發展成熟的特性，提供兒童必要的保護或照顧，便成為各國社會發展的重要環節。對於發展未臻成熟的兒童或位處相對弱勢的族群，提供特殊的照顧或服務以保障其具有良好的身心發展機會或維持一定程度的生活水準，各國通常將前述照顧或服務列屬福利服務（或政策）的環節，前述福利服務的完整性及細緻度通常與國家文明發展的程度呈正比。綜觀各國社會福利（social welfare）的發展，係以提升社會成員的生活水平與整體社會生活水準為目的，其中兒童福利（child welfare）歸屬其發展領域之一，以兒童為主要服務對象並提供相關福利服務作為，確保兒童獲得良好的成長或發展機會，促進兒童與社會生活的融合並擁有未來持續成長的必要能力。

關於兒童福利的發展，與所處社會成員所持的「兒童觀」密切相關，更與當時的經濟、社會文化背景，乃至教養環境等緊密相連。回探人類歷史發展對於兒童的形象，兒童曾是被「隱沒」的對象，童年也同樣是被「隱沒」的概念。例如：在西方兒童史的研究中，1960 年法國學者亞希埃（P. Ariès）所著之《古代的兒童與家庭生活》（*L'enfant et la vie familiale sous l'Ancien Régime*）曾提到，十二世紀以前西方的中世紀藝術並不知道有兒童期或想要畫兒童，前述的可能解釋是中世紀並未留給兒童餘地，直到十三世紀才開始發現有兒童期，歷經十五、十六，甚至經歷整個十七世紀之後，有關兒童的發展證據才變得越加豐富，即亞希埃所稱「兒童期的發現」（discovery of childhood）（洪福財，2018）。前述可見兒童期的觀念並不存於中世紀的社會，雖這不意味兒童被忽略、遺棄或

輕視，但當時社會並未察覺到兒童期的特質，甚至體認兒童期的特質與成人、甚至青年人有所區別（周愚文，1998；熊秉眞，1998）。

依據前述有關人類歷史發展的情形可知，兒童受到重視的時間是相當晚近之事，甚至童年或兒童期的特性在歷史上也處在待耙梳的階段。早期人類以成人視野爲主的描繪掩蓋了兒童的視角，隨著相關文獻有關兒童的描繪漸增，關於兒童需求與特質的描繪與關切也隨之增加。兒童逐漸成爲受到關懷或保護的對象，其中提供關懷或保護者除了兒童的原生家庭或父母之外，也逐步擴及國家角色的討論。

有關兒童保護的觀點，余漢儀（1996）曾以美國的兒童發展歷史爲分析對象，依據歷史發展將兒童保護的觀點歸結有三：分別是傳統觀點（traditional view）、保護觀點（protective view），乃至解放觀點（liberationist view）；前述觀點最先是從父母爲孩童的自然保護者，逐步演變至國家扮演對兒童的保護角色，進而逐步變遷爲主張兒童應被賦予獨立個別之法定權利。Harding（1997）則是就政府對於兒童照顧的發展取向，探討政府與家庭分工觀念的改變，將兒童照顧政策取向分爲以下四項（彭淑華，2011）：

1. 自由放任主義及父權制（Laissez-faire and patriarchy）；
2. 國家干涉主義及兒童保護（State paternalism and child protection）；
3. 尊重家庭與雙親權利（The modern defense of the birth family and parents' rights）；
4. 尊重兒童權利與自由（Children's rights and child liberation）。

前述四項兒童照顧政策取向中，又以「尊重家庭與雙親權利」的觀點最廣爲各國所採行，亦即兒童保護雖以兒童爲主要服務對象，但實際上的服務作爲須擴及家庭，甚至以家庭爲基礎或核心作爲兒童福利的實質推廣；前述兒童照顧政策的規劃雖屬國家或政府職責，但所研擬之有關兒童照顧或相關福利政策作爲，則必須是從尊重家庭與雙親權利的角度加以構思與推動。

隨著社會變遷與各項發展條件的改善，我國的社會福利政策也歷經變

革並朝法制化邁進。綜觀我國的各項福利法規，其中以兒童福利的立法最早。1973 年，我國立法通過《兒童福利法》，使得兒童福利的相關政策開始獲得制度化的推展；1993 年，通過《兒童福利法》修正案，開啟制度化回應兒童保護工作的開端；其後，《兒童及少年性交易防制條例》、《家庭暴力防治法》先後於 1995 年與 1998 年立法通過，有關兒童或少年的保護規範也更爲周全。之後在 1999 年 11 月 20 日，在內政部轄下正式成立「兒童局」，成爲第一個中央層級的兒童福利專責機關，也宣告我國兒童福利的發展邁向另一新的世紀（彭淑華，2015）。

　　1989 年，聯合國第 44/25 號決議通過《兒童權利公約》（Convention on the Rights of the Child, CRC），保障兒童在公民、經濟、政治、文化和社會中的權利，該公約正式宣告以兒童作爲權利主體並給予特別的保護，並於 1990 年正式生效。依據《兒童權利公約》所稱之「兒童」，係指所有未滿十八歲以下之人；對照我國 1973 年通過之《兒童福利法》所稱兒童的年齡界定爲未滿十二歲者，顯見其間存在概念認定的差異。1989 年，我國另制訂有《少年福利法》，以十二歲至未滿十八歲者之福利保障爲規範對象。有鑒於《兒童權利公約》將十八歲以下列爲權利保障對象，加上《兒童福利法》與《少年福利法》因分別立法而存在內涵銜接不一致之情形等因素，我國於 2003 年遂合併修正前述兩法並正式通過《兒童及少年福利法》，將兒童及少年權益之倡導與保障融於一法。

　　近年來，隨著社會發展與家庭結構變遷快速，許多民間團體批評《兒童及少年福利法》過度偏重兒童虐待與收出養等保護事件的補救性福利措施，致使缺乏全面關照兒少所需的支持性與發展性福利措施（臺灣少年權益與福利促進聯盟，2009），加上各方建議應加強各部會行政系統間橫向協調而有修法需求等，2011 年 11 月 30 日《兒童及少年福利法》再度修正公布，並同時將法案更名爲《兒童及少年福利與權益保障法》。有關本次法案修正，葉大華（2010）指出有以下四個重點特色：

1. 兒少基本權益的法治化；
2. 推動跨部門整合機制、強化各目的事業主管機關權責分工；

3. 以兒少爲主體、加強休閒、參與及表意權；

4. 充實專業人力、新增福利再前進。

　　王順民（2011 年 12 月 14 日）則指出，前述修法在尊重家庭與雙親權力之兒童照顧取向、保障兒童及少年之身分權益、伸張國家干預之權力、明列主管機關及事業主管機關涉及兒童與少年福利業務之權責、修訂及新增兒童及少年福利制度之內容以及罰則多元化等方面，均有明顯進步。但修正後的法令有關兒童與少年是否要分屬分類規範、政策層次的指導原則模糊不清、相關法令需配合修法銜接、兒少福利與權益專責單位的位階及其業務協調機制設計是否完善，以及攸關到兒少權益所涉及公私領域劃分是否清晰等問題，仍有待進一步解決。

　　爲逐步回應相關問題並因應政府組織改造之行政職掌劃分，我國《兒童及少年福利與權益保障法》自 2011 年修正公布後，至 2021 年 1 月止陸續經歷十次修正，法令修正次數之頻繁實屬少見，更可見此法所涉面向與回應事項之複雜情形。另，爲宣示我國實施聯合國《兒童權利公約》之決心並落實保障及促進兒少權利，2014 年立法通過《兒童權利公約施行法》（後於 2019 年修正），正式將《兒童權利公約》內國法化。我國結合《兒童權利公約》的理念，從原有兒童照顧逐步到含納兒少照顧，進一步著重兒少權益的保障，將兒少福利從消極的保護轉向爲積極的權益促進規範，已成爲當前我國兒少福利發展的主要趨勢。

三、我國政府的兒少經費概況

　　依據《兒童及少年福利與權益保障法》第 6 條規定：「本法所稱主管機關：在中央爲衛生福利部；在直轄市爲直轄市政府；在縣（市）爲縣（市）政府。」所稱之兒少福利業務，在中央政府由衛生福利部主責，在地方政府部分則屬直轄市或縣（市）政府職掌；是以，關於我國兒少福利的經費概況，必須涵蓋前述各級政府職掌加以探討，方可一窺兒少福利經費的梗概。以下將先探討近年各級政府的兒少經費概況（包含中央與地方政府）；其次，以中央政府爲例，探討近年中央政府的兒少經費預算，以

及各項兒少項目經費預算的分配情形;再次,復以中央政府爲例,探討中央政府各年齡別的兒少經費預算分布情形。

(一) 各級政府的兒少經費預算

各級政府的兒少經費預算,除了了解不同年度的預算變動情形,還可以透過兒少經費占歲出淨額比率、GDP 占比,以及平均每位兒少可分配預算的變動情形,以分析兒少經費的分配狀況;茲以 2017 至 2022 年度爲例,有關各級政府歲出淨額與兒少預算分配情形詳如表 14-4。

表 14-4
2017 至 2022 年度各級政府歲出淨額與兒少預算一覽表

單位:新臺幣千元

年度別	各級政府 歲出淨額	各級政府 兒少預算	兒少預算占歲 出淨額比率(%)	GDP 占比(%)
2017	2,778,360,526	415,471,820	8.03	2.31
2018	2,845,491,403	436,948,650	8.48	2.38
2019	2,911,648,111	459,108,363	9.05	2.43
2020	3,241,988,602	469,799,924	8.85	2.37
2021	3,360,265,147	506,563,124	9.70	2.33
2022	3,435,430,000	513,488,328	9.36	2.23
平均	3,095,530,632	466,896,702	8.91	2.34

說明:2022 年各級政府歲出淨額係預算數
資料來源:衛生福利部(2022a)。**兒少預算占政府總預算比率暨各分類占比**。下載自
https://crc.sfaa.gov.tw/Uploadfile/Statiscs/34_20221024160215_6577971.pdf

依據表 14-4,2017 至 2022 年度各級政府歲出淨額呈逐年擴增之勢,從 2017 年 2 兆 7 千多億的經費規模,2020 年正式突破 3 兆關卡,2022 年則快速增加爲 3 兆 4 千多億元,經費擴增規模有加速且加大的趨勢;此六年間平均每年各級政府歲出淨額約爲 3 兆零 955 億元。

　　其次，在 2017 至 2022 年度各級政府的兒少預算方面，也呈現逐年擴增趨勢，從 2017 年約 4,154 億元的預算規模，2021 年則突破 5 千億元關卡，2022 年則增加為約 5,134 億元，經費擴增規模有逐漸放緩的趨勢；此六年間平均每年各級政府兒少預算約為 4,668 億元之譜。

　　再次，在 2017 至 2022 年度各級政府兒少預算占歲出淨額比率方面，則是出現消長情形，但整體仍是呈現增加趨勢，從 2017 年約 8.03% 的占比，2019 年的占比突破 9%，2020 年雖修正下降至 8.85%，但 2021 年則擴大增至 9.70%，兒少預算占歲出淨額比率漸增的態勢應屬明顯；此六年間平均每年各級政府兒少預算占歲出淨額比率約 8.91%。

　　復次，在 2017 至 2022 年度各級政府兒少預算之於 GDP 占比方面，逐年呈現消長情形，整體呈現先增後降之勢，增減的趨勢仍未顯著，從 2017 年約 2.31% 的占比，2019 年的占比擴增為近年最高的 2.43% 規模，但隨後幾年的占比都呈現下修，2022 年則降至 2.23%，兒少預算之於 GDP 占比的增減態勢未臻明顯外，2022 年甚至降至六年間新低；此六年間平均每年各級政府兒少預算之於 GDP 占比約 2.34%。

　　最後，在 2017 至 2022 年度各級政府平均每位兒少可分配預算方面（見表 14-5），近年兒少人口數呈現逐漸減少趨勢，但平均每位兒少可分配預算則是呈現逐年擴增趨勢。在兒少人口數方面，從 2017 年近 390 萬人規模，2018 年快速降為約 377 萬餘人，2022 年更低至約 345 萬餘人；在平均每位兒少可分配預算方面，從 2017 年約為 10 萬 6 千餘元的預算規模，2020 年增為約近 13 萬元，2022 年則再增加為約 14.8 萬元，經費擴增的比例未見系統但漸增趨勢明顯；此六年間各級政府平均每位兒少可分配預算約為 12.8 萬餘元。

表 14-5
2017 至 2022 年度各級政府兒少人口數與每位兒少可分配預算

單位：人、千元

年度別　　　項目	兒少人口數	平均每位兒少可分配預算
2017 年	3,900,662	106.51
2018 年	3,778,520	115.64
2019 年	3,702,207	124.01
2020 年	3,615,967	129.92
2021 年	3,517,700	144.00
2022 年	3,457,288	148.52
平均	3,662,057	128.10

說明：2022 年各級政府歲出淨額係預算數

資料來源：衛生福利部（2022a）。**兒少預算占政府總預算比率暨各分類占比**。下載自 https://crc.sfaa.gov.tw/Uploadfile/Statiscs/34_20221024160215_6577971.pdf

　　依據前述分析可知，2017 至 2022 年度，在各級政府歲出淨額、兒少經費預算，兒少經費占歲出淨額比率，以及平均每位兒少可分配預算等方面，都呈現逐年增加的趨勢，其中 2021 年各級政府兒少預算占歲出淨額比率一度擴增至 9.70%，兒少預算占歲出淨額比率約近一成的比重，顯見兒少預算已是各級政府歲出淨額的重要項目之一。但在各級政府兒少預算之於 GDP 占比方面，近年整體呈現先增後降之勢，2022 年甚至降至六年間新低，則是值得各方關注的重要議題。

(二) 中央政府兒少經費預算

　　各級政府的兒少經費包含中央政府與地方政府的兒少經費，中央政府兒少福利業務由衛生福利部主責，地方政府則由直轄市或縣（市）政府職掌，其中，中央政府兒少福利業務因事權集中且利於分析歷年經費的變化情形，以下茲以近年中央政府兒少經費預算為例，探討中央政府歷年兒少

經費的投入情形。

　　茲以 2017 至 2022 年度爲例，有關中央政府兒少預算及其與總預算的占比情形，詳如表 14-6。

表 14-6
2017 至 2022 年度中央政府兒少預算及其與總預算占比

單位：千元；%

項目 年度	中央政府 兒少預算總額	中央政府 總預算	占中央政府 總預算比率	GDP 占比
2017 年	158,503,452	1,973,995,947	8.03	0.88
2018 年	166,716,760	1,966,862,309	8.48	0.91
2019 年	180,818,170	1,997,977,761	9.05	0.96
2020 年	183,853,058	2,077,568,744	8.85	0.93
2021 年	207,217,702	2,135,896,877	9.70	0.95
2022 年	210,811,564	2,251,064,897	9.36	0.92
平均	184,653,451	2,067,227,756	8.91	0.93

說明：2022 年各級政府歲出淨額係預算數
資料來源：衛生福利部（2022a）。兒少預算占政府總預算比率暨各分類占比。下載自
　　　　　https://crc.sfaa.gov.tw/Uploadfile/Statiscs/34_20221024160215_6577971.pdf

　　依據表 14-6，2017 至 2022 年度中央政府兒少預算總額呈逐年擴增之勢，從 2017 年 1,585 餘億元的經費規模，2021 年突破兩千億元關卡達到 2,072 餘億元的，經費擴增有加大的趨勢；此六年間平均每年各級政府兒少預算約爲 1,846 餘億元之譜。其次，在中央政府兒少預算占總預算比率部分，2017 至 2022 年度間雖然呈現消長情形，但占比仍呈現增加趨勢；2017 年占比爲 8.03%，2019 年擴增至 9.05%，2021 年達最高 9.70%，但 2020 年、2022 年則分別較前一年呈現下降情形，六年間平均每年占比約爲 8.91%。再次，在中央政府兒少預算占 GDP 比率部分，2017 至 2022 年度間同樣呈現消長情形，占比呈現微增的趨勢；2017 年占比爲 0.88%，

2019 年擴增至最高爲 0.96%，2021 年也有 0.95% 的規模，但 2020 年、2022 年則分別較前一年呈現下降情形，六年間平均每年占比約爲 0.93%。

在兒少預算的內容方面，我國依據《兒童權利公約》的內容，將兒少預算分成六項類別，分別是發展、福利、健康、教育、保護，以及其他等。關於前述各類定義、預算項目，以及參照的《兒童權利公約》條文等，茲分述如後（衛生福利部，2022b）：

1. 發展

旨在促進兒少參與權、表意權、遊戲與休閒權、文化權及職涯發展，中央政府的經費主要編列於文化部。本項經費內容包含：兒童權利相關訓練宣導、兒童及少年福利服務、文化與休閒育樂活動、遊樂設施、青少年就業輔導與職業訓練、媒體分級與管理、發展研究以及其他等。本項係參考《兒童權利公約》條文第 6、12、13、15、17、30、31、32 條。

2. 福利

旨在協助減輕育兒家庭經濟負擔與家庭支持之相關措施及替代性照顧，中央政府的經費主要編列於勞動部。本項經費內容包含：生育補助及計畫、育兒津貼、托育、收出養服務、安置及寄養、兒童及少年結束家外安置後續追蹤輔導及自立生活服務、身心障礙福利服務、社會救助、法律扶助、家庭及親職教育、家庭福利服務、特殊境遇家庭、未成年未婚懷孕服務、眷屬補助、大眾運輸補助、友善育兒設施、學生團體平安保險、現金給付型社會保險（包含生育給付、育嬰留職停薪津貼、遺屬給付，社會保險給付和保費補助不重複計算原則）、發展研究以及其他等。本項係參考《兒童權利公約》條文第 6、18、20、21、23、25、26、27 條。

3. 健康

旨在確保兒少享有健康照護、疾病治療及恢復健康之權利，中央政府的經費主要編列於衛生福利部。本項經費內容包含：兒少身心健康、疾病防治、衛生保健、早期療育、孕產婦服務、環境健康、醫療補助、戒癮戒治醫療措施、身心障礙兒少照護、營養補助、事故傷害防制、健康保險、發展研究以及其他等。本項係參考《兒童權利公約》條文第 23、24 條。

4. 教育

旨在確保兒少享有受教育之權利，中央政府的經費主要編列於教育部。本項經費內容包含：幼兒教育及補助、國民教育（包括國民中小學教育業務及人員薪資）、高級中等教育、學齡教育補助、學校教育推廣、人權暨特殊教育、課後照顧、學生事務輔導工作、中輟生輔導及復學協助、教學環境改善、發展研究以及其他等。本項係參考《兒童權利公約》條文第 23、28、29 條。

5. 保護

旨在保護兒少免於遭受任何形式疏忽、剝削或虐待等有害其福祉之對待及少年司法，中央政府的經費主要編列於法務部。本項經費內容包含：少年司法、非行少年偏差矯正處遇及犯罪預防、兒少保護通報處遇及防治宣導、兒少性剝削處遇及防治、家暴及性侵害加害人處遇、菸酒癮、毒品戒治處遇及防治、人口販運被害人協助及防治宣導、犯罪被害人及受刑人子女就托就學協助、兒少勞動權益保障、發展研究以及其他等。本項係參考《兒童權利公約》條文第 19、20、32、33、34、35、36、37、39、40 條。

6. 其他

係指非屬以上各項目之兒少保障措施。本項經費內容包含國外兒少海外援助計畫與其他等。

依據表 14-7、表 14-8，以 2017 至 2022 年度為例，平均每年各級政府兒少預算約為 4,668 億元之譜，各級政府的兒少預算呈現逐年擴增趨勢（見表 14-4）；同期間中央政府兒少預算總額平均每年約為 1,846 餘億元，同樣呈現逐年擴增之勢，平均每年中央政府兒少預算約占各級政府兒少預算總額 39.55%，地方政府兒少經費則約占六成比率。有關各類兒少預算內容的經費狀況，依據前述六類兒少預算內容，在各級政府兒少經費方面，預算規模由高至低分別為教育（77.01%）、福利（15.00%）、健康（6.35%）、發展（0.61%）、保護（0.57%），以及其他（0.46%）等，中央政府的各類兒少預算規模的排序，由高至低分別為教育（65.71%）、

福利（19.74%）、健康（12.27%）、發展（0.32%）、其他（1.17%），以及保護（0.80%），僅有其他類略高於保護類的差別。

表 14-7
2017 至 2022 年度各級政府與中央政府各類兒少預算平均數

單位：千元；%

兒少預算類別	各級政府歷年 預算平均數（占比）	中央政府歷年 預算平均數	中央政府歷年 預算占比
發展	2,866,800 (0.61)	583,960 (0.32)	20.37
福利	70,046,136 (15.00)	36,442,515 (19.74)	52.03
健康	29,643,874 (6.35)	22,655,368 (12.27)	76.43
教育	359,534,258 (77.01)	121,341,401 (65.71)	33.75
保護	2,653,891 (0.57)	1,478,466 (0.80)	55.71
其他	2,151,742 (0.46)	2,151,742 (1.17)	100
總計	466,896,702	184,653,451	39.55

說明：2022 年各級政府歲出淨額係預算數
資料來源：衛生福利部（2022a）。**兒少預算占政府總預算比率暨各分類占比**。下載自
https://crc.sfaa.gov.tw/Uploadfile/Statiscs/34_20221024160215_6577971.pdf

　　進一步分析各級政府與中央政府各類兒少預算經費的占比，各級政府在教育類的兒少經費占比明顯高於中央政府，此應與國民教育屬地方政府權責有關；中央政府則在福利和健康等兩類的兒少經費明顯高於各級政府，應與中央政府在兒少的福利和健康等擔負較多職掌有關。

表 14-8

2017 至 2022 年度中央政府兒少各項預算占比情形

單位：%

兒少 預算項目 ＼ 年度	2017 年	2018 年	2019 年	2020 年	2021 年	2022 年	平均 占比
發展	0.37	0.4	0.30	0.29	0.29	0.27	0.32
福利	19.07	18.68	19.08	19.03	18.97	23.00	19.64
健康	14.09	14.03	13.55	12.46	9.80	10.67	12.43
教育	63.10	63.63	64.01	67.29	70.12	65.08	65.54
保護	0.69	0.69	0.77	0.86	0.76	0.98	0.79
其他	2.68	2.56	2.30	0.06	0.06	0.01	1.28
總計	100	100	100	100	100	100	100

說明：2022 年各級政府歲出淨額係預算數

資料來源：衛生福利部（2022a）。**兒少預算占政府總預算比率暨各分類占比**。下載自
　　　　　https://crc.sfaa.gov.tw/Uploadfile/Statiscs/34_20221024160215_6577971.pdf

(三) 中央政府各年齡別兒少經費預算的分布情形

　　我國所稱兒少係包含 18 歲以下的兒童與少年。以 2017 至 2022 年度的中央政府兒少預算情形為例，兒少預算呈現逐年擴增之勢（見表 14-6）；關於不同年齡別兒少經費預算的分配情形，若以 0 歲至未滿 18 歲、0 歲至未滿 6 歲、6 歲至未滿 12 歲，以及 12 歲至未滿 18 歲等四組的兒少預算情形觀之，不同組別的歷年預算消長情形則略有差異。

　　有關 2017 至 2022 年度各級政府不同年齡組別兒少預算（見表 14-9），茲分項說明如後：

1. 在全部（0 歲至未滿 18 歲）組別方面：2017 年的預算經費約為 2,088 億餘元，除了 2018 年、2022 年預算總額較前一年度略減外，其餘年度的預算都呈現增加情形。其次，有關該組預算經費在兒少經費總額的

表 14-9
2017 至 2022 年度各級政府不同年齡組別兒少預算情形

單位：千元

年齡別 年度	全部（0歲 至未滿18歲）	幼兒（0歲 至未滿6歲）	兒童（6歲 至未滿12歲）	少年（12歲 至未滿18歲）	其他
2017 年	208,880,949 (50.28%) (53.55)	17,139,788 (4.13%) (13.60)	24,008,981 (5.78%) (20.39)	65,540,054 (15.77%) (44.80)	99,902,048 (24.05%)
2018 年	194,385,667 (44.49%) (51.44)	20,033,026 (4.58%) (16.60)	59,129,472 (13.53%) (48.96)	63,212,790 (14.47%) (46.35)	100,187,694 (22.93%)
2019 年	200,418,849 (43.65%) (54.13)	31,946,411 (6.96%) (26.84)	59,778,073 (13.02%) (49.85)	54,228,642 (11.81%) (41.31)	112,736,388 (24.56%)
2020 年	200,421,289 (42.66%) (55.43)	50,357,593 (10.72%) (44.13)	55,160,305 (11.74%) (45.52)	49,557,107 (10.55%) (39.24)	114,303,630 (24.33%)
2021 年	229,907,669 (45.39%) (65.36)	54,576,811 (10.77%) (50.82)	54,505,872 (10.76%) (44.61)	49,473,723 (9.77%) (40.49)	118,099,049 (23.31%)
2022 年	211,225,045 (41.14%) (61.10)	63,884,660 (12.44%) (61.95)	55,575,147 (10.81%) (44.94)	50,410,591 (9.82%) (42.38)	132,393,425 (25.78%)

說明：2022 年各級政府歲出淨額係預算數

資料來源：衛生福利部（2022a）。**兒少預算占政府總預算比率暨各分類占比**。下載自
　　https://crc.sfaa.gov.tw/Uploadfile/Statiscs/34_20221024160215_6577971.pdf

占比方面，2017 年的占比逾半達 50.28%，之後占比逐年下降，2021 年
曾一度反升至 45.39%，但 2022 年則降至歷年最低 41.14%；再次，若
以平均每位兒少所獲得之單位預算而言（將該年齡組別兒少預算除以
兒少人數），2017 年約為 5.3 萬餘元，2021 年約為 6.5 萬餘元為最高，

2018 年約爲 5.1 萬餘元則是本期間相對較低之數。對照各級政府兒少預算呈現逐年增加之勢，此期間本年齡組別兒少預算的減少，應與預算流入其他年齡組別有關。

2. 在幼兒（0 歲至未滿 6 歲）組別方面：2017 年的預算經費約爲 171 億餘元，之後各年度的預算都呈現增加情形，至 2022 年增至 638 億餘元，相較 2017 年約擴增 3.71 倍之譜。其次，該組預算經費在兒少經費總額的占比方面，2017 年的占比約爲 4.13%，之後占比逐年上升，2020 年更彈升爲 10.72%，2022 年更達 12.44%；再次，若以平均每位兒少所獲得之單位預算而言，2017 年約爲 1.36 萬餘元，2021 年更增加至約爲 5.08 萬餘元，2022 年更升至約爲 6.19 萬餘元爲最高，約爲 2017 年的 4.55 倍之多。由前述預算發展情形可見，此期間幼兒年齡組的預算增加趨勢明顯，顯見該年齡組爲近年兒少福利的政策重點之一。

3. 在兒童（6 歲至未滿 12 歲）組別方面：2017 年的預算經費約爲 240 億餘元，2018 年快速增加 2.46 倍至約爲 591 億餘元，2019 年更增至約爲 597 億餘元，之後各年度的預算則呈現緩降情形。其次，該組預算經費在兒少經費總額的占比方面，2017 年的占比約爲 5.78%，2020 年更呈倍數彈升爲 13.53%，之後則呈現緩降，2022 年仍有 10.81% 的規模；再次，若以平均每位兒少所獲得之單位預算而言，2017 年約爲 2.03 萬餘元，2018 年快速增加約爲 4.89 萬餘元，2019 年升至約爲 4.98 萬餘元爲最高，其後呈現緩降之勢，2022 年則約爲 4.49 萬餘元。由前述預算發展情形可見，此期間兒童年齡組的預算增加趨勢明顯，顯見該年齡組同爲近年兒少福利的政策重點之一。

4. 在少年（12 歲至未滿 18 歲）組別方面：2017 年的預算經費約爲 655 億餘元，其後呈現逐年降低趨勢，但 2022 年則呈現小幅回升至約爲 504 億餘元。其次，有關該組預算經費在兒少經費總額的占比方面，2017 年的占比約爲 15.77%，之後占比逐年下降，2021 年更跌破 10% 的占比，2022 年則微升至 9.82%；再次，若以平均每位兒少所獲得之單位預算而言，2017 年約爲 4.48 萬餘元，2018 年增加爲約 4.63 萬餘元，之

後則呈現逐年下降趨勢，2022 年則約爲 4.23 萬餘元。此期間本年齡組別兒少預算呈現明顯減少趨勢，應與預算流入其他年齡組別有關。

5. 各年齡預算經費在兒少經費總額的占比方面，以 2017 年爲例，以幼兒組占比僅約爲 4.13% 爲最低，兒童組也僅約爲 5.78%，少年組則以 15.77% 爲最高，其後各年齡組預算占比陸續呈現拉近之勢，2022 年幼兒組、兒童組與少年組的預算占比已分別爲 10.77%、10.76%、9.77%。其次，在平均每位兒少所獲得之單位預算方面，以 2017 年爲例，以幼兒組占比僅約爲 1.36 萬餘元爲最低，兒童組也僅約爲 2.03 萬餘元，少年組則以 4.18 萬餘元爲最高，其後各年齡組平均每位兒少所獲得之單位預算同樣呈現拉近之勢，2022 年幼兒組、兒童組與少年組的預算占比已分別爲 6.19、4.49、4.23 萬餘元。

6. 依據前項，從 2017 至 2022 年度各級政府不同年齡組別兒少預算消長情形可見，幼兒組與兒童組的預算經費擴增趨勢明顯，可見兩年齡組成爲近年我國兒少福利政策的關注重點。但少年組的兒少福利預算呈現相對減少的趨勢，預算減少之後對於該年齡組兒少福利政策與實質的影響情形，值得進一步關注。

四、我國的兒少福利機構

爲達成兒少權益保障與福利增進等目的，《兒童及少年福利與權益保障法》（2021）對於各級政府的職掌事項列出相應的規範。以中央主管機關的掌理事項爲例，該法第 8 條列出應掌理事項有下述九項：

(一) 全國性兒童及少年福利政策、法規與方案之規劃、釐定及宣導事項。

(二) 對直轄市、縣（市）政府執行兒童及少年福利之監督及協調事項。

(三) 中央兒童及少年福利經費之分配及補助事項。

(四) 兒童及少年福利事業之策劃、獎助及評鑑之規劃事項。

(五) 兒童及少年福利專業人員訓練之規劃事項。

(六) 國際兒童及少年福利業務之聯繫、交流及合作事項。

(七) 兒童及少年保護業務之規劃事項。

(八) 中央或全國性兒童及少年福利機構之設立、監督及輔導事項。

(九) 其他全國性兒童及少年福利之策劃及督導事項。

依據前述可見，我國中央政府有關兒少福利服務的掌理事項，包含福利政策或法規研擬、對於縣市政府兒少福利服務的監督與協調、兒少福利經費分配、兒少福利服務事業規劃與專業人員訓練、國際兒少福利業務的交流、兒少保護業務的規劃，以及兒少福利機構的設立與監督等事項。由前述規範可略見《兒童及少年福利與權益保障法》對於中央政府兒少福利業務的涵蓋範圍，其中除第七項是規範兒少保護業務外，其餘均與兒少福利服務相關。

另依據《兒童及少年福利與權益保障法》（2021）第 75 條，我國兒少福利機構可分為以下五類：

(一) 托嬰中心。

(二) 早期療育機構。

(三) 安置及教養機構。

(四) 心理輔導或家庭諮詢機構。

(五) 其他兒童及少年福利機構。

前述各類兒少福利機構之設置，另有《兒童及少年福利機構設置標準》（2020）加以規範。前述早期療育機構與心理輔導或家庭諮詢機構等兩類，機構功能包含特殊教育、醫療復健、福利服務、親職教育等不同領域，不以單一特定機構為之；此外托嬰中心、安置及教養機構，以及各地方政府所設置之兒童及少年福利服務中心等三類，則是功能相對特定且設置有相應之兒少福利機構。為利讀者了解我國兒少福利機構的設置現況，茲以近年托嬰中心、兒童及少年安置及教養機構，以及兒童及少年福利服務中心等三類為例，概述其發展狀況如後：

(一) 托嬰中心

依據《兒童及少年福利機構設置標準》（2020），托嬰中心係指辦理未滿二歲兒童托育服務之機構。托嬰中心應使受托兒童獲得充分發展之學

習活動及遊戲，以協助其完成各階段之發展，並依其個別需求提供下列服務：

1. 兒童生活照顧。
2. 兒童發展學習。
3. 兒童衛生保健。
4. 親職教育及支持家庭功能。
5. 記錄兒童生活成長與諮詢及轉介。
6. 其他有益兒童身心健全發展者。

　　我國托嬰中心的機構性質包含私立和公辦民營等兩類，沒有公立的托嬰中心。雖然受到近年呈現少子女化現象，但托嬰中心的所數及收托人數都不斷增加，可見家庭對於托育服務需求之殷切，家長對於托嬰中心提供之托教機會與品質皆十分關切。

　　以 2018 至 2022 年我國托嬰中心所數及收托人數爲例（見表 14-10），在總所數方面從 2018 年的 1,031 所，逐年成長至 2022 年的 1,502 所，以每年增加約百餘所的速度成長。其次，在不同機構性質的所數方面，私立多於公設民營，其中 2018 年私立有 852 所，2022 年增加至 1,117 所，公設民營方面則從 2018 年的 179 所增加至 2022 年的 385 所，私立托嬰中心在所數與每年增加所數均遠較公設民營爲多。再次，在收托人數方面，托嬰中心總收托人數從 2018 年的 32,955 人，逐年成長至 2022 年的 55,912 人，以每年增加收托約近 4,600 餘人的速度成長；關於不同性質機構的收托人數，同樣呈現私立多於公設民營的情形，其中 2018 年私立收托 26,637 人，2022 年增加至 44,070 人，公設民營方面則從 2018 年的 6,318 人增加至 2022 年的 11,842 人，私立托嬰中心的收托人數約近公設民營四倍之多。

表 14-10

2018**至** 2022 **年我國托嬰中心所數及收托人數**

年度 ＼ 機構性質	總計		私立		公設民營	
	所數	收托人數	所數	收托人數	所數	收托人數
2018 年	1,031	32,955	852	26,637	179	6,318
2019 年	1,135	36,990	919	29,786	216	7,204
2020 年	1,269	43,665	997	35,090	272	8,575
2021 年	1,376	48,857	1,058	38,938	318	9,919
2022 年	1,502	55,912	1,117	44,070	385	11,842

資料來源：行政院性平等會（2023）。**重要性別統計資料**。下載自 https://www.gender. ey.gov.tw/gecdb/Stat_Statistics_Query.aspx?sn=0ocK73quSjf2fZsoKsmEcw%40%40 &statsn=vIx7Y%24TkU7usJ%24oHS!Ds3A%40%40&d=&n=309154

(二) 兒童及少年安置及教養機構

依據《兒童及少年福利機構設置標準》（2020）第 2 條規定，兒少安置及教養機構係指辦理下列對象安置及教養服務之機構：

1. 不適宜在家庭內教養或逃家之兒童及少年。
2. 無依兒童及少年。
3. 未婚懷孕或分娩而遭遇困境之婦嬰。
4. 依本法第五十二條第一項第一款或第二款規定，經盡力禁止或盡力矯正而無效果之兒童及少年。
5. 有本法第五十六條第一項各款規定情事應予緊急保護、安置之兒童及少年。
6. 因家庭發生重大變故，致無法正常生活於其家庭之兒童及少年。
7. 兒童、少年及其家庭有其他依法得申請安置保護之情事者。

依據前述，兒少安置及教養機構主要針對遭逢變故或需緊急安置之兒童及少年所設，以往俗稱育幼院便是一例。依據《兒童及少年福利機構設置標準》（2020）第 18 條規定，當兒少經社政單位評估有需要安置

於機構之後，便由機構提供其生活照顧、心理及行為輔導、就學及課業輔導、衛生保健、衛教指導及兩性教育、休閒活動輔導、就業輔導、親職教育及返家準備、獨立生活技巧養成及分離準備、追蹤輔導及其他必要之服務，以滿足安置對象發展需求及增強其家庭功能為原則。

以 2015 至 2019 年我國兒少安置及教養機構數為例（見表 14-11），在機構總數方面從 2015 年 5,004 所，2017 年的 5,211 所達高峰，之後減少至 2019 年的 4,878 所，機構總數呈現消長情形。其次，在不同機構性質的所數方面，主要包含公立、私立及公設民營等三類，機構數量由多至少分別為私立、公立及公設民營；在私立方面，2015 年有 3,743 所，2017 年有 3,928 所達高峰後，2019 年則降至 3,664 所；在公設民營方面，2015 年有 330 所，2016 年有 358 所達高峰後，2019 年又降至 325 所；在公立方面，2015 年和 2017 年為 931 所為高峰，2018 年以後則降至 889 所。

表 14-11
2015 至 2019 年我國兒少安置及教養機構數

機構性質 年度	總計	公立	私立	公設民營
2015 年	5,004	931	3,743	330
2016 年	5,094	915	3,821	358
2017 年	5,211	931	3,928	352
2018 年	5,076	889	3,857	330
2019 年	4,878	889	3,664	325

說明：依《兒童及少年福利與權益保障法》第 23 條第 1 項第 15 款規定為服務對象而設立之「機構」，應符合《兒童及少年福利機構設置標準》第 27 條相關規定，故自 2020 年早期療育機構及親子館不再納入統計。

資料來源：衛生福利部（2021）。**兒童及少年福利機構服務數**。下載自 https://www.mohw.gov.tw/dl-77636-072c4c82-e65d-4a9f-968b-756a347020c7.html

(三) 兒童及少年福利服務中心

　　各直轄市或縣市政府在中央政府的指導或監督之下，推動各項兒少福利服務，其中兒童及少年福利服務中心便是推動兒少福利服務的重要據點。現有兒童及少年福利服務中心，設置方式可能採單獨設置或是與其他福利服務中心合併設置，以提供個別化服務（諮詢、會談、諮商、輔導）、社區外展服務、社會福利諮詢與轉介、親職成長活動、親子休閒活動、支持性與成長團體、教育訓練、兒少培力、公共參與、權益宣導及設施設備（如圖書室、健身房）等福利服務（衛生福利部社會及家庭署，2023）。中心的設施也視需要提供閱覽服務、諮商服務，遊戲服務、資訊服務，以及休閒或體能活動等，開放兒少及其家長使用，並不定期辦理宣導活動，以提供兒少年正當休閒參與活動的機會。

　　茲依據衛生福利部社會及家庭署的統計，2023 年各地方政府設置之三十七家兒童及少年福利服務中心、經營模式與辦理單位等詳如表 14-12。依據表 14-12，臺北市與新北市所設置之兒童及少年福利服務中心計十五所爲最多，直轄市政府共設有二十三所，設置數量超過全國總數之六成；其次，在經營模式方面，計有十七所兒童及少年福利服務中心採公設民營的經營方式，公設民營經營模式約占比四成六爲最大宗，其餘採公設公營計十二家居次。

表 14-12

2023 年各直轄市、縣（市）政府兒童及少年福利服務中心一覽表

縣市別	服務中心名稱	經營模式	辦理單位
新北市	新北市蘆洲少年福利服務中心	公設民營	財團法人天主教善牧社會福利服務基金會
	新北市汐止少年福利服務中心	公設民營	社團法人中華民國更生少年關懷協會
	新北市少年培力園	公設民營	社團法人中華民國更生少年關懷協會
	新北市漾青春基地	公設民營	社團法人台灣少年權益與福利促進聯盟
	新北市花漾青春館	公設民營	財團法人勵馨社會福利事業基金會
	新北市新店少年福利服務中心	公設民營	財團法人新北市悅融社會福利基金會
	新北市新莊少年福利服務中心	公設民營	財團法人張老師基金會台北分事務所
臺北市	臺北市東區少年服務中心	公設民營	財團法人張老師基金會台北分事務所
	臺北市西區少年服務中心	公設民營	財團法人天主教善牧社會福利基金會
	臺北市南區少年服務中心	公設民營	財團法人勵馨社會福利事業基金會
	臺北市北區少年服務中心	公設民營	財團法人台北市基督教勵友中心
	臺北市中山大同區少年服務中心	方案委託	財團法人台北市基督教勵友中心
	臺北市南港信義區少年服務中心	方案委託	社團法人台北市基督教教會聯合會
	臺北市萬華兒童服務中心	公設民營	財團法人台北市立心慈善基金會

兒童發展與輔導

縣市別	服務中心名稱	經營模式	辦理單位
	臺北市福安兒童服務中心	公設民營	財團法人靖娟兒童安全文教基金會
桃園市	桃園市少年培力發展中心	方案委託	財團法人基督教更生團契桃園市私立少年之家
臺中市	臺中市兒童福利服務中心	公設公營	
	臺中市兒童青少年福利服務中心	公設公營	
	臺南市兒童福利服務中心	公設民營	財團法人台南市基督教青年會社會福利慈善事業基金會
臺南市	臺南市青少年福利服務中心	公設公營	
	財團法人臺南市私立慶美社會福利慈善事業基金會附設兒童福利服務中心	民間自辦	
高雄市	高雄市政府社會局兒童福利服務中心	公設公營	
	高雄市政府社會局婦幼青少年活動中心	公設公營	
宜蘭縣	財團法人慈懷社會福利基金會附設私立噶瑪蘭兒童少年服務中心	民間自辦	
苗栗縣	苗栗縣青少年服務中心暨平安社區活動中心	公設公營	苗栗縣通霄鎮公所
彰化縣	彰化縣兒童青少年福利服務中心	公設公營	
南投縣	財團法人良顯堂社會福利基金會附設陳綢兒童及少年服務中心	民間自辦	
雲林縣	雲林縣兒童福利服務中心	公設公營	

縣市別	服務中心名稱	經營模式	辦理單位
屏東縣	屏東縣青少年中心	公設公營	
	財團法人台灣兒童暨家庭扶助基金會附設屏東縣私立家扶兒少福利中心	民間自辦	
臺東縣	臺東縣青少年福利服務中心籌備處	方案委託	財團法人台灣世界展望會
花蓮縣	花蓮縣青少年福利服務中心	公設民營	財團法人台灣世界展望會
澎湖縣	澎湖縣兒童少年福利服務中心	公設公營	
基隆市	基隆市青少年福利服務中心	公設民營	財團法人環宇國際文化教育基金會
嘉義市	嘉義市兒童福利服務中心	公設公營	
	嘉義市青少年福利服務中心	公設公營	
金門縣	金門縣兒童及少年福利服務中心	公設民營	社團法人金門縣青少年暨兒童關懷協會

資料來源：衛生福利部社會及家庭署（2023）。**直轄市、縣（市）政府兒童及少年福利服務中心一覽表**。下載自 https://www.sfaa.gov.tw/SFAA/SocialSafetyNet/List.aspx?nodeid=2

參考書目

Curtis, A. M. (1992). *A curriculum for the preschool child.* London: NFER-Routledge.

Gardner, H.（1998）。**七種 IQ**（莊安祺譯）。時報文化。（原著出版於 1983 年）

Lazard, I. & Darlington, R. B. (1982). Lasting effects of early education: A report from the consortium for longitudinal studies. *Monographs of the society for research in child development, 47*(2-3), 1-151.

內政部戶政司（2023a）。縣市三階段人口及扶養比。載於作者：**人口統計資料庫**。下載自 https://www.ris.gov.tw/app/portal/346

內政部戶政司（2023b）。人口年增加及出生死亡率。載於作者：**戶數、人口數及遷入、遷出**。下載自 https://www.ris.gov.tw/app/portal/346

內政部戶政司（2023c）。出生按生母平均生育年齡（按發生）。載於作者：**出生及死亡**。下載自 https://www.ris.gov.tw/app/portal/346

內政部戶政司（2023d）。出生數及粗出生率（按登記日期統計）。載於作者：**歷年全國人口統計資料**。下載自 https://www.ris.gov.tw/app/portal/346

王順民（2011 年 12 月 14 日）。解讀〈兒童及少年福利與權益保障法〉—立法精神、現實挑戰及其衝擊影響。**國家政策研究基金會國政研究報告**。下載自 https://www.npf.org.tw/2/10092

行政院性平等會（2023）。**重要性別統計資料**。下載自 https://www.gender.ey.gov.tw/gecdb/Stat_Statistics_Query.aspx?sn=0ocK73quSjf2fZsoKsmEcw%40%40&statsn=vIx7Y%24TkU7usJ%24oHS!Ds3A%40%40&d=&n=309154

余漢儀（1996）。**兒童虐待：現象檢視與問題反思**。臺北：巨流圖書公司。

李欽湧（1998）。美國兒童福利的政策取向，載於二十一世紀基金會主編：**美國兒童福利的借鏡**（11-44）。中華徵信所。

周愚文（1998）。宋代幼兒的生活與其影響。發表於 1998 年 11 月 18 日「**幼幼—傳承與變革**」學術研討會。國立臺北師院幼兒教育學系主辦。

周震歐主編（1991）。**兒童福利**。巨流圖書公司。

林勝義（1992）。**兒童福利行政**。五南圖書公司。

洪福財（2018）。**臺灣幼教史**。五南圖書公司。

洪福財（2000）。**台灣地區幼兒教育歷史發展及未來義務化政策之探討**〔未出版之博士論文〕。國立台灣師範大學教育學系。

彭淑華（2011）。由蹣跚學步到昂首前行：臺灣兒童保護政策、法規與實務之發展經驗。**社區發展季刊，133** 期，273-293。

彭淑華（2015）。**臺灣兒童人權指標調查報告**（7-16）。社團法人中華人權協會編印。下載自 https://www.cahr.org.tw/wp-content/uploads/2018/07/2015%E5%8F%B0%E7%81%A3%E5%85%92%E7%AB%A5%E4%BA%BA%E6%AC%8A%E6%8C%87%E6%A8%99%E8%AA%BF%E6%9F%A5%E5%A0%B1%E5%91%8A.pdf

彭淑華（1998）。兒童福利政策發展取向之解析，載於二十一世紀基金會主編：**兒童福利大體檢**（11-36）。中華徵信所。

馮燕（1995）。**托育服務──生態觀點的分析**。巨流圖書公司。

葉大華（2010）。**即將上路的「兒童及少年福利與權益保障法」**。www.youthrights.org.tw/getdoc.php?strFilePath=20110610152742_0.pdf

詹中原（1994）。**民營化政策──公共行政理論與實務之分析**。五南圖書公司。

熊秉眞（1998）。中國近世兒童論述的浮現。載於中央研究院近史所編：**近世中國的傳統與蛻變**（139-170）。編者。

臺灣少年權益與福利促進聯盟（2009）。**爲何我們要修兒童及少年福利法？**。下載自 http://www.youthrights.org.tw

衛生福利部（2021）。**兒童及少年福利機構服務數**。下載自 https://www.mohw.gov.tw/dl-77636-072c4c82-e65d-4a9f-968b-756a347020c7.html

衛生福利部（2022a）。**兒少預算占政府總預算比率暨各分類占比**。下載自 https://crc.sfaa.gov.tw/Uploadfile/Statiscs/34_20221024160215_6577971.pdf

衛生福利部（2022b）。兒少預算分類及項目說明。下載自 https://crc.sfaa.gov.tw/Uploadfile/Statiscs/34_20221024160149_8378381.pdf

衛生福利部（2023）。**中華民國 111 年兒童及少年生活狀況調查報告──兒童篇**。作者。下載自 https://www.mohw.gov.tw/dl-86168-9a466094-0c39-4ed1-b95e-fdbc74e7c28e.html

衛生福利部社會及家庭署（2023）。**直轄市、縣（市）政府兒童及少年福利服務中心一覽表**。下載自 https://www.sfaa.gov.tw/SFAA/SocialSafetyNet/List.aspx?nodeid=2

國家圖書館出版品預行編目(CIP)資料

兒童發展與輔導／陳幗眉、洪福財著.--二
版.--臺北市：五南圖書出版股份有限公
司,2024.05
面；　公分.

ISBN 978-626-393-334-7（平裝）

1.CST: 兒童發展　2.CST: 兒童心理學
3.CST: 教育輔導　4.CST: 兒童福利

523.1　　　　　　　　　113006182

1IFS

兒童發展與輔導

作　　者 ― 陳幗眉　洪福財

發 行 人 ― 楊榮川

總 經 理 ― 楊士清

總 編 輯 ― 楊秀麗

副總編輯 ― 黃文瓊

編　　輯 ― 李敏華

出 版 者 ― 五南圖書出版股份有限公司

地　　址：106臺北市大安區和平東路二段339號4樓

電　　話：(02)2705-5066　　傳　　真：(02)2706-6100

網　　址：https://www.wunan.com.tw

電子郵件：wunan@wunan.com.tw

劃撥帳號：01068953

戶　　名：五南圖書出版股份有限公司

法律顧問　林勝安律師

出版日期　2001年 2 月初版一刷（共十四刷）
　　　　　2024年 5 月二版一刷

定　　價　新臺幣500元

經典永恆・名著常在

五十週年的獻禮——經典名著文庫

五南，五十年了，半個世紀，人生旅程的一大半，走過來了。

思索著，邁向百年的未來歷程，能為知識界、文化學術界作些什麼？

在速食文化的生態下，有什麼值得讓人雋永品味的？

歷代經典・當今名著，經過時間的洗禮，千錘百鍊，流傳至今，光芒耀人；

不僅使我們能領悟前人的智慧，同時也增深加廣我們思考的深度與視野。

我們決心投入巨資，有計畫的系統梳選，成立「經典名著文庫」，

希望收入古今中外思想性的、充滿睿智與獨見的經典、名著。

這是一項理想性的、永續性的巨大出版工程。

不在意讀者的眾寡，只考慮它的學術價值，力求完整展現先哲思想的軌跡；

為知識界開啟一片智慧之窗，營造一座百花綻放的世界文明公園，

任君遨遊、取菁吸蜜、嘉惠學子！